GROWTH
성과관리

위기를 극복하는 팀장의 성과혁신전략

KB192480

GROWTH
성과관리

위기를 극복하는 팀장의 성과혁신전략

김성완 지음

이담북스

저성장의 파도를 어떻게 넘을 것인가?

2024년 9월 '반도체 기업에 겨울이 다가온다'라는 모건 스탠리의 보고서에 국내 시총 1위와 2위 기업인 삼성전자와 SK하이닉스의 주가가 수직 낙하하고 있다. 모건 스탠리 보고서가 반도체 시장을 어둡게 보는 이유는 범용 D램의 수요 부진과 고대역폭 메모리(High Bandwidth Memory, HBM)의 공급과잉을 들고 있다. 이 두 가지 제품은 각각 삼성전자와 SK하이닉스의 주력 제품이다. 삼성전자와 SK하이닉스의 문제를 단순히 반도체 시장의 수요와 공급의 문제로만 볼 수 있을까?

우리나라 반도체 기업의 핵심 문제는 새로운 분야인 인공지능, 자율주행, 빅데이터 등에 사용되는 시스템 반도체 시장에 다가서지 못하는 데 있다. 다시 말해 기존 제품들은 중국기업 등 후발주자에 밀려 시장 경쟁력을 잃어가고, 신시장에 제대로 진입하지 못한 채 비틀거리는 형국이다. 삼성전자와 SK하이닉스는 국내총생산액(Gross Domestic Product, GDP)의 12~13%를 차지한다. 이들이 흔들린다는 것은 대한민국이 위기라는 뜻이며, 기업들의 경쟁력 상실이 심각하다는 반증이다.

나는 삼성전자 위기의 근본 원인이 외부 시장환경의 변화에 대비하지 못했기보다는 조직 내부에 있다고 본다. 우리 기업 경쟁력의 심각성을 임원/팀장 코칭에서 느꼈다. 다음은 어느 대기업의 연구소에서 팀장 리더십 코칭을 했던 때다.

당시 팀장의 요청으로 오후 5시에 코칭을 시작했다. 코칭은 사무실에서 약간 떨어진 오픈 회의실에서 진행했는데 사무실 직원들의 목소리도 들렸다. 5시 40

분쯤부터 사무실 주변이 부산해지기 시작했다. 5시 50분에 일과 종료 안내와 음악이 흘러나왔다. 직원들은 달리기 시합을 하듯 썰물처럼 빠져나갔다. 대략 50여 명의 직원들이 빠져나가는 데 5분도 걸리지 않았다. 6시를 지나 사무실로 돌아와 보니, 주변에 남은 사람들은 타 부서 팀장들과 선임 연구원 두세 명이 전부였다. 종료 시간이 되었으니 퇴근하는 것은 당연하다. 또한 워라밸을 중시하는 풍토에서 불필요한 야근은 자제해야 한다. 그러나 종료 벨이 울린다고 한꺼번에 다 나가면 연구 마무리는 누가 하나? 이 질문에 옆에 섰던 팀장이 웃으면서 말했다.

"마무리는 제가 해요."

회사 식당에서 그 팀장과 함께 저녁을 먹으면서 이야기를 이어갔다.

"팀장님, 조금 전에 지연된 과제와 고질적 문제가 계속 누적된다고 하셨는데, 종 치면 집에 다 가는데 지연된 과제의 납기는 어떻게 지키며, 고질적 문제해결은 누가 하나요?"

"자체적으로 납기를 맞출 수 있는 과제는 처리하고요. 늦어지는 과제는 사유 보고서를 작성해서 연기를 요청합니다. 그리고 고질적인 문제해결은 저와 선임 연구원 2명이 하는데 짬이 없네요."

당시 팀장은 당연하듯이 담담히 말해 오히려 내가 당황스러웠다. 그래서 다시 물었다.

"아니 팀장님, 개발 과제 수행이 늦어지면 생산에 부하가 걸리고, 위약금 물으면 회사에 손해를 미칠 텐데 그래도 괜찮은가요?"

"그럼 어쩝니까? 인력 추가를 요청해도 안 된다고 하고, 직원들 야근하라고 하면 퇴사하겠다고 하는데, 제가 무엇을 할 수 있을까요? 그래도 선임 연구원들이 남아서 같이 문제를 해결해 주는 것만으로도 다행이죠. 근데 그들도 신기술엔 미치지 못하니 정말 큰일입니다."

당시 답답해하는 팀장의 말에 나도 가슴이 먹먹했다. 우리나라 기업 경쟁력이 송두리째 무너져 내림을 느꼈다. 늦은 시간까지 일하는 풍토를 찬양하자는 뜻은 아니다. 그러나 일을 마무리하고 문제를 해결하려는 목표 달성 의지가 보이지 않아 아쉬울 뿐이다. 지금의 성과관리 방식으로 직원들의 목표 달성 의지를 향상시킬 수 있을까?

우리 기업 경쟁력 위기의 또 다른 사례는 신제품 관련 사업부와 기존 제품 사업부 간의 갈등에서 볼 수 있다. 조직 간의 벽으로 인한 갈등이나 소통 문제를 사일로(Silo)라고 한다. 사일로는 조직이 클수록 심각한 문제를 야기한다. 휴대폰 강자였던 노키아가 조직 간 사일로 문제로 스마트폰 시대에서 사라진 대표적 예다. 당시 세계 최대 휴대폰 판매 기업이었던 노키아는 애플의 스마트폰을 보면서, "높은 곳에서 떨어지면 액정이 깨지고 못 쓰는 폰을 누가 사용할까?"라며 조롱했다. 결론은 모두가 알듯이 노키아는 파산하여 분리 매각되었고, 애플은 스마트폰 시장에서 세계 최강자로 군림하게 되었다.

세계 최강이었던 기업들이 허무하게 무너지는 핵심 원인은 구성원들의 자만이나 목표 의식 상실, 조직 간 내부 갈등이나 협업 부족, 기술 경쟁력 약화 등에서 찾을 수 있다. 특히 회사에서 입김이 제일 센 곳은 캐시 카우(Cash Cow) 역할을 하던 사업부다. 다른 사업부들이 아무리 좋은 사업 아이템을 제안해도 돈을 버는 사업부는 기존의 사업을 고수하려 한다. 그사이 경쟁사들은 다른 신제품을 출시하고 시장의 인기를 얻으면서 새로운 강자로 올라선다. 기존 조직 간의 경쟁과 사일로를 해소하지 않는 한 조직은 내부에서부터 허물어진다.

오늘날 전 세계적 시장 침체기를 맞은 우리 기업들이 위태로운 질주를 이어가고 있다. 혹자는 제2의 IMF가 다가온다고 한다. 다가올 경제위기에 많은 기업들이 볏단처럼 쓰러질 것이다. 저성장 시대에 기업들이 생존하기 위해서는 기술 개발과 자금 확보, 인재 유지와 조직 활성화에 힘을 쏟아야 한다. 특히 앞의 팀장 코칭 대화 사례에서 보듯이 리더와 관리자들은 직원들의 목표 달성 의지를 일깨우는 동기부여와 조직 간 사일로를 해소하는 협업 강화에 진력을 다해야 한다. 이러한 조직의 기초체력 강화를 위해 체계적인 성과관리가 더욱 요구된다. 성과관리의 힘은 조직과 사업부, 전 직원이 한 방향의 목표를 향해 나아가는 데 있다.

성과관리를 하는데 성과가 없다?

일반적으로 성과관리란 조직의 목표를 달성하기 위한 체계적인 관리활동이다. 그런데 조직 구성원들의 성과관리 만족도 설문조사를 보면 부정적 의견이 많다. 2017년 대한상공회의소의 〈인사평가제도에 대한 직장인 인식조사〉 결과에 따르면, 직장인 75.1%가 '인사평가제도를 신뢰하지 않는다'고 응답했다. 또한 인사평가의 효과성에 대한 질문에 '회사와 개인 모두에 도움이 안 된다'라는 부정적 응답이 44.1%이고, 동기부여 효과에 대해서는 '의욕을 꺾거나 영향력 없다'는 부정적 응답이 60.0%를 차지했다. 대부분의 조직 구성원들은 목표 달성에 대한 압박과 성과평가에 대한 부담감을 느낀다. 그럼에도 불구하고 수많은 기업과 공공기관에서 성과관리제도를 운용하고 있다. 구성원들이 불만족하는 성과관리 방식으로 조직의 지속 가능한 성장을 담보할 수 있을까?

한국은행이 2022년 발표한 우리나라 영리법인 기업 91만 206곳을 조사한 결과, 기업이 벌어들인 영업이익으로 이자도 내지 못하는 기업이 42.3%로 역대 최대 수준이라고 한다. 이 중에서 영업이익이 적자여서 이자를 내지 못한 기업도 34.7%로 나타났다. 10개 기업 중에서 4개 기업은 이자를 내지 못한 채 연명하는 수준이다. 이러한 사실은 우리나라 기업 10곳 중 4곳의 성과관리도 효과를 상실했음을 반증하고 있다. 현재 운영되는 기업들의 성과관리에서 본질적인 문제는 무엇일까?

먼저 성과관리에서 성과 개선이 제대로 이뤄지지 않고, 단순한 경영실적 집계에 그치고 있다. 외부 경영환경이나 경쟁사의 공격에 의해, 실적이 나쁜 기업들은 성과 개선책이 제대로 작동하지 않을 수도 있다. 여기서 성과관리가 회사의 경영 악화에 대해 사전에 어떤 신호를 보냈는지가 중요하다. 만약 아무런 위기 신호를 보내지 않았다면, 그 조직의 성과관리는 폐기하는 게 낫다.

다음으로 성과관리에서 세운 계획과 실제 경영이 다르게 운영되는 조직이 많다. 많은 기업과 공공기관의 성과관리 운영 사례에서 이 같은 현상을 보이고 있다. 각 사업부나 팀의 성과관리 실적은 양호한데 기업 전체 실적이 적자를 보이면 무엇이 문제인가? 이 문제의 핵심은 성과관리의 데이터가 조작되었거나 허위라는 점이다. 일반적으로 성과관리의 데이터는 핵심성과지표(KPI) 산출 방식에 의거 정보를 취합한다. 성과관리의 데이터가 실제 경영 상황을 반영하지 못했다면, KPI가 회사의 중요한 정보를 반영하지 못했거나 왜곡됐음을 의미한다.

예를 들어 한 회사의 연말 실적을 종합해 보니 영업이익이 50억 흑자를 냈다. 그런데 A사업부는 50억의 적자이고, B사업부는 100억의 흑자를 냈다. 이러한 상황에서 A사업부가 '인력 충원 수'나 '시설투자액'과 같은 성과지표를 목표로 설정해 양호한 평가를 받는 게 바람직한가? 인력과 시설을 투자했지만 사업은 적자를 보았다면 그 투자는 잘못된 것으로 평가 받아야 한다. 이처럼 핵심성과지표(KPI)가 조직 전체를 고려하지 않고 단순하게 선정하면 문제가 생긴다. 실제 비즈니스와 연동되며 실질적인 효과를 나타내는 '인당 매출액'이나 '시설투자 회수율'이 실효적인 성과지표다.

한편으로 성과관리를 성과평가 용도의 형식적 활동으로 여기는 경향이다. 기업에서 성과관리는 연초에 인사나 기획팀에서 성과목표를 설정하라는 안내와 함께 시작된다. 주어진 서식에 의거 목표를 세우고 부서장의 결재를 받아 실행한다. 반기나 연말이 되면 종합 실적을 취합해서 성과보고서를 작성한다. 회사에 따라 평가 면담을 하기도 하고 건너뛰기도 한다. 부서장은 직원들의 성과보고서를 참고하여 성과평가를 한다. 이처럼 성과관리가 형식적인 문서작업이라면 성과관리에서 목표 의식이나 동기부여, 역량 개발의 기회가 있을까?

물론 성과관리의 활용 범위는 개별 회사의 선택 사항이다. 그러나 성과관리를 실적관리나 성과평가에 한정한다면, 성과관리가 지향하는 '성과 개선과 개인의 성장' 목표는 이뤄질 수 없다. 성과 개선은 성과분석을 통한 피드백(feedback) 과정이다. 기업이 적자가 났다면 성과 혁신을 위한 전사적 활동이 따라야 한다. 또는 개인이나 조직이 지속적으로 성장하기 위해서는 장기적 차원에서 중장기 계획이나 육성 플랜을 마련해야 한다.

평가중심에서 성장중심의 성과관리로 전환하라!

경제불황과 경영 위기의 상황을 돌파할 수 있는 열쇠는 어디에 있을까? 신기술 개발, 경영혁신, 구조조정, 인공지능 혁명 등 다양한 처방이 제시되고 있다. 아직도 한 방에 문제를 해결할 수 있다는 환상을 가진 사람들이 있다. 사실 한 방은 없다. 비즈니스 일상에서 꾸준한 도전과 소통이 변화를 만들 뿐이다. 거창한 혁신 구호와 요란한 이벤트 없이, 직원들의 일치된 목표와 자발적 도전과 협력을 이끌어 내는 강력한 조직혁신 도구가 바로 성과관리다.

그런데 많은 회사들이 성과관리를 사장시키거나 평가도구로 전락시키고 있다. 성과관리는 평가도구가 아니다. 성과관리는 목표를 세우고 실행하며 성과 창출과 역량 개발을 체계적으로 관리하는 과정이다. 1년에 한두 번씩 꺼내 쓰고 서랍에 묵히는 성과관리는 과감히 버려야 한다. 개인의 업적을 평가하고 보상하는 평가중심 성과관리에서 성과를 개선하는 성장중심의 성과관리로 리모델링해야 한다.

이제 성과관리는 개인과 조직의 성장과 성과 개선을 위해, 목표 달성을 체계적으로 관리하는 커뮤니케이션 과정이다. 이러한 성장중심 성과관리를 'GROWTH 성과관리'로 명명한다. 그럼 기존의 평가중심의 성과관리에서 성장과 성과 개선을 위한 성과관리로 탈바꿈하기 위해서는 어떻게 해야 할까?

먼저, 성과관리의 첫 단계인 목표 설정 활동을 강화한다. 비즈니스의 성공은 목표 설정에 달려 있다. 목표를 세우는 과정에 직원들이 스스로 참여하고, 개인들과 팀들이 도전적이며 협력적인 목표를 세우는 게 중요하다. 그러나 많은 기업들의 목표 설정 과정은 정반대다. 경영진이나 기획 부서에서 작성한 목표를 하부 조직이나 개인에게 전달하면, 개인들은 이유도 모른 채 자신의 목표 설정서에 옮겨 적고 사인을 한다. 또는 개인들이 달성 가능한 과제들만 목표로 설정한다면, 성과 개선과 성장은 요원할 뿐이다.

도전적이며 협력적인 목표 설정을 위해 기존 핵심성과지표(KPI) 관리에 OKR(Objective & Key Results) 방식을 결합한 목표 설정 과정은 〈5장. STEP 1. 도전적인 목표 수립〉에서 소개한다. 기존 KPI 중심 목표 설정이 형식적이며 기계적이라는 비판을 많이 받고 있다. 그렇지만 KPI 중심의 목표 설정은 체계적인 목표 구성과 관리에 용이한 장점이 있다. 다만 KPI의 형식적이며 안전 지향적 한계를 극복하기 위해, OKR의 도전적인 목표 설정과 핵심 결과 중심의 과제 설정이 필요하다.

또한 실질적인 성장과 성과 개선을 촉진하기 위해 코칭 커뮤니케이션을 강조한다. 평가중심 성과관리와 GROWTH 성과관리의 가장 큰 차이는 커뮤니케이션에 있다. 평가중심의 성과관리에서 평가 면담은 상사나 직원 모두 피하고 싶어 한다. 인사고과 결과를 설득해야 하니 상사들도 피곤하다. 대부분 기업에서 평가점수를 보통(B) 등급 이하를 받은 직원이 50%를 넘으니 다수의 직원들은 유쾌하지 못한 대화를 주고받는다.

반면 개인과 조직의 성장을 목적으로 하는 GROWTH 성과관리는 목표 설정과 실행, 평가 및 피드백 등 모든 단계에서 상사와 직원 간에 코칭 대화를 강조한다. GROWTH 성과관리는 대화나 면담을 성과 코칭 방식으로 한다. 성과 코칭은 한마디로 개인의 잠재력을 이끌어 내며 목표 달성을 촉진하는 수평적 커뮤니케이션이다. 직원이 과제 수행과정에서 문제가 발생하는 이유는 여러 가지다. 역량이나 경험이 부족하거나, 업무 방향이나 전략을 잘못 잡거나, 시장경쟁이나 경쟁사의 공격이 치열해지는 등 다양한 이유가 있다. 관리자는 각각의 원인과 직원 내면의 욕구와 연결고리를 찾아 동기를 부여한다. 우리나라 관리자들 중에서 직원 유형별 코칭 대화에 능숙하지 못한 분들이 많다. 본서 〈3장. 직원 성과 유형별 코칭 전략〉이 도움을 줄 것이다. 성과관리는 대화를 통한 문제해결 과정이다.

끝으로 성장과 성과 개선의 성과관리로 탈바꿈하기 위해서는 시스템 관점이 중요하다. 성과관리에서 시스템 관점이란 개인이나 조직이 목표 달성을 위해 성과목표 설정, 과업 수행, 평가 피드백의 과정에서 전체적인 관점으로 문제를 해결하는 방법을 말한다. 성과관리를 평가와 보상 중심으로 생각하는 것은 성과관리에 대한 시스템 관점이 부족하기 때문이다. 시스템 관점에서 성과관리는 개인과 조직의 목표 달성과 성과 개선을 위해 성과를 올리는 방법을 모색한다.

성과관리에 대한 시스템 관점은 열린사고와 협업을 중시한다. 열린사고는 성과관리가 갖는 폐쇄적이며 비밀스러운 내용들을 공유하고 개방하도록 유도한다. 또한 목표 설정이나 과업 진행과정에서 수행된 결과를 공개함으로써, 다른 팀원들이 과제 수행을 돕거나 평가과정에도 참여하는 공간을 만들어 준다. 이때 성과관리 전산 시스템이 구축되면 더욱 효과적이다. 시스템 관점에서 협업은 조직 구성원들이 서로 협력하여 계획적인 업무수행을 돕는다.

이 책의 구성

이 책은 필자가 지난 15년 동안 기업과 공공기관에서 코칭과 컨설팅을 바탕으로 정립한 개인과 조직의 성과 개선과 성장을 위한 성과관리 방법론이다. 본서는 대기업부터 중소기업, 정부 및 공공기관 그리고 스타트업, 1인 기업까지 다양한 유형의 기업들과 작업한 결과물이 녹여 있다. 각 기업들의 비밀 유지를 위해 구체적인 회사명은 밝히지 않았다. 다시 한번 고객사들의 도움과 협조에 감사드리며 발전과 성공을 기원한다.

이 책은 기업이나 공공기관의 리더와 관리자들이 저성장 시대에 코칭 커뮤니케이션 기반의 성과관리를 통해, 개인의 성장과 조직의 성과 향상을 이루는 데 있다. 또한 조직 내 관리자와 직원들이 성과관리의 운영 철학과 프로세스, 진행 방법을 이해하고 실천하는 입문서로도 손색이 없다. 아울러 GROWTH 성과관리가 일반 직장인들이나 HR 담당자, 성과관리에 관심 있는 모든 분에게 경제위기를 돌파하고 조직 역량을 강화하는 데 일조하기를 기대한다. 특히 GROWTH 성과관리는 위기 상황을 극복하는 별도의 경영혁신 프로그램 없이, 기존의 성과관리를 활용하여 조직혁신을 추진하는 효과적인 도구이다.

본서의 구성은 2개 부와 7개 장으로 구성되어 있다. 1부는 GROWTH 성과관리 혁신 방안을 4개의 장에 걸쳐 소개한다. 1장은 기존 성과관리의 문제점을 분석하고, GROWTH 성과관리의 의미와 운영원리를 제시한다. 2장은 조직 내의 다양한 이슈와 문제에 대한 성과관리 활용 방법을 소개한다. 3장은 직원의 성과와 역량 유형별 효과적인 육성을 위한 코칭 전략을 소개한다. 4장은 저성장 시대 조직 규모별 효과적인 성과관리 전략을 제안한다. 2부는 GROWTH 성과관리 단계별 운영전략을 3개 장에 걸쳐 소개한다. 5장에서 7장까지 GROWTH 성과관리의 3단계인 목표 수립, 과업 수행 및 성과평가 단계로 세분화하고 각 장에서 단계별 성과관리 세부 방법을 설명한다.

각 장의 구성은 도입부 이야기 사례와 성과관리 본문으로 구성하였다. 도입부 이야기 사례는 〈드림 컴퍼니〉라는 가상의 가전 중소기업 사례를 들어 성과관리 주제별 세부 내용을 대화체 방식으로 구성하였다. 스토리들은 각 장의 주제를 각색한 것으로 본문 내용을 비즈니스 상황에서 이해하는 데 도움을 준다. 각 장의 본문은 성과관리 프로세스에서 활동 방법과 스킬, 전략에 대해 설명하였다.

    본서는 저의 코칭과 컨설팅의 경험을 바탕으로 하지만, 성과관리 분야의 국내외 여러 연구자님들과 컨설턴트분들의 값진 연구 결과물들을 바탕으로 한다. 일일이 그분들의 이름을 밝히지 않지만 마음 깊이 감사드린다. 또한 본서를 읽고 피드백을 주신 동료들과 출판을 도와주신 이담북스의 양동훈 팀장님과 편집 부분들에게도 감사 인사를 전한다. 아울러 본서를 쓰는 동안 물심양면으로 도와준 사랑하는 부모님과 형제들 그리고 아내 이현주 님과 아들 윤환, 딸 유민에게도 고마움을 전한다. 끝으로 이 책이 여러 독자분들의 조직 문제해결과 성과 향상의 길잡이가 되길 기대한다.

2025년 1월

통코칭 대표/코치 김성완

I부

GROWTH 성과관리로 혁신하기

1장

개인과 조직을 살리는 성과관리

성과관리는 조직에 주어진 자원과 시간을 활용해 최적의 산출물을 만드는 과정이다. 급변하는 디지털 기술환경과 경제위기 상황에서 현행 성과관리는 도전보다는 안정을 추구하고, 형식적 운영과 관료화가 심화되고 있다. 이러한 평가중심 성과관리의 문제점을 극복하기 위해, 개인과 조직의 성장과 성과 개선을 목적으로 하는 성장중심(GROWTH) 성과관리의 필요성과 프로세스, 특징에 대해 알아본다.

1. 성과관리 왜 하는지 모르겠어요

드림 컴퍼니 직원들은 목표 대비 반기 실적을 입력하고 평가하라는 공지가 올라왔다. 개발팀의 이 매니저도 2시간 남짓한 시간을 들여서 반기 실적을 입력한 뒤, 입사 동기인 최 매니저와 함께 휴게실로 갔다. 커피를 손에 든 이 매니저가 반기 실적평가에 대해 최 매니저에게 말했다.

- 😊 이 매니저: 개발 아이템 진도가 늦어져 올해는 좋은 평가를 받기는 어려울 것 같네.
- 😊 최 매니저: 연초에 개발 진도를 너무 촉박하게 잡은 게 아닐까?
- 😊 이 매니저: 나야 개발 진도를 현실적으로 잡으려고 했지. 그런데 박 팀장이 막무가내로 일정을 당기는 바람에 어쩔 수 없었어.
- 😊 최 매니저: 하긴 말이 자율이지. 성과목표와 과제가 대부분 위에서 정해서 내려오고 자율관리는 요식행위일 뿐이야.
- 😊 이 매니저: 맞아, 어차피 지키지 못하고 달성할 수 없는 목표를 왜 관리하는지 모르겠어. 그냥 정해서 내려왔으면 팀장들만 성과관리 하면 되지 않을까? 그냥 우리는 시키는 대로 하고, 미진한 부분에 대해서는 대책을 세워줘야. 우리가 무슨 수로 개발 납기를 앞당길 수가 있는지 모르겠어.
- 😊 최 매니저: 개발 납기를 맞추려면 개발할 수 있는 적정 인력과 개발비용을 지원해 줘야지. 문제는 조직 차원에서 의사결정이 늦어져 발생했는데, 개발 납기가 지연된 이유를 개인적으로 평가하면, 결국 모든 책임을 개인에게 돌리는 거잖아. 이런 성과관리를 왜 하는지 모르겠네?
- 😊 이 매니저: 결국 목표를 달성하지 못한 책임을 누군가는 져야 하고, 그것을 개인에게 떠넘기는 거지. 너가 못해서 목표를 달성하지 못했다. 그러니 책임도 지라는 거지.
- 😊 최 매니저: 이런 도돌이표 같은 성과관리표 작성은 언제 끝날까?

2024년 10월 삼성전자의 DS 부문(반도체 사업)을 이끄는 전영현 부회장이 사과문을 냈다. 분기 최대의 매출액 79조 원을 냈지만 영업이익이 시장 예상치 10조 8천억 원에 미달한 9조 1천억 원을 기록했다. 외국인 투자자들은 연일 투자자금을 회수하는 등 창사 이래 최대의 위기를 맞았다. 더욱 충격적인 일은 경영실적이 좋지 않다고 대국민 사과문을 낸 점이다. 그만큼 삼성전자가 위기임을 반증하고 있다. 전 부회장의 사과문에서 핵심 내용 3문장을 옮기면 다음과 같다.

"단기적인 해결책보다는 근원적 경쟁력을 확보하겠습니다."
"수성의 마인드가 아닌 더 높은 목표를 향해 질주하는 도전정신으로 재무장하겠습니다."
"우리의 전통인 신뢰와 소통의 조직문화를 재건하겠습니다."

삼성전자 전 부회장의 사과문은 오늘날 우리나라 기업들이 직면한 핵심 문제를 대변하고 있다. 위 사과문의 키워드를 연결하면, '높은 목표와 도전정신, 신뢰와 소통의 문화로 근원적 경쟁력을 확보한다'이다. 리더와 현장 관리자들이 일상의 경영 활동을 통해 '근원적 경쟁력'을 구현할 수 있는 방법이 무엇일까? 그 방법을 성과관리에서 찾아본다.

오늘날 직장인들이 생각하는 성과관리의 현 모습은 어떤 상태인가? 취업포털 잡코리아가 직장인 1,930명을 대상으로 실시한 설문조사에 따르면, '우리 회사 직원 성과관리 안 돼'라고 응답한 비율이 63.4%로 나왔다. 직장인 3명 중 2명은 성과관리가 잘 안 된다는 의미다. 특히 대기업이고 인사평가제도가 있는 기업에 비해, 그렇지 않은 기업 종사자들의 부정적인 응답 비율이 더욱 높았다. 특히 300인 미만 중소기업은 49.6%가 '사내 인사평가제도가 없다'고 응답했다. 이 말은 기업 규모가 작은 중소기업일수록 성과관리에 대한 불만이 더 컸음을 의미한다. 조직 구성원들이 기존의 성과관리에 대해 느끼는 대표적인 문제점을 알아본다.

평가를 잘 받기 위한 목표 설정

성과관리를 연례행사의 이벤트에서 조직의 변화와 혁신의 장으로 만드는 출발점은 도전적인 목표 설정에서 시작한다. 지금까지 성과관리의 핵심은 성과평가로 여겨왔다. 개인이나 조직 모두 평가를 잘 받아야 보상을 잘 받을 수 있다. 그래서 평가를 잘 받기 위한 성과목표를 설정한다. 평가를 잘 받으려면 도전적인 목표를 세우면 안 된다. 도전적인 목표는 실패할 확률이 높고 평가에서 좋은 점수를 받기 어렵다. 이처럼 성과관리의 악순환 고리는 평가중심의 성과관리에서 비롯되었다. 이러한 병폐를 바꾸기 위해서는 성과평가에서 성과목표로 성과관리의 초점을 전환해야 한다.

'성과목표를 바꾼다고 뭐가 달라지는가?'라고 항변할 수 있다. 목표를 바꾸면 인생이 달라지고 조직이 변한다. 도전적인 성과목표는 달성하기도 어렵다. 그렇기 때문에 도전적인 목표를 달성하기 위해서는 여러 사람이 모여 머리를 짜낼 수밖에 없다. 개인이나 조직 간 협업이 자연스럽게 일어난다. 도전적인 목표는 100%를 달성하지 못해도 실천 과정에서 많은 부수적 효과를 낳는다. 이처럼 성과관리의 핵심은 개인들이 최선을 다해서 성과의 파이를 키우는 데 있다. 그런데 지금까지는 반대로 해왔다. 개인들은 목표를 달성했지만 조직은 파이를 키우지 못했다. 개인들은 목표 매출을 달성했는데, 조직은 영업손실을 낳는 이상한 성과관리를 해왔다. 이제 본말이 전도된 성과관리는 끝내야 한다.

단기 성과 집착이 허위를 낳는다

단기 성과에 집착한 성과관리는 데이터를 조작하여 허위 보고서를 올리거나 장기적인 손실을 낳는다. 그런데 기업은 내년은 어떻게 되더라도 당장은 실적이 좋아야 한다. 지금 부족한 실적을 채워야 내년을 기약할 수 있다. 이처럼 단기 성과 집착은 대형 사고의 발판이 된다. 대표적인 예가 금융권에서 발생하는 각종 금융상품 사고다.

2021년 홍콩 주가연계증권(ELS) 변액보험에 가입했던 투자자들이 중국경제의 악화로 홍콩항셍중국기업지수가 급락하자 투자자들의 손실이 발생하는 사고가 발생했다. 2020~2021년 판매했던 이 보험 상품은 저금리 기조로 은행보다 높은 수익을 기대하고 상대적으로 안전하다는 점에서 인기를 끌었다. 결국 가입자들이 금융 당국에 민원을 제기하면서, 일부 생명보험 회사들은 회사 비용으로 손실을 보전하게 되었다.

홍콩 ELS 변액보험 판매 직원들도 초기에는 우수한 판매실적으로 칭찬과 보상을 받았다. 그러나 몇 년이 지난 뒤에 잘못된 판매로 고객과 회사에 큰 손실을 입히는 사태로 확산되었다. 이와 유사한 사건들이 지금도 일어나고 있다. 성과관리의 각 단계에서 조직의 목표를 달성해야 한다는 미명하에 성과지표를 왜곡하거나 데이터를 조작하는 일들이 종종 일어나고 있다. 이러한 성과관리 시스템상에서 발생하는 각종 문제들이 성과관리 무용론을 부추긴다.

성과 면담할 시간이 없다

성과관리 교육에 참여하는 부서장들이 가장 많이 하는 하소연이 '성과 면담할 시간이 없다'는 말이다. 직원들의 목표 설정과 성과평가 과정에서 성과 면담을 통해 문제점을 개선하고 동기부여의 필요성은 머리로는 이해가 된다. 그런데 실제 현업에서는 팀원과 1:1 성과 면담할 시간 내기도 힘들다고 한다. 관리자들과 직원들이 성과 면담에 대해 '시간이 없다'고 말하는 근본적인 이유는 무엇 때문일까?

관리자들은 바쁜 업무 현실과 직원들과 성과 면담을 해야 하는 당위 사이에서 고민한다. 관리자들이 '면담할 시간이 없다'라고 말하는 핵심 원인은 성과 면담의 효과성에 의문을 가지기 때문이다. 이 말을 하는 관리자들은 '성과 면담을 한다고 일을 잘하던 사람이 더 잘하는 것도 아니고, 일을 못하던 사람이 하루아침에 성과가 좋아지지도 않는다'고 강변한다. 이런 관리자들은 성과 면담의 의미를 그릇되게 이해하고 있다. 성과관리를 단기적인 성과 향상과 평가를 중심으로 생각한다. 그래서 성과평가가 끝나면 성과관리는 끝난 것으로 오인한다. 성과 면담은 조직의 성과 향상과 개인의 성장이라는 더 크고 장기적인 목적이 있다.

성과관리가 협업을 가로막는다

성과관리는 근본적으로 경쟁의 원리를 바탕으로 한다. 성과관리는 개인이나 조직이 목표 달성의 결과에 따라 보상을 받는 구조이기 때문에 자연스럽게 경쟁을 촉발한다. 성과관리에서 경쟁의 논리는 목표를 달성하기 위해 개인이 자신과 소속 팀 혹은 부문의 이익을 위해 최선을 다하도록 작동한다. 성과관리에서 관리자의 지시가 아닌 자발적인 협력은 제한적일 수밖에 없다. 성과관리에 내재화된 경쟁의 원리는 상호 협력의 요구를 밀어낸다.

성과관리에서 협력을 가로막는 구조적 요인은 상명하복의 위계구조이다. 전통적인 조직의 지휘체계는 상사의 지시를 따라 과업을 수행한다. 상명하복의 수직적 구조에서 협력은 명령과 지시에 따라 일어난다. 전통적 조직구조에서 자발적인 변화나 협력이 어려운 것도 지시와 복종의 위계질서에 익숙하기 때문이다. 상명하복 위계질서는 수직적 조직문화를 만들고 개인과 조직 간의 경쟁을 심화시킨다. 더구나 자신에게 타 팀의 업무지원에 대한 책임과 권한이 없다면 상호 지원해야 할 근거는 사라진다.

성과관리시스템에 내재된 협력 장애요인으로 단기성과가 있다. 보통 성과관리의 목표는 분기나 반기, 1년 정도의 단기 목표를 중심으로 이뤄진다. 성과관리는 조직 전체 관점의 거시적 변화를 추구하기보다는 단기 성과를 추구한다.

개인과 조직이 분업화된 시스템에서 구성원들은 단기 목표를 설정하고 실행하는 데 초점을 둔다. 서로 도움을 주고받고 싶어도 경쟁 기반의 성과관리가 상호 간 협업을 가로막고 있다.

2. 성과관리는 수평적 커뮤니케이션 과정이다

경영지원팀 정 팀장은 지난번 자사 성과관리제도 개선 보고에서 조직문화 전환 과제로 수평적 커뮤니케이션의 필요성을 제기했다. 이에 대해 팀원들과 함께 수평적 커뮤니케이션 활성화 방안에 관해 자유토론을 진행했다.

☺ 정 팀장: 성과관리제도 개선에서 왜 수평적 커뮤니케이션이 중요할까요?

☺ 이 매니저(인사담당): 저는 성과관리제도가 우리 회사 구성원들의 일하는 방식을 담는 그릇이라고 생각합니다. 정기적인 성과관리 미팅은 1:1 미팅이나 팀 월례 성과관리 미팅입니다. 여기서 대화가 지시와 복종의 수직적 커뮤니케이션으로 채워진다면 아무리 제도가 바뀌어도 구성원들의 자발적인 참여와 헌신은 일어나지 않을 겁니다.

☺ 최 매니저(재무담당): 저도 비슷한 의견입니다. 수평적 커뮤니케이션이 계급장 떼고 맞먹는 대화가 아님을 강조하고 싶습니다. 우리 회사는 사원들 간의 호칭은 직급분류가 따로 없이 '매니저'로 부르고 있습니다. 그러다 보니 서로 지켜야 할 선을 넘는 경우도 가끔 있습니다. 연장자분들에 대한 기본적인 예의를 어떻게 지켜야 할지 고민입니다.

☺ 정 팀장: 지금 최 매니저의 이야기는 우리가 논하는 수평적 커뮤니케이션의 문제점에 대한 지적이라고 봅니다. 성과관리와 관련하여 구체적인 사례를 들어줄 수 있을까요?

☺ 최 매니저(재무담당): 다른 팀에서 들은 이야기인데, A팀 월간 성과관리 회의에서 성과가 미진한 과제가 있었는데, 함께 수행하던 멤버들 간에 논쟁이 발생했습니다. 젊은 사원들은 '선배 사원들이 적극적으로 지원해 주지 않아서 목표를 달성하지 못했다'고 발언을 하면서, 선배 사원들과 후배 사원들 간에 언성을 높이면서 말다툼까지 갔다고 합니다.

☺ 정 팀장: 알겠습니다. 충분히 일어날 수 있는 일이라고 봅니다. 성과에 집중하다 보면 성과부진 책임에 대한 공방이 발생할 수 있죠. 자유롭고 진심 어린 피드백이 상대방의 감정을 상하게 하지 않게 커뮤니케이션 하는 게 중요합니다.

- 양 매니저(회계담당): 성과관리에 수평적 커뮤니케이션이 필요한 가장 큰 이유는 개인의 성장과 조직의 목표 달성에 용이하기 때문입니다. 기존 성과관리 미팅은 목표 달성을 점검하고 미진한 부분을 책임 추궁하고 야단치는 회의가 많았습니다. 이러한 지시-명령 중심의 수직적 대화를 수평적 대화로 전환하면, 사원들의 자유로운 토론과 참여가 활성화될 것입니다.
- 정 팀장: 저도 양 매니저의 말에 동감합니다. 우리가 수평적 커뮤니케이션을 강조하는 이유는 서로가 편하게 대화하는 차원이 아니라, 서로의 의견이나 생각들을 자유롭게 공유하고 참여하는 분위기를 조성해서 구성원들의 성장과 목표를 달성하기 위함입니다.
- 박 매니저(총무담당): 제대로 된 수평적 커뮤니케이션을 하기 위해서는 구성원 모두가 자기 일에 전문가가 되어야 합니다. 그렇지 않다면 기존처럼 상사가 시키는 상명하복 방식이 오히려 편하다고 생각됩니다.
- 정 팀장: 박 매니저의 말도 일리가 있어요. 오늘 대화에서 많은 사람들이 수평적 대화를 잘못 이해하거나 오해하는 경향이 있음을 알 수 있었네요. 이번 토론을 정리해서 성과관리제도 개선을 위한 수평적 커뮤니케이션의 중요성과 방법을 매뉴얼에 포함합시다.

지시와 감독 vs. 소통과 자율

기존의 성과관리는 조직의 목표를 달성하기 위해 직원들에게 업무 지시와 감독이 주를 이루었다. 직원들은 상사가 업무를 지시한 사항들의 경과를 보고하고, 수행 과정에서 문제나 불량이 생기면 관리자들로부터 지적이나 질책을 당했다. 이러한 소통 방식은 상사가 직원에게 지시하고, 직원이 상사에게 보고하는 단방향 커뮤니케이션 혹은 수직적 커뮤니케이션이라고 한다.

수직적 커뮤니케이션이란 조직 위계상 상하 간, 다른 직급의 구성원들 간의 의사소통이다. 상향식과 하향식 커뮤니케이션이 여기에 속한다. 상향식 커뮤니케이션은 앞서 말한 조직 내 하급자가 상급자에게 보고, 의견 등을 전달하는 것을 말한다. 하향식 커뮤니케이션은 상급자가 하급자에게 세부적인 방침, 명령,

지시 등의 정보를 전달하거나, 하급자의 행동이나 태도를 조정하는 소통 방식이다. 이러한 수직적 커뮤니케이션은 위계질서를 중시하고 상명하복의 조직 풍토를 조성하며, 일사불란한 수직적 조직문화를 형성한다.

최근에는 수직적이며 단방향 커뮤니케이션의 문제점이 부각되면서 수평적이며 쌍방향 커뮤니케이션으로 전환되고 있다. 수평적 커뮤니케이션이란 조직 내에서 위계수준이 같은 구성원들이나 부서 간의 의사소통으로 상호작용적 소통 방식이다. 본서에서 수평적 커뮤니케이션은 동일 계층뿐만 아니라 상급자와 하급자 간에도 대등하며 자유로운 소통 방식으로 확장해서 사용한다. 수평적 커뮤니케이션은 조직 구성원들의 역할과 책임이 명확하고 업무에 대한 전문성을 갖출 때 효과를 발휘한다.

그렇다면 성과관리 커뮤니케이션으로 지시와 감독의 수직적 커뮤니케이션이 효과적일까? 아니면 소통과 자율의 수평적 커뮤니케이션이 효과적일까? 이것은 조직과 상황에 따라 다르다. 앞서 살펴본 상명하복의 수직적 조직문화에서는 지시와 감독의 수직적 커뮤니케이션이 주를 이룬다. 반면 상호 간 역할과 책임이 명확한 전문가 조직의 경우 연차에 관계없이 자유롭고 수평적인 의사소통이 주를 이룬다. 또한 디지털 정보화 혁명이 가속화되면서 조직 내 온라인 커뮤니케이션은 상호 간 수평적 의사소통을 더욱 가속화시키고 있다.

성과관리와 수평적 커뮤니케이션

성과관리 의사소통은 수직적 커뮤니케이션과 수평적 커뮤니케이션이 상황에 따라 유연하게 교차하는 복합적 의사소통이다. 다른 말로 성과관리에서 효과적인 커뮤니케이션은 상황에 적합한 의사소통이다. 그렇다면 성과관리 과정에서 수평적 커뮤니케이션이 효과적인 상황은 언제일까?

먼저 도전적이고 창의적인 성과목표를 설정할 때다. 구성원들의 도전적이며 창의적 성과목표 설정을 원한다고 조직에서 도전적 목표를 지시하거나 명령할 수는 없다. 구성원들의 자발적인 참여와 수평적 커뮤니케이션을 통해 스스로 도전적인 성과목표를 설정해야 성공할 수 있다. 만약 조직 구성원들이 도전적이고 창의적인 목표 달성 모습이 보이지 않는다면, 조직 내 커뮤니케이션 방식을 되돌아봐야 한다.

다음으로 과업 수행 단계에서 기존에 경험해 보지 못했거나 복잡한 문제 상황에 봉착했을 때다. 위기나 긴급 상항은 오히려 톱다운(Top-down) 방식의 수직적 커뮤니케이션이 효과적이다. 그러나 중요하면서 복잡한 문제해결은 구성원들이 다양한 아이디어를 개진하고 상호 협력하는 속에서 효과적인 해결안을 도출한다. 조직 내 일상적인 업무 수행과정도 수평적인 커뮤니케이션이 구성원들의 업무 생산성을 향상시킬 수 있다.

성과평가와 피드백 단계에서 성과분석을 통한 개선 방안을 도출하기 위해서도 구성원 간의 수평적 커뮤니케이션이 효과적이다. 성과평가 면담은 개인의 업적에 대한 관리자와 직원 간 평가 피드백 과정이다. 많은 관리자들이 성과관리가 잘한 점이나 잘못한 점을 전달해 줘야 하니 일방향적인 대화가 많다고 오해한다. 이때 성과평가 피드백이 상사와 직원 간 쌍방향으로 이뤄진다면, 직원 입장에서도 평가결과 수용도가 더욱 높아진다. 종합해 보면 성과관리 커뮤니케이션은 수평적 커뮤니케이션을 기본으로 하고, 긴급하거나 위기대응 상황에서 제한적인 수직적 커뮤니케이션 방식이 효과적이다.

조직 내 수평적 커뮤니케이션 활성화 방법

조직 내에서 기존의 수직적 커뮤니케이션의 단점을 극복하고 수평적 커뮤니케이션을 활성화하려면 어떻게 해야 할까? 수평적 커뮤니케이션의 핵심은 구성원들이 직급이나 조직에 관계없는 자유로운 의사소통에 있다. 성과목표를 달성하고 실제 문제를 해결하기 위해서는 자유롭고 수평적인 커뮤니케이션이 중요하다. 대표적인 예가 '타운 홀 미팅(Town Hall Meeting)'이다. 타운 홀 미팅의 커뮤니케이션은 자율적이면서 규율이 있고, 유연하면서 책임감 있는 수평적 커뮤니케이션의 표본이다.

원래 타운 홀 미팅은 국회나 의회에서 정치인들이 지역 주민과 만나서 관심 주제에 대해 의견을 경청하거나 토론하기 위한 모임이다. 이러한 타운 홀 미팅을 기업체에 도입한 대표적 회사가 미국의 GE사이다. GE에서 타운 홀 미팅은 구성원들의 자유로운 참여와 토론을 활성화하였으며 혁신적인 조직문화를 만드는 장이다. 성과관리에서 타운 홀 미팅 방식을 활용할 때는 성과목표 설정이나 과업 수행 단계에서 복잡한 문제나 중요한 과제를 수행할 때다. 타운 홀 미팅에서 직원들은 직급이나 조직에 상관없이 조직 내 한 주체로서 각자의 생각을 자유롭게 이야기하고, 결정된 사안에 대해서는 책임감을 가지고 실천한다. 이처럼 타운 홀 미팅은 수평적 커뮤니케이션을 학습하는 훌륭한 장이다.

또한 360도 피드백과 같은 다면평가 피드백은 서면 혹은 구두의 수평적 커뮤니케이션 방식을 활용한다. 360도 피드백은 한 사람의 성과에 대해 조직 내의 동료, 상사, 부하 직원들이 평가하는 방식이다. 다면평가나 360도 피드백이 다양한 구성원 참여에 따른 시간과 비용이 많이 드는 단점도 있다. 또는 서면으로 평가할 때는 의사소통에 제한 사항도 있다. 그렇지만 조직 내 다양한 구성원들의 다양한 의견을 자유롭고 직접적으로 평가에 반영함으로써 성과평가의 객관성과 공정성에 기여한다.

조직 내 수평적 커뮤니케이션을 활성화하는 또 다른 방법은 조직 내 온라인 커뮤니케이션이다. 온라인 커뮤니케이션의 대표적인 예로 사내 통신망, 팀 단톡방, 동우회 모임, 오픈 단톡방 등 다양하다. 조직 내 소셜 관계망이 너무 활성화되어 정보에 대한 보안문제나 비밀이 외부로 누설되는 문제점도 있다. 그러나 조직 내 온라인 커뮤니케이션의 활성화는 정보의 빠른 공유와 자유롭고 수평적인 의견 개진으로 신속한 문제해결과 성과 향상에 기여한다.

3. 성과관리는 실적관리를 넘어 예방관리다

영업마케팅 이 팀장은 상반기 실적을 취합하면서 몇 가지 걱정이 되었다. 곧바로 3명의 파트장들과 긴급 성과관리 미팅을 소집했다.

- ◉ 이 팀장: 올 상반기 모두 고생 많았습니다. 상반기 팀 성과관리 미팅을 개최하기 전에 각 파트장들과 함께 상반기 실적을 리뷰해 보고 하반기 계획수립에 대비해 미팅을 소집했습니다.

- ◉ 황 매니저(국내영업): 상반기 저희 국내영업파트는 목표를 초과 달성했습니다. 이미 매출 목표 150억 원을 달성했습니다. 영업이익은 신제품 품질결함으로 반품건수가 많아 목표인 10%에 미달한 7%를 달성했습니다.

- ◉ 이 팀장: 아쉽게도 국내영업파트의 성과지표에 경고등이 켜졌네요. 현재 국내영업파트에 어떤 문제가 보입니까?

- ◉ 조 매니저(해외영업): 제 생각으로는 매출 목표는 달성했지만, 매출이 늘어나도 제품 하자로 영업이익이 떨어져서 향후 달성하지 못할 수 있습니다.

- ◉ 신 매니저(마케팅): 현재 국내영업파트의 가장 큰 문제는 품질결함에 대한 초기 대응이 늦어지고 A/S와 반품이 제때 이뤄지지 않아서, 자사 제품에 대한 불만이 점차 확산되고 있습니다.

- ◉ 이 팀장: 맞아요. 지난달부터 온라인에 올라온 고객불만이 이번 달에는 더 증가하고 있어요. 이제는 휴대용 손 선풍기뿐만 아니라 다른 제품에 대한 문제나 비방성 글도 올라오고 있어요. 휴대용 손 선풍기 시장은 전체 선풍기 시장에서 그동안 자사 제품이 강조해 왔던 품질과 성능, 안전성에 대해 크게 훼손되었어요. 물론 품질팀에서 초기에 대응하지 못해 사태가 확산된 점도 있지만, 사전에 우리 팀에서 문제의 심각성을 인지하지 못한 것은 더 큰 문제입니다.

- ◉ 신 매니저: 죄송합니다. 저희 파트에서 좀 더 일찍 문제를 전사에 공론화하고 대책을 요구했어야 했는데, 품질팀의 대응만 믿고 너무 안일하게 대처한 느낌이 듭니다.

- ◉ 황 매니저: 저희도 유통점에서 품질 문제에 대한 경고를 들었는데, 제때 회사에 보고하지 못한 점도 큽니다.

😊 이 팀장: 일단 휴대용 손 선풍기 불량제품의 반품은 거의 이뤄졌고, 현재 출하를 중지한 상태이니 일단락이 될 겁니다. 덕택에 추가 A/S 비용으로 영업손실이 발생했고요. 그보다 더 큰 문제는 자사 제품에 대한 고객 신뢰가 무너지고 있다는 점입니다. 지금 우리는 무엇을 해야 할까요?

😊 신 매니저: 자사 제품에 대한 광고를 기획해 보면 어떨까요?

😊 이 팀장: 어떤 채널로 어떤 광고를 한다는 말인가요?

😊 신 매니저: 휴대용 손 선풍기에서 문제가 발생하였으니 휴대용 손 선풍기의 주요 고객이 학생들과 젊은 직장인이라는 특성을 고려해 온라인 배너광고가 어떨까 싶습니다.

😊 조 매니저: 저는 품질불량 사고에 대해 자사 제품 이미지 광고는 오히려 역효과를 낼 수 있다고 봅니다. 고객불만이 온라인상에서 입소문으로 난 만큼 입소문 전략이 효과적이라고 봅니다.

😊 황 매니저: 저는 광고나 홍보보다는 먼저 휴대용 손 선풍기 문제를 빨리 해결해서 재출시해야 한다고 봅니다. 기존 초도 물량 3,000대가 다 팔린 만큼 제품의 수요는 분명하다고 봅니다.

😊 이 팀장: 휴대용 손 선풍기 제품 보완은 어떻게 되고 있나요?

😊 황 매니저: 품질 사고 이후 제품 보완과 개선에 좀 시간이 걸리는 듯합니다. 개발팀 담당자의 사기도 많이 꺾였고요. 어쩌면 제품 안정화를 위해 외주 제작이 아닌 자체 생산도 고려해 봐야 합니다.

😊 이 팀장: 모두 좋은 의견들입니다. 다만 실행 우선순위를 본다면 광고와 홍보보다 제품 개선이 먼저라고 봅니다. 이후 광고와 홍보를 강화하는 방안도 고려해 봅시다. 각 파트장들도 성과관리에서 실적 챙기는 데 주안점을 두기보다는 다가올 문제를 예방하는 데 주안점을 둡시다.

성과관리에서 문제 예방의 중요성

어떤 조직에서나 문제가 발생한 뒤에 처리 과정은 지난하다. 1:10:100의 법칙이 있다. 문제를 초기에 발견하면 해결 비용이 1이 들어간다. 그런데 중간 단계에서 발견하면 10배, 마지막 단계에서 발견하면 100배의 비용이 들어간다는 의미다. 가끔 신문지상에 자동차 리콜에 대한 기사가 나온다. 차량이 판매된 후에 결함이 발견되면 제조사에서는 리콜 조치를 통해 문제를 해결한다. 이때 고객보상비용과 이미지 손실에 100의 비용이 들어간다면, 제품 생산단계에서 발견했다면 10의 비용, 그리고 초기 설계단계에서 결함을 잡았다면 1의 비용이 들어간다. 성공하는 기업은 문제를 예방하고 빠르게 조치하는 능력에 달렸다.

성과관리 시스템도 문제 예방 역할이 중요하다. 조직마다 차이는 있지만 정기적인 회의나 미팅 활동을 통해 성과관리가 이뤄진다. 월별, 분기별, 반기별 미팅에서 성과를 공유하고 리뷰한다. 정해진 기간에 회의나 미팅은 정형화된 프로세스에 의해 진행된다. 보통 월간 성과관리 회의의 경우 조직의 목표나 핵심성과지표(KPI)의 진행 상황을 체크하고 미진하거나 문제가 예상되는 사항을 중심으로 논의한다. 대부분 성과목표 달성 여부에 초점을 두다 보니 결과에 대한 평가와 피드백에 집중한다. 그 과정에서 성과목표별 핵심성과지표가 주는 위험을 간과하는 경우도 종종 발생한다.

성과관리 시스템의 핵심성과지표(KPI)는 문제를 발견하는 신호등과 같다. 각 성과지표가 보내는 신호를 주기적으로 점검하면서 이상신호 감지가 중요하다. 정기적인 성과관리 과정에서 문제를 조기에 발견하여 빠르게 조치해야 한다. 혹자는 '성과관리로 예방관리가 가능할까?'라고 의문을 가질 수 있다. 예방관리란 조직이나 시스템 내에서 발생할 수 있는 문제를 미리 예측하고 이를 방지하기 위해 사전에 조치를 취하는 관리 방식이다. 성과관리가 단지 실적을 챙기고 발생하는 문제해결에 초점을 둔다면 시장환경 변화에 따른 잠재적 위험이나 문제가 가져올 피해를 막지 못한다. 성과관리가 조기경보시스템의 역할을 수행하기 위해서 리더십, 프로세스, 제도 측면에서 예방관리 방법을 알아본다.

성과관리 리더십 관점에서 예방관리

조직의 책임자들이 실적 이외에 미래 문제 예방에 관심을 가지는 순간 팀원들도 미래의 목표 달성과 문제 예방에 관심을 가지게 된다. 관리자가 성과관리에서 예방활동을 강화하기 위해, 성과관리 미팅이나 성과 면담에서 팀원들에게 다음 두 가지 질문이 효과적이다.

- "다음 분기 목표 달성을 위해 지금 우리가 준비해야 할 것은 무엇인가요?"
- "현재 상황에서 앞으로 예상되는 문제는 무엇인가요?"

현재 상황에서 일어나는 작은 징조들이 앞으로 다가올 문제나 사건의 단초가 된다. 앞의 〈드림 컴퍼니〉영업팀장과 매니저 간의 휴대용 손 선풍기의 품질 불량 사건 대화에서 보듯이, 고객들의 반품이 일어나기 전에 온라인상에서 휴대용 손 선풍기의 과열 현상과 불만이 지적되었다. 이를 빠르게 대처했더라면 제품 반품이나 고객들의 불만이 확산되는 사태는 막을 수 있었다.

사전에 문제나 위기를 예방하는 데는 상황에 대응하는 리더십이 필요하다. 리더의 예방관리는 크게 2가지로 나눌 수 있다. 문제가 발생하기 전 단계와 문제가 발생한 후의 단계이다. 문제가 발생한 후는 예방관리보다는 문제해결에 가깝다. 예방관리의 핵심은 문제가 발생하기 전에 문제를 차단하는 것이다. 이처럼 리더십도 문제를 예방할 때와 문제가 발생한 후는 달라진다. 문제를 예방하기 위해서는 시장 상황과 핵심성과지표(KPI)를 꾸준히 모니터링한다. 또한 성과목표 달성을 위해 실행과제를 지원해 주면서 정기적인 성과 코칭으로 문제를 대비한다.

한편 문제가 발생하거나 위급 상황에서는 직접 지시와 감독을 강화하는 지시적 리더십으로 전환한다. 이를 통해 문제에 신속히 대응해서 피해를 줄이고 재발방지를 강화한다. 이처럼 문제나 위기를 예방하는 성과관리가 되기 위해 상황별 리더십 행동 변화가 중요하다.

성과관리 프로세스 관점에서 예방관리

성과관리 프로세스 차원에서 문제의 징후를 예방하는 관리활동에 대해 알아 보자. 목표를 설정하고 계획하는 단계에서는 목표 달성에 장애요인이나 문제점 을 토론하는 과정을 운영한다. 대부분 목표 설정 및 계획 수립 단계에서는 미래 에 대해 장밋빛 계획을 세우지만, 그 실천 과정에서 예상되는 문제를 간과한다. 특히 목표 달성을 위한 과제 도출에서 위기와 문제를 예방하는 이슈를 의무적 으로 확인하고 점검하는 과정을 운영한다.

또한 성과 실행 단계에서는 팀 성과관리 미팅이나 성과 면담에서 장애요인 이나 문제점을 확인하는 예방관리 활동을 진행한다. 특히 팀 성과관리 미팅에 서는 성과목표별 핵심성과지표에서 나타나는 특정 신호나 문제 징후를 관찰하 고 질문을 통해 확인한다. 이때 효과적인 예방관리 질문은 다음과 같다.

- "이 성과지표의 현재 수준에서 향후 발생이 예상되는 문제는 무엇인가요?"
- "지금의 상황에서 위험이나 문제가 예상되는 성과지표는 무엇인가요?"

핵심성과지표의 각 수준에서 자동적으로 예방관리를 수행할 수 있는 조기 경보시스템(Early Warning System)을 운영한다. 조기경보 스템은 국방이나 경제에 서 문제나 위기 징후가 포착될 때 알리는 신호다. 일례로 성과목표별 핵심성과 지표(KPI)의 수준에 따라 신호등처럼 색깔로 표기한다. 만약 성과지표의 수준이 우수하면 녹색, 보통 수준이면 노란색, 위기 수준이면 빨간색으로 표현한다. 이 를 통해 성과지표의 현 상태를 확인하고 위기나 문제가 발생했음을 시각적으로 감지할 수 있도록 돕는다.

성과관리의 평가와 보상 차원에서는 예방관리에 대한 노력과 결과를 인정해 줘야 한다. 많은 조직에서 문제가 발생한 뒤에 해결한 활동에 대해서는 칭찬과 보상을 해준다. 그러나 문제가 발생하지 않도록 예방하는 활동은 인정받지 못할 때가 많다. 이는 예방관리 단계에서는 문제가 발생하지 않기에 문제점을 인식하지 못하기 때문이다. 품질 목표나 원가절감 활동, 영업활동 등에서 발생할 수 있는 문제를 지속적으로 모니터링하고 문제를 예방한 결과에 대해서는 기록으로 남긴다. 예방한 공헌에 대해서도 문제를 해결한 활동만큼 평가와 보상을 한다.

성과관리 제도 관점에서 예방관리

사람들은 문제가 발생하기 전에는 문제를 인식하지 못한다. 최근 비즈니스 현장에서 중대재해처벌법이 시행되고 있다. 이 상황에서 5인 이상 사업장의 예방관리는 필수적인 사항인데 주기적으로 점검하는 프로세스가 미흡하다. 관리자와 직원들의 주기적인 예방관리 활동으로 성과관리 프로세스가 적합하다.

성과관리에서 예방관리를 제도화하는 방법은 핵심성과지표(KPI)에 예방관리를 체계화하는 지표를 만들어서 운영한다. 예를 들면 위기식별건수, 위기대응건수, 문제예방건수, 프로세스 준수율 등이다. 이 중에서 프로세스 준수율은 직원들이 예방관리의 핵심이 되는 각종 업무 표준 프로세스를 준수했는지를 평가한다. 프로세스를 따르는 것이 손해를 줄이는 길임을 잊지 말아야 한다.

성과관리 프로세스에서 직원들이 문제를 사전에 예방한 성과에 대해서는 평가하고 보상한다. 예방활동 성과는 예방관리 핵심성과지표(KPI) 수행결과에 대해 개인 및 팀 단위로 예방관리 성과 보상을 한다. 보통 예방관리 핵심성과지표는 전사 핵심성과지표로 관리되는 경우가 많다. 이 지표들도 개인이나 팀 단위에서 수행하므로 그에 합당한 평가와 보상을 하도록 제도화한다. 예를 들면 조직 차원의 예방관리를 활성화하기 위해 개발부서나 생산부서의 경우 개발 프로세스 준수율이나 생산 프로세스 준수율을 팀이나 부문 단위로 보상하는 방법이 있다.

모두가 문제나 위기를 인식할 때는 이미 늦은 경우가 많다. 문제나 위기의 경보가 울리면 사전에 예방하기 위한 대응 매뉴얼이나 시스템, 제도를 체계화한다. 예를 들어 회사의 현금 흐름이 갑자기 악화되어 대금 지급의 지연이 예상될 때다. 이처럼 자금이나 인사 사고, 제품이나 서비스 품질 사고 등은 사전에 매뉴얼화 해서 대비한다. 또한 성과관리 과정에서 예방관리 방법이나 중요성에 대해 교육과 코칭 등을 지속적으로 진행함으로써 예방활동을 돕는다. 중대재해 처벌법이 시행되는 상황에서 성과관리는 주기적인 예방관리 역할을 담당해야 한다.

4. 성과관리를 살리는 관리자의 핵심 역할

〈드림 컴퍼니〉 김 사장과 5명의 모든 팀장과 팀별 선임 매니저 1명씩 총 11명이 참여하는 상반기 성과관리 보고 회의를 열었다.

Q 김 사장: 벌써 7월이고 상반기 실적을 리뷰하고 하반기 플랜을 세우는 자리입니다. 오늘은 특별히 각 팀별 선임 매니저도 함께 참석하여 전사 사업 실적과 하반기 사업 방향에 대해 생각해 보았으면 합니다. 먼저 경영지원팀 정 팀장님의 상반기 실적 보고를 듣고 이야기하시죠.

Q 정 팀장: 올해 상반기 동안 자사 매출액은 목표 300억 대비 230억을 달성하였습니다. 영업이익은 목표 10% 대비 7%입니다. 고객만족도는 고객 클레임 건수 월간 10건 이하인데 6개월 60건 이하 대비 150건으로 대폭 증가했습니다. 공장 가동률은 80% 목표 대비 85%로 양호한 상태입니다. 신규 제품 매출액 비중은 전체 매출액 대비 10%인데 15%입니다. 전반적으로 목표에 미달한 항목이 많습니다만, 글로벌 경영환경 악화와 내수시장 침체의 상황을 고려해 볼 때, 선방했다고 볼 수 있겠습니다.

Q 김 사장: 정 팀장님은 선방이라고 말씀하지만, 우리 회사가 올해 창사 7년 차인데, 매출 실적이 떨어진 것은 올해가 처음입니다. 코로나 때도 매출과 영업이익 모두 증가했는데 지금의 상황이 주는 시그널을 잘 파악해야 합니다. 영업 마케팅 이 팀장님은 이번 사업 실적 부진의 원인이 뭐라고 봅니까?

Q 이 팀장: 저희 영업마케팅팀 내부적으로 분석한 바에 따르면, 국내 매출액은 150억인데, 해외 매출액이 80억으로 절반으로 줄었습니다. 해외시장 중에서 기존까지 중국, 베트남, 인도네시아 등 동남아 시장에서 매출이 기존 대비 50% 이상 급감했고, 미국과 일본 시장에서도 중국산 제품과 경쟁으로 매출이 감소하였습니다.

Q 김 사장: 그래서 대책이 뭡니까?

Q 이 팀장: 일단 중국과 동남아 시장에 대한 바이어들의 프로모션을 통해 판매 강화에 집중할 계획입니다. 그리고 미국과 유럽, 일본 시장에 대한 판매량도 늘려가도록 하겠습니다. A/S와 반품을 고려할 때, 전 세계보다는 타깃 지역 중심의 판매망을 구축하겠습니다.

김 사장: 이번에 영업이익이 급감한 것은 신제품 불량과 반품 건이 큽니다. 생산팀 최 팀장님은 이번 제품 결함과 반품 건에 대해 어떤 대안이 있나요?

최 팀장: 먼저 금번 신제품 휴대용 손 선풍기의 제품 불량과 반품에 송구합니다. 외주 제작업체 관리와 품질검수를 철저히 수행하지 못한 점 죄송합니다. 기존에는 불량과 반품 원인이 외관이나 기기작동 불량 등이 많았는데, 이번처럼 과열로 인한 제품 손상은 처음 있는 일이었습니다. 새로운 기술 변화에 부합하는 품질 정책과 검사 방법을 강구토록 하겠습니다.

김 사장: 신제품 휴대용 손 선풍기는 추가 제작에 들어갔나요?

최 팀장: 예, 현재 추가 물량 3,000대를 발주하였고 다음 주 수요일에 입고될 예정입니다. 국내에는 차주 월요일에 물량이 풀릴 계획입니다.

김 사장: 좋습니다. 이번 제품 불량과 반품 사태를 계기로 심기일전해서 다시 도전해 봅시다. 우리가 놓친 부분은 없는지도 꼼꼼히 따져 봅시다. 국내외 사업 동향을 봤을 때, 하반기 사업의 리스크 요인과 기회 요인은 무엇인가요?

이 팀장: 먼저 리스크 요인은 원자재 가격 상승과 운임료 상승, 전기료 상승 등 제조원가의 상승이 계속 발생하리라 예상됩니다. 그리고 소비자들도 경기 악화와 수입 감소로 지갑을 닫고 있습니다. 자사의 기회 요인에 대해 개발팀장인 박 팀장님께서 말씀해 주겠습니다.

박 팀장: 이제는 현재의 제품 라인업으로는 매출액과 영업이익을 높이는 데 한계가 있습니다. 그동안 선풍기 시장에 주력해 왔는데, 이제 우리도 에어컨이나 다른 가전제품에 도전을 시작할 때라고 봅니다.

최 팀장: 에어컨은 우리가 할 수 있는 분야가 아니라고 생각됩니다. 에어컨 기술은 선풍기와는 차원이 다른 기술입니다. 섣불리 발을 넣었다가 손실만 보고 나올 확률이 높아요.

박 팀장: 오늘은 개요 정도만 말씀드리고요. 구체적인 방안은 추후 개발 검토가 구체화된 뒤에 다시 보고하겠습니다.

김 사장: 지금 박 팀장님이 말한 에어컨 제품개발은 작년 말부터 검토해 오던 사안입니다. 물론 기술개발에 대한 검토와 비용에 대한 준비도 하고 있었고요. 다음 개발 회의를 할 때 각 팀장님들이 좋은 아이디어 제안해 주세요. 올 상반기 실적을 보았듯이 하반기에도 매출과 이익 모두 마이너스가 예상됩니다. 이러한 상황에서 각 팀장님들이 성과관리의 각 과제에 최선을 기울여 주시고, 미진한 부분은 보완해 주길 바랍니다. 성과관리는 팀장님들의 핵심 역할임을 잊지 마시길 바랍니다. 상반기 동안 고생 많았습니다.

성과관리는 주어진 시간과 자원을 효과적으로 활용해 최적의 산출물을 만드는 과정이다. 성공적인 성과관리 활동의 핵심은 바로 현업 팀장과 관리자들이다. 왜냐하면 성과를 창출하는 근원이 바로 현장 직원들이고, 현장 직원들을 동기부여 하는 책임이 바로 현장 관리자들과 팀장이기 때문이다. 성공적인 성과관리를 만드는 관리자의 핵심 역할은 무엇인가?

성과목표의 한 방향 정렬과 동기부여

성공적인 성과관리의 첫 단추는 개인과 조직의 바람직한 성과목표 설정 및 과업 실행 지원이다. 매년 조직 차원에서 당해 연도 사업의 전략적 목표와 과제를 설정한다. 관리자는 회사의 목표에서 팀의 목표를 도출한다. 팀의 성과목표에 따라 직원들은 자신들의 성과목표를 설정한다. 관리자는 팀원의 목표와 조직의 목표가 한 방향으로 정렬될 수 있도록 조정한다. 구성원 목표의 한 방향 정렬은 조직이 성과를 내는 핵심 비결이다.

경영환경이 어려울 때는 좋은 성과를 내기 어렵다. 불확실한 경영환경 속에서 성과목표 활동을 수행하는 직원들의 마음은 불안과 염려로 가득하다. 이러한 상황에서 강제적으로 성과목표를 밀어붙이면 직원들은 어떤 생각을 할까? 오히려 조직과 상사에 대한 반발심만 더할 뿐이다. 그렇다고 어려운 경영환경이니 대충 하자고 할 수도 없다. 이처럼 진퇴양난을 돌파하는 힘은 직원들의 자발심과 헌신을 이끌어 내는 동기부여에 있다. 동기부여는 불확실한 경영환경에서 위기를 극복하기 위해 스스로 성과목표 달성에 나서는 내부 동력이다. 구성원들의 자발적인 참여와 헌신이 조직을 살린다.

업무 분장, 역할 및 책임 명확화

성과목표가 설정된 뒤에는 직원들에게 성과목표별로 업무를 분장하고 역할과 책임을 명확히 한다. 이 과정에서 관리자는 팀원들의 역량과 경험에 따라 과업을 배분하고 개인별 역할과 책임을 구체화한다. 과업에 대한 역할과 책임이 명확하지 않고 혼재되거나 추상적이면 산출물 또한 초기 의도대로 나올 수 없다. 직원들의 업무 분장에서 유의할 점은 먼저 직원들의 업무 관련 강점과 약점을 고려한다. 직원들이 자신의 강점을 잘 발휘할 수 있는 일을 중심으로 업무를 분장한다. 이 과정에서 업무의 중요도와 우선순위를 고려하고 직원들의 역량에 맞게 업무를 배분한다.

그다음은 업무의 균형을 유지한다. 팀의 핵심 인력들에게 너무 많은 과업이 몰리지는 않는지, 무임승차하는 직원들은 없는지, 신입사원이나 경력이 짧은 직원들이 일을 통해 배울 수 있는 기회가 주어졌는지를 꼼꼼하게 살핀다. 도전적인 과업은 직원들의 역량과 수준에 맞춰서 업무 기회를 제공한다. 대부분 팀의 핵심 과제는 역량과 경험을 갖춘 고성과자들에게 우선적으로 배분된다. 고성과자들에게 너무 많은 과제들이 몰리지 않는지 점검하고 지원한다.

직원 유지와 역량 개발

관리자는 성과를 내는 인재를 유지하고 역량을 개발할 책임이 있다. 같이 일하던 직원이 갑자기 회사를 떠나면 남아 있는 직원들은 동요와 갈등에 휩싸인다. 특히 성과가 우수하고 장래가 촉망되는 직원의 이직은 팀에 큰 충격을 준다. 우수 인력의 빈자리를 채우기까지는 기존 직원들의 더 많은 업무 부담과 시간 투입이 요구된다.

우수 인력을 유지하기 위해서는 개인들의 욕구 수준을 잘 파악해야 한다. 2018년 잡코리아의 리서치 결과에 따르면, 남녀 직장인들이 현 직장에 느끼는 불만족 1위는 연봉수준, 2위는 나의 직장 상사, 3위가 나의 업무, 4위가 복지제도, 5위가 근무환경 순으로 나타났다. 이처럼 직장에 대한 불만족이 회사를 떠나는 결과를 낳는다. 성과관리는 불만족 5가지 요인과 직간접적으로 연결되어 있다.

미국의 심리학자 에이브러햄 매슬로의 욕구 5단계에 따르면 사람마다 욕구 단계는 다르며, 하위 욕구가 충족되지 않았을 때는 상위 욕구로 옮겨갈 수 없다고 한다. 꿈과 비전을 중시하는 직원에게 무난한 과제를 제시한다면 그 직원의 열정을 이끌어낼 수 없다. 반대로 구성원들과 경쟁에서 밀리고 직장에서 생존이 위태로운 직원에게 도전적인 과업과 성취 강조는 불안과 스트레스를 가중시킬 뿐이다. 관리자는 직원들의 욕구 수준을 파악하고 그 수준에 적합한 과업을 부과해야 한다. 직원들의 다양한 욕구를 성과관리 과정에서 반영하지 못한다면 개인과 조직의 목표 달성은 어려워진다.

많은 경영 서적들이 직원 육성의 책임이 관리자에게 있다고 명시된 곳이 많은데, 이 말을 오해하는 사람들이 많다. 역량 개발의 책임이 관리자에게도 있지만, 1순위는 당사자 자신에게 있다. 스스로 역량 개발의 의욕이 없는데 관리자가 역량 개발을 강요할 수 없다. 승진시험의 점수가 회사의 기준점에 이르지 못한 직원에게 승진의 기회를 줄 수 있을까? 스스로 역량 개발에 나서고 관리자가 지원해 줄 때 효과적인 육성이 이뤄진다. 그러면 왜 많은 경영 서적들은 관리자에게 역량 개발의 책임을 지울까? 그것은 직원들의 역량 개발을 소홀히 하지 말고 성과 향상을 위해서는 역량 향상이 필수임을 강조하기 위해서이다.

성과관리 커뮤니케이션의 핵심 포인트

성과관리에서 성과 개선의 핵심 도구는 커뮤니케이션이다. 성공하는 성과관리는 구성원들의 목표 달성을 체계적으로 관리하는 커뮤니케이션에 방점을 둔다. 팀장과 관리자는 팀원들의 커뮤니케이션을 통해 성과목표를 설정하고 과업 수행을 지원한다. 또한 커뮤니케이션을 통해 직원들을 동기부여 하고 문제나 갈등을 해결한다. 효과적인 성과관리 커뮤니케이션의 핵심 포인트는 다음과 같다.

첫째, 성과관리 과정에서 직원들의 이야기를 잘 듣고 의미를 이해한다. 이것을 공감적 경청이라고 한다. 공감적 경청은 직원들의 말하는 의미와 의도까지 파악하는 적극적 경청이다. 바쁜 일상에서 면담을 하거나 잠시 대화를 나눌 때에도 관리자의 관심은 온통 업무에 가 있다. 짧은 대화에서 직원들과 눈을 마주치고 그 사람 쪽으로 몸을 기울이며, 이야기에 집중한다. 3분만 집중해 본다. 3분이면 직원이 말하고자 하는 의미와 의도를 파악할 수 있다. 3분 집중이 반복되면 15분, 30분 동안 집중하는 힘이 생긴다.

둘째, 직원들의 이야기를 있는 그대로 듣고 수용한다. 직원으로부터 문제나 사고에 대한 보고나 애로 사항을 청취할 때 유의할 점은 객관적 사실과 정보를 입수해야 한다. 대부분 직원들의 보고는 사실과 달리 자신의 경험이나 선입견이 반영되곤 한다. 이때 커뮤니케이션 오류가 일어난다. 특히 저성과자나 문제 직원인 경우 그의 말은 신뢰성이 떨어진다. 조직 내에서 있는 그대로 보기란 직원이 보고하거나 말하는 내용에서 사실과 사실이 아닌 것을 구별하며, 객관적 실체를 파악하는 경청이다. 성공하는 성과관리가 되기 위해서는 말이나 행위, 현상에서 객관적 사실을 파악하는 태도가 필요하다.

셋째, 피드백은 상대방의 말이나 행위에 대한 반응이다. 커뮤니케이션에서 피드백은 말로써 이뤄지는 반응이다. 직원들의 잘한 행동이나 결과에 대한 피드백으로 인정과 칭찬이 있다. 또한 직원들의 잘못된 행동이나 개선이 요구될 때는 조언이나 직면을 한다. 피드백을 할 때 유의할 점은 감정적 대응의 자제다. 인정이나 칭찬과 같은 피드백은 좋은 분위기에서 진행되기에 감정관리에 어려움이 없다. 그렇지만 야단이나 충고, 직면과 같은 피드백은 감정이 실릴 수 있다. 대인관계 커뮤니케이션은 자신의 감정을 컨트롤하기 어렵다. 감정은 즉자적이다. 감정을 통제하고 객관적이고 중립적인 태도를 유지하는 것이 피드백의 핵심 전제조건이다. 감정이 절제된 피드백은 문제나 갈등 상황에서 긍정적이고 효과적인 대화를 이끌어준다.

5. 평가중심에서 성장중심의 성과관리로!

경영지원팀 정 팀장은 경영회의를 마친 뒤, 신성과관리 운영에 관한 의견 수렴을 위해 팀장들과 잠시 티타임을 가졌다.

- 🙂 정 팀장(경영지원팀): 바쁘신데 시간을 내어 주셔서 고맙습니다. 신성과관리 운영 방안에 대한 전체 팀장님들의 의견을 듣고자 잠시 미팅을 요청했습니다. 금일 주제는 기존 성과관리의 문제점과 새로운 성과관리에 반영할 사항입니다. 먼저 기존 성과관리에서 가장 큰 문제점은 무엇이라고 생각하십니까?

- 🙂 조 팀장(생산지원팀): 기존 성과관리제도의 문제점은 너무 많이 들어서 익히 아실 겁니다. 예를 들면 형식적이다, 시간이 많이 걸린다, 평가 기준이 모호하다, 평가자 역량이 부족하다 등 이런 이야기들의 핵심을 연결해 보면, 기존 성과관리는 성과관리가 아니라 실적관리였다는 점입니다. 월간, 분기별, 연간으로 실적을 정리해서 보고하고, 미흡하면 대책을 보고하는 용도였죠.

- 🙂 박 팀장(개발팀): 성과관리가 실적관리 중심으로 운영되었다는 말에 저도 절반은 동의를 합니다. 나머지 절반은 실적을 취합하고 문제에 대해 대책을 마련해야 합니다. 성과관리가 실적관리에 머문 이유는 업무 성과를 평가하기 위한 용도죠. 성과평가를 잘 받기 위해 구성원들은 성과 보고서 작성에 열을 올리죠. 없는 것도 있는 것처럼 포장하고, 잘못한 일들은 빠지거나 최소화하죠. 성과관리의 근본 문제는 평가중심의 운영에 있습니다.

- 🙂 이 팀장(영업마케팅): 저는 좀 다른 생각입니다. 성과관리제도에서 성과를 높여서 좋은 평가와 인센티브를 받는 자체는 문제가 아닙니다. 문제는 성과관리 제도의 핵심인 핵심성과지표(KPI)에 있어요. KPI 자체가 개인들이나 팀 간의 경쟁을 부추기고, 달성 가능한 목표 수립으로 안정 추구형 조직문화를 만들었다고 봅니다.

- 🙂 최 팀장(생산팀): 성과관리제도를 운영하는 팀장이나 관리자들의 문제도 있습니다. 팀 간의 경쟁을 중재하고 해결할 관리자들이 그동안 수수방관한 것은 아닌지, 팀원들의 역량을 강화하고 도전적인 목표 수립과 과업 수행을 지도해야 하는데 방임한 것은 아닌지 검토해 봐야 합니다. 이번 휴대용 손 선풍기의 품질 문제가 대표적인 리더십의 문제라고 봅니다.

정 팀장: 모두 좋은 의견 주셔서 고맙습니다. 기존 성과관리제도 운영에서 문제점은 성과관리가 실적관리나 평가중심으로 운영되었던 점, 성과관리 리더십이 제대로 발휘되지 못한 점으로 정리하겠습니다. 그렇다면 앞으로 신성과관리제도가 성공하기 위해서는 무엇을 반영해야 할까요?

이 팀장: 기존에는 중점 성과목표가 팀과 팀원들에게 할당되었는데, 앞으로도 회사가 제시하는 성과목표와 팀원들이 자발적으로 제안하는 성과목표를 균형 있게 운영했으면 합니다.

박 팀장: 앞서 성과관리가 좋은 평가를 받기 위해 달성 가능한 목표를 세웠는데, 앞으로 성과관리는 도전적인 성과목표를 중시하고, 허용 범위 내에서 실패를 용인하는 성과관리가 되었으면 합니다. 그러려면 도전적인 목표를 세우는 팀이나 개인에 대한 평가기준이 달라져야 합니다. 실패가 뻔히 보이는 목표나 과제에 참여할 사람은 없기 때문입니다.

최 팀장: 저는 내부 경쟁으로 무너진 협업의 조직문화를 복원해야 한다고 생각합니다. 생산팀은 개발팀이나 생산지원팀과의 협업이 중요하죠. 그런데 현실에서 협업하려면 내 일이 늘어나니 팀원들이 싫어하죠. 다른 팀의 일을 도와주거나 지원하면 당연히 자신의 성과에 반영되어야 합니다. 그리고 팀원들이나 팀 간 협업 성과목표를 세우면 더 높은 평가 점수를 받아야 해요.

정 팀장: 여러 의견 고맙습니다. 모두 성과관리의 문제에 꼭 필요한 해결 방안을 제안해 주셨습니다. 전체를 종합하면 자율과 도전, 협업의 성과관리 운영원리를 강조해 주셨습니다.

평가중심 성과관리의 문제점

지금까지 성과관리는 성과평가 중심의 관리였다. 구성원과 조직의 업적을 평가하기 위해 성과목표를 세우고 성과 면담을 진행해 왔다. 기존 성과관리는 성과평가의 잣대인 핵심성과지표(KPI)를 중시했다. 또한 성과목표의 달성 여부를 핵심성과지표(KPI)로 관리해 왔다. 미국 어도비(Adobe)도 2012년 이전까지 마찬가지였다. 어도비의 People and Places 부문 부사장인 Donna Morris는 언론사 인터뷰에서 어도비의 성과관리제도 변화 동기에 대해 다음과 같이 설명했다.

"어도비의 관리자들은 과거 평가 시스템의 문제점을 더는 관용할 수 없었다.

과거의 시스템은 복잡한 기반 시설이 필요했고 매년 1, 2월 바쁜 어도비 직원들의 시간을 빼앗았다. 매년 직원들의 성과를 평가하는 것은 2,000명의 매니저가 80,000시간을 소비하였다. 이 시간은 40명의 정규직원이 매년 일하는 시간과 동일하다. 이런 수고 끝에도 내부 설문조사의 결과는 과거의 평가제도가 오히려 직원들을 격려하지 못하고 동기가 저하함을 보여주었다. 또한 이직률도 증가했다."

어도비는 기존의 1년에 한 번 평가하는 상대평가 방식의 성과관리를 폐기하고, 수시로 평가 피드백을 하며, 절대평가와 360도 다면평가 방식을 채택한 체크인(Check-ins) 시스템을 도입했다. 어도비의 체크인 방식은 불필요한 평가업무 로드를 줄이고, 관리자가 직원들에게 더 솔직하게 피드백 하며, 직원들의 역량과 커리어 설계에 초점을 두었다. 또한 관리자가 직원들을 직접 평가하고 보상하게 하여 더 많은 책임감을 느끼게 했다. 어도비의 새로운 성과관리 방식은 마이크로소프트(MS), GE 등 많은 기업들에 확산되었다.

어도비나 MS의 새로운 성과관리 방식 도입은 기존 평가중심 성과관리 방식에 문제를 제기했다. 먼저, 기존 성과평가에 대한 과도한 스트레스와 업무 로드로 부담이 커지고 있다. 어도비도 마찬가지지만 국내 많은 기업들도 성과평가가 끝나는 1월이나 2월 말이 되면 퇴사자가 급증한다. 하위 평가 결과를 받은 직원들은 승진급이나 보상에서 불이익을 받게 된다. 이처럼 연말 연초에 성과평가에 대한 직원들의 정신적 스트레스는 무시할 수 없다.

다음은 기존의 성과관리가 조직의 실질적인 목표 달성과 직원 성장에 큰 도움을 주지 못한다는 점이다. 성과관리가 성과개선과 역량개발에 기여하지 못한다는 지적은 뼈아프다. 그렇다면 새로운 성과관리 방식은 효과적일까? 어도비의 체크인 도입 결과에 따르면 조직의 생산성이 높아지고 직원들의 이직률이 떨어졌으며, 성과평가 만족도 좋아졌다고 한다. 또한 마이크로소프트도 사티아 나델라 CEO의 부임 이후 기존 상대평가 방식을 버리고 절대평가와 360도

평가, 상호 소통과 협력을 중시하는 새로운 성과관리로 전환하였다. 그 결과 마이크로소프트 부활의 신호탄을 쏘았다.

또한 기존의 상대평가 중심의 성과관리는 조직 간 과도한 경쟁과 갈등을 일으켰다. 마이크로소프트는 기존 상대평가가 조직과 개인들의 경쟁을 심화시켜 조직 내 정보가 단절되고, 상호 협력의 장애물이 되었다고 한다. 이를 극복하기 위해 상대평가를 절대평가 방식으로 바꾸고, 평가요소에 동료와 관계와 같은 협업지표를 설정하여 개인 간, 팀 간 협력을 강화했다.

성장중심의 성과관리 변화 방향

최근 세계 반도체 시장을 이끌어 왔던 미국의 인텔사가 파산 위기에 처했다. 지난 몇 년 동안 ARM, AMD, 엔비디아, TSMC 등과 같은 반도체 기업의 성장으로 적자 위기에 처했던 인텔사가 대규모 구조조정과 직원 감원에도 불구하고 매각 절차에 들어갔다. 한때 세계 최강을 다투던 기업들이 파산하는 이유는 크게 2가지다. 외부적인 요인으로 신기술이나 신제품의 등장으로 기존 제품들의 가치가 하락하기 때문이다. 내부적 요인으로 기존 사업부의 사일로가 너무 커서 새로운 기술이나 신사업이 성장하지 못한다. 신사업이 성장할 만하면 내부 압력과 경쟁으로 사장시킨다. 그 와중에 고객들은 기존 제품을 외면하고 신제품으로 옮겨간다. 그 사업은 소멸의 길을 걷는다.

세계 최고를 다투는 기업들도 기존 잘나가던 사업에 안주하는 성과관리로는 더 이상 미래가 없다. 기존 평가중심의 성과관리를 그대로 둘 경우, 성과관리의 형식적인 운영과 관료화 문제는 더욱 심해질 것이다. 이제 개인과 조직의 성장을 위한 성과관리로 변화 방향을 모색해야 한다.

먼저, 성과평가에서 성장중심의 성과관리로 전환이다. 성과평가 중심의 성과관리는 과거 관료제 조직을 운영하던 인사평가와 맞물려 조직을 운영하는 도구였다. 하지만 성과관리의 본래 목적으로 전환하기 위해서는 기존 평가중심의 성과관리를 폐기해야 한다. 평가중심 성과관리는 내부 경쟁과 업무 스트레스를 강화하고 조직의 관료화를 심화시킬 뿐이다.

개인과 조직의 성장과 성과 개선을 목적으로 하는 '성장중심' 성과관리를 'GROWTH 성과관리'로 부르기로 한다. 성장(GROWTH)이라는 단어에는 실험과 도전, 육성과 개발, 개선과 지원의 의미가 포함되어 있다. 저성장 시대에 기업에 필요한 것은 새로운 성장 동력이다. 아이가 자라서 어른이 되듯이 성장은 새로운 에너지가 샘솟는다. GROWTH 성과관리는 조직에 새로운 에너지를 보급하여 활력과 창의가 넘치는 조직을 만들어 간다.

다음으로 성과관리체계에서 성과평가와 보상의 분리가 필요하다. 왜냐하면 성과평가와 보상은 목적과 용도가 다르기 때문이다. 성과평가의 용도는 크게 보상과 피드백으로 나눌 수 있다. 성과관리에서 성과평가는 보상이나 승진급에 연계되는 핵심 과정이다. 그러나 성과평가 결과를 어느정도 반영할 것인가는 논란이 많다. 조직마다 측정 기준과 방법도 다르다.

또한 성과평가 단계에서 평가 피드백이 중요하다. 성과평가를 보상의 용도만으로 활용하는 기업은 성과관리를 반쪽만 활용한다. 성과평가 결과를 피드백으로 활용하는 목적은 성과를 개선하기 위함이다. 조직의 목표 달성 결과를 토대로 더 높은 목표를 달성하기 위해서는 실행과정에서 잘한 점과 개선할 점을 파악한다. 예를 들어 품질 목표를 달성하지 못했을 때는 작업자의 요인이 있고, 시스템, 프로세스, 원자재 등 다양한 요인이 있다. 품질문제의 원인이 무엇인지 명확하게 규정하지 않는다면 다음 제품에서 대량의 불량 사태가 일어날지도 모른다. 성과평가 단계에서 평가 피드백은 성과를 개선하는 중요한 역할을 한다.

세 번째는 개인과 조직의 성장은 장기적 관점의 성과관리에서 이뤄진다. 성과평가는 당해 연도 실적을 기반으로 한다. 매년 단기적 실적을 중시하다 보니, 경쟁사의 신제품 동향이나 신기술로 무장한 새로운 경쟁기업의 움직임을 간과

할 수 있다. 평가중심 성과관리는 당해 연도 실적을 대상으로 평가하고 보상하기에 사람들은 단기적인 목표에 치우칠 수밖에 없다. 당장은 흑자를 내지만 장기적 미래를 동시에 준비하지 않는다면 다가올 재앙을 맨몸으로 부딪혀야 한다.

삼성전자도 새로운 사업동력을 확보할 기회가 있었다. 과거 안드로이드가 삼성전자에 인수를 타진했을 때, 또는 엔비디아가 투자 의향을 문의했을 때다. 오늘날 삼성전자의 위기는 단기적인 성장과 목표에 치우치고 장기적 관점에서 성과관리를 운용하지 못했기 때문이다. 장기적 관점에서 새롭게 도전하는 목표와 과제를 성과관리에 포함해야 한다. 성과관리에서 미래 성장 동력에 관한 성과지표를 핵심성과지표로 설정하여 지속적인 관리를 해야 한다.

끝으로 성장과 개선을 위해서는 소통과 피드백을 활성화하여 성과를 개선한다. 성과관리는 관리자와 직원 간의 소통에 의해 운영된다. 상호 간의 소통을 원활하게 하는 1:1 성과 미팅이나 월간 성과관리 미팅, 성과평가 면담과 같은 대화의 장을 만들어 직원들의 자발적인 참여와 도전을 활성화하고 조직 간 협력을 강화한다.

많은 기업들이 조직 간 소통 부족으로 사일로가 커지고 위기에 빠진다. 소통이 부족한 이유도 결국은 조직 간 내부 경쟁이 심화되면서 필요한 정보가 흐르지 않기 때문이다. 그러니 부분최적화를 추구하는 악순환이 반복된다. 또한 조직과 제품에 대한 문제가 누락되고 보고가 이뤄지지 않으면 경영층은 정확한 의사결정을 할 수가 없다. 잘못된 의사결정도 객관적인 평가 피드백의 부재가 핵심 원인이다. 성과관리는 도전적인 목표 달성을 위한 일상적인 혁신이다. 기존 평가중심 성과관리와 성장중심 성과관리 비교를 종합하면 〈표 1〉과 같다.

<표 1> 평가중심 vs. 성과중심 성과관리 비교

구분	평가중심 성과관리	성장중심 성과관리
성과관리 목적	평가와 보상	성장 및 성과개선
성과관리 동인	핵심성과지표(KPI)	목표, 과제
목표 달성 관점	안정적, 보수적	도전, 협업 중시
의사소통 방식	수직적, 폐쇄적	수평적, 개방적
평가 방식	상대평가	절대평가
보상 연계	보상과 직접적 연계	보상과 간접적 연계
성과개선 방법	지시, 통제	자율, 코칭
성과 추진 기간	단기적	중장기적

6. GROWTH 성과관리란 무엇인가?

경영지원팀 정 팀장은 신성과관리제도에 대한 의견 수렴 결과를 김 사장에게 보고하러 갔다. 신성과관리제도 의견 수렴 실무를 담당한 인사담당자 이 매니저도 배석했다.

⊙ 정 팀장: 올해 새롭게 바뀐 OKR(Objective & Key Results)과 KPI를 통합한 신성과관리제도의 파일럿 테스트 결과와 직원들의 반응에 대해 보고하겠습니다. 이번 신성과관리제도 개편의 초점은 도전적인 성과목표 설정, 팀 간 협업 활성화를 위한 협업 목표 비중 강화, 팀장과 팀원 간의 성과 면담 활성화입니다. 이에 대한 진행 결과를 이 매니저가 보고하겠습니다.

⊙ 이 매니저: 이번 신성과관리제도를 도입하면서 성과관리 시스템을 업그레이드했습니다. 개인이 작성한 성과목표서를 전산에 등록하고 그 진행 경과를 추적 관리 했습니다. 또한 팀장이 각 과제의 다면평가 대상자를 선정하고 과제나 프로젝트가 완료되면 자동으로 평가하는 수시 평가 피드백 시스템을 도입했습니다. 물론 평가결과도 자동으로 취합되지만, 평가결과는 본인과 직속 상사만 볼 수 있도록 제한을 두었습니다.

⊙ 김 사장: 변경된 성과관리 전산 시스템에 대한 구성원들의 반응은 어떤가요?

⊙ 이 매니저: 과제나 프로젝트 진행이 완료될 때마다 다면평가가 이뤄지니까 부담스러운 눈치고요. 아무래도 직원들이 평가자 선정과 평가결과에 신경을 많이 쓰고 있어요.

⊙ 정 팀장: 다면평가를 진행하는 데 평가자는 팀장과 자기 팀원 2~3명과 타 팀 2~3명 해서 총 5명입니다. 팀장들이 '다면평가자 선정의 업무가 늘었다'고 불평하는 경우가 몇 건 있었습니다. 그 외에는 '무임승차나 연공서열의 관행이 줄어들 것'이라는 의견이 많습니다.

⊙ 이 매니저: 도입 목적 3가지를 중심으로 정리해 보면, 먼저 도전적인 성과목표 설정은 기존 평가기준보다 높게 설정되었고, 참신한 개인 과제들도 일부 증가했습니다. 아직 대부분은 성과평가를 잘 받기 위한 목표와 과제 설정의 관행이 계속되고 있고, 일부 직원들이 같은 팀 내 혹은 다른 팀원들과 협업하는 과제를 제안했습니다. 그러면 하나의 프로젝트로 도전 목표와 협업 목표를 한 번에 진행하는 장점이 있습니다.

😐 김 사장: 기존에는 혁신활동을 회사나 팀 주도로 강제로 진행했는데, 이제는 팀에서 자발적으로 진행하고 회사가 지원하는 방식으로 변경하였습니다. 팀 간 혹은 팀 내에서 전사적 도전과제를 진행할 때 회사 차원에서 지원 방안도 마련해 봅시다.

😐 정 팀장: 알겠습니다. 그럼 이 매니저가 나머지 사항들도 간략하게 보고합시다.

😐 이 매니저: 신성과관리제도 두 번째 목적인 팀 간 협업 활성화입니다. 협업 목표 비중 확대로 팀 간 업무 지원이나 협력 프로젝트가 많이 생겼습니다. 실제는 기존에 공동으로 하던 업무를 협력과제로 운영하는 경향이 많았습니다. 이번 협업 목표 비중 강화로 팀 간 업무 요청과 진행은 활발히 진행될 듯합니다.

😐 김 사장: 좋아요.

😐 이 매니저: 그리고 팀장과 팀원 간의 성과 면담 활성화를 위해, 월 1회씩 팀원 1:1 성과 미팅 진행과 월간 팀 성과관리 미팅을 의무화했습니다. 이 부분은 팀장들이 성과관리 투입 시간 과다를 제기했는데, 큰 문제 없이 진행되고 있습니다. 1:1 성과 미팅을 하고 난 뒤 면담일지를 간략히 작성해 본인과 팀장만 볼 수 있게 했는데 반응이 좋았습니다. 그리고 월간 성과관리 미팅은 팀별로 팀원들의 성과관리 결과와 팀 전체 목표 설정서 결과를 자동으로 연계되어 취합하였습니다.

😐 김 사장: 파일럿 테스트 결과에 대해 좀 더 모니터링하고, 하반기 성과평가 결과가 나오면 전사적으로 의견을 수렴해 봅시다. 이제 성과관리제도가 회사 경영을 이끌어 가는 핵심 제도로 정착할 수 있도록 노력해 주길 바랍니다.

GROWTH 성과관리 모델

기업의 궁극적 목적은 지속 가능한 성장에 있다. 성과관리도 조직의 지속 가능한 성장을 달성하기 위해 장기적이며, 전략적인 관점에서 운영한다. 앞 절에서 살펴본 〈평가중심에서 성장중심의 성과관리로!〉를 토대로 GROWTH 성과관리의 모델과 프로세스, 특징에 대해 알아보자.

지금까지 평가중심 성과관리는 조직 목표를 달성하기 위한 체계적 관리활동으로 여겨왔다. 그러다 보니 단기 목표 달성과 실적 관리를 위해 상명하복의 위계질서에서 지시와 감독, 점검과 평가 위주로 활동해 왔다. 그동안 성과관리의 외형은 변해 왔지만, 인사평가에 초점을 둔 본질은 변하지 않았다. 이러한 한계를 극복하기 위해 GROWTH 성과관리는 '개인과 조직의 성장과 성과 개선'에 초점을 두었다. 개인이 성장해야 성과도 개선하고 조직의 성장도 이룬다.

GROWTH 성과관리의 개념에 의거 이를 형상화하면, 〈그림 1. GROWTH 성과관리 모델〉과 같다. 기업의 지속 가능한 성장을 위한 성과관리가 되기 위해서는 먼저, 구성원들의 잠재력을 발굴하고 역량을 개발해야 한다. 이를 위해서는 관리자는 코칭 커뮤니케이션 스킬이 필요하다. 코칭은 개인의 잠재력을 키우는 수평적 커뮤니케이션이다. 가정에서 아이를 키우며 아이의 잠재력을 발굴하려 애쓰는 부모의 수평적 대화 방식이 곧 코칭 커뮤니케이션이다. 코칭 커뮤니케이션 스킬은 성과평가 면담 이외에도 목표 설정과 과업 수행 등 일반적인 업무 과정 전반에 유용하게 활용할 수 있다.

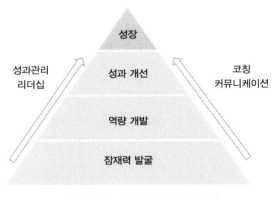

〈그림 1〉 GROWTH 성과관리 모델

또한 직원들의 역량 개발과 성과를 개선하기 위해서는 성과관리 프로세스에 대한 이해와 성과관리 리더십이 필요하다. 관리자가 성과관리 리더십 역량을 습득하는 효과적인 방법은 성과관리 단계별로 목표를 수립하고, 과업 수행과정에서 면담과 회의를 진행하며, 성과평가와 피드백의 과정을 통해 자신의 리더십을 강화한다. 세부적인 성과관리 리더십을 발휘하기 방법은 〈2장. GROWTH 성과관리로 성과 개선하기〉를 참고한다. GROWTH 성과관리는 구성원들의 잠재력을 일깨워 역량을 개발하고 조직의 성과를 개선하여 성과를 향상시킨다.

GROWTH 성과관리의 프로세스

기업마다 성과관리 방식에는 차이가 있다. 일반적으로 성과관리 프로세스는 성과목표를 수립하고 과업을 실행하며, 성과평가와 피드백의 순으로 진행된다. 성공적인 성과관리는 성과관리 프로세스의 실행에 달렸다.

성과 코칭 (Performance Coaching)

〈그림 2〉 GROWTH 성과관리 프로세스

본서는 성공적인 성과관리 프로세스를 〈그림 2. GROWTH 성과관리 프로세스〉와 같이 제안한다. GROWTH 성과관리는 성과 코칭을 기반으로 KPI 관리에 OKR(Objective & Key Results)을 접목한 성과관리다. 이러한 GROWTH 성과관리는 목표 수립, 과업수행 및 성과평가의 3단계와 성과 코칭 대화를 중심으로 운영된다.

먼저 목표수립 단계는 개인과 조직의 성과목표를 본연 목표, 도전 목표, 협업 목표를 3가지 차원으로 나누어 수립한다. 본연 목표는 개인 본연의 업무 목표이고, 도전 목표는 개인이나 조직 차원에서 기존의 성과의 2배 이상의 가치를 창출하는 목표를 말한다. 도전 목표는 개인이 제안할 수도 있고, 상위 조직에서 톱다운(Top-down) 방식으로 내려올 수도 있다. 협업 목표는 다른 팀이나 팀원 간의 공동 과제 수행을 통해 달성하는 목표이다. 각 목표별로 3~5개 내외의 실행 과제를 도출하고 핵심성과지표(KPI)의 달성 기준을 세운다. 개인별 성과목표 설정서가 작성되면 관리자와 목표 설정 면담을 거쳐 확정한 후 팀 차원에서 공유한다.

과업 수행 단계는 팀원의 성과목표별 과제 진척도를 점검 및 피드백 하는 1:1 성과 미팅을 정기적으로 실시한다. 또한 팀 차원에서 월 단위로 팀 성과목표 진행결과를 분석하고 개선하는 팀 성과관리 미팅을 운영한다. 일상 업무 수행 과정에서 발생하는 이슈가 있을 경우 별도의 수시 코칭을 실시한다.

마지막 성과평가 단계는 개인 및 팀 단위에서 성과 분석을 거친 후 성과평가를 실시한다. 성과평가는 업적 평가, 역량 평가, 리더십 평가 등이 있으며 평가는 절대평가와 다면평가 방식으로 진행한다. 성과평가를 마치면 개인 차원에서는 1:1 성과 코칭을 통해 성과결과를 리뷰하고, 팀 차원에서는 팀 성과관리 미팅을 활용해 팀 성과평가 결과를 리뷰하고 개선한다. GROWTH 성과관리 3단계의 세부적인 내용과 실행 방법은 5장, 6장, 7장에서 자세하게 다룬다.

GROWTH 성과관리 전 프로세스에서 성과 코칭 대화를 기본으로 한다. 성과관리 과정에서 코칭 커뮤니케이션이 효과적인 이유는 상사의 기존 말과 행동 습관을 코칭 대화 스타일로 바꿔주기 때문이다. 일선 조직에서는 팀장과 관리자들이 사용하는 언어는 상명하복과 지시명령이 일반적이다. 기존의 수직적 대화 방식에서 코칭 대화 방식으로 전환함으로써 직원들의 문제를 해결하고 과제

수행의 동기부여를 촉진하는 수평적 커뮤니케이션을 활성화한다.

GROWTH 성과관리의 특징

개인과 조직의 성과 향상을 위한 GROWTH 성과관리는 다음과 같은 특징을 가진다. 첫째, 성과 코칭 기반의 성과관리 모델이다. GROWTH 성과관리는 성과관리의 3단계, 목표 수립, 과업 수행, 성과평가 단계에서 관리자와 직원 간의 코칭 활동을 기반으로 과업을 수행하고 문제를 해결한다. 일반적으로 코칭이란 '상대방의 잠재력을 극대화하여 최상의 가치 실현을 돕는 수평적 파트너십'을 말한다. 성과 코칭은 상사와 직원 간에 과업 수행 과정에서 발생하는 문제해결을 통해 성과 개선과 개인의 성장을 돕는 코칭 대화라고 할 수 있다.

다음으로 GROWTH 성과관리는 KPI 관리에 OKR(Objective & Key Results)을 결합한 성과관리 방식이다. 기존 우리나라 기업들의 성과관리는 KPI 기반 성과관리 혹은 BSC(Balanced Scorecard, 균형성과표)에 기반한 성과관리를 운영해 왔다. BSC는 재무, 고객, 내부 프로세스 그리고 학습과 성장 4관점의 균형을 추구하는 성과관리 방식이다. KPI 성과관리는 조직이 추구해야 할 성과목표를 핵심성과지표(KPI)로 명료화하고 지속적이며 장기적인 관점에서 성과관리를 운영하는 데 도움을 준다.

반면 OKR은 조직이 달성해야 할 목표(Objective)를 설정하고 전 구성원들이 달성하기 위한 노력과 실제로 달성해야 할 핵심 결과(Key Results)를 구체화한 목표 달성 프레임워크다. OKR의 특징은 소수의 중점 목표에 3~5개의 핵심 결과를 설정함으로써, 목표에 대해 선택과 집중으로 단기간 내에 최고의 성과를 만드는 데 목적이 있다.

셋째, GROWTH 성과관리는 계획(Plan)-실행(Do)-평가(See)의 체계적인 관리 시스템이다. 성과관리는 계획-실행-평가 피드백의 순환 사이클별로 필요한 자원의 투입(Input)-프로세스(Process)-산출(Output)의 과정을 거쳐 성과를 창출하는 시스템이다. 성과관리는 그 자체로 체계성과 전체성, 일정한 패턴을 가진 프로세스다. 성과관리 사이클은 조직 내 다른 관리 시스템이나 활동과도 긴밀하게 연관되어 있다. GROWTH 성과관리는 개인과 조직이 체계적이며 통합적인 관리를 통해 성과목표 달성을 지원한다.

GROWTH 성과 실행 6단계

성과목표 달성을 위한 세부 실행과제 수행과정에서 〈그림 3. GROWTH 성과 실행 6단계〉를 활용하면 도움이 된다. GROWTH 성과 실행 6단계는 실행과제 수행을 체계화하기 위해 GROWTH 각 알파벳 이니셜을 활용하여 구성한 연속적인 순환 모델이다.

1단계는 과업의 목표(Goals) 설정이다. 목표는 측정 가능하며 구체적이어야 한다. 세부적인 목표 설정 방법은 〈5장. 3절. 목표 설정 SMART하게 하자〉를 참고 바란다. 여기서 관리자의 역할은 구성원들의 목표와 조직의 목표가 한 방향으로 정렬되도록 조율하며, 구성원들이 도전적 목표를 설정하도록 동기부여 한다.

2단계는 과업에 필요한 자원(Resources)과 지원 사항을 제공한다. 개인이나 조직의 과제 수행에 필요한 자원(재정, 도구, 인력 등)과 지원 사항을 준비하여 적기에 제공한다. 여기서 관리자는 개인이나 조직의 과업 수행에 자원이 부족하거나 문제가 발생한 사항을 점검하며 대안을 마련한다.

3단계는 과업 수행 결과(Outcomes)를 구체화한다. 과업의 목표 달성 후 기대되는 결과를 정량적 혹은 정성적 성과기준(KPI)에 근거하여 정의한다. 핵심성과지표(KPI)에 관한 세부적인 내용은 〈5장. 4절. 핵심성과지표(KPI)는 성공 잣대다〉를 참고한다. 이 단계에서 관리자는 기대하는 결과를 구체화하고 성과지표(KPI)

와 함께 평가보상 기준을 마련한다. 또한 주기적으로 성과 미팅을 실시하고 진척 사항을 파악하며, 진행 사항에 대해 조언이나 칭찬한다.

4단계는 과업 수행의 업무흐름(Workflow)을 최적화한다. 과업 수행의 업무 프로세스를 분석하여 비효율성을 제거하여 생산성을 높인다. 또한 업무흐름 구간에서 발생하는 병목 현상을 개선한다. 업무흐름을 개선하기 위해, 비효율적인 시스템을 개선하고, 구성원 간 협업을 촉진하며 수평적 의사소통을 활성화한다.

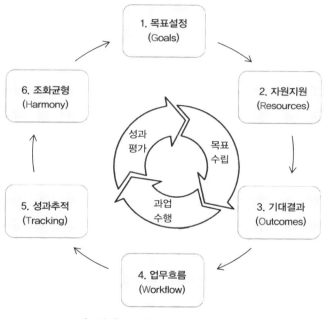

〈그림 3〉 GROWTH 성과 실행 6단계

5단계는 과업 수행 성과 추적(Tracking) 및 모니터링이다. 실시간 데이터 분석을 통해 성과를 추적하고 문제 사항에 대한 즉각적인 조치를 취한다. 또한 주요 성과지표를 정기적으로 리뷰하고 구성원들에게 모니터링 결과를 피드백 한다. 피드백 방법은 서면이나 대면으로 진행하며, 과업 수행 결과 피드백 이외에 구성원들의 실행력 향상을 촉진한다.

6단계는 과업 수행 과정에서 조화(Harmony)와 균형을 유지한다. 과업 수행의 목표나 과제의 조화와 균형 이외에 구성원 개인의 삶이나 대인관계에서 균형도 고려한다. 이를 위해 관리자는 팀원의 업무가 과중해지지 않도록 관리하며, 상호 협업과 지원이 가능한 조직문화를 형성한다.

2장

GROWTH 성과관리로 성과 개선하기

개인이나 팀이 성과목표를 달성했는데도 조직은 적자를 지속한다면 무엇이 문제일까? 조직의 성과를 개선하기 위해서는 먼저 관리자의 성과관리 리더십을 바로 세워야 한다. 조직 내 성과관리 과정에 대한 성과 향상 진단을 통해 성과요인을 분석하고 개선 방안을 도출한다. 또한 GROWTH 성과관리의 사례와 실행 방법을 통해 대인 간 갈등 해결과 조직의 위기나 문제 대응력을 강화한다.

1. 성과관리 리더십 개발하기

드림 컴퍼니 김 사장은 2분기 사업 실적과 각 팀별 성과관리 현황에 대해 경영지원팀 정 팀장으로부터 보고를 받았다. 보고를 받던 김 사장이 정 팀장에게 물었다.

- 김 사장: 2분기 실적이 전년도에 비교해서 떨어졌는데, 연말쯤 되면 어떻게 예상 되나요?
- 정 팀장: 매출 목표는 달성이 어렵고 영업이익은 적자로 돌아설 것으로 예상됩니다.
- 김 사장: 그런 사업 전망을 기반으로 볼 때 지금 우리 회사는 무엇을 해야 할까요?
- 정 팀장: 매출처 다변화 활동과 원가절감 활동을 강화할 때라고 생각됩니다.
- 김 사장: 그럼 그런 활동들을 어떻게 풀어가야 할까요?
- 정 팀장: 각 팀별 성과관리 활동에 선반영해서 혁신 활동을 드라이브해야 합니다.
- 김 사장: 맞아요. 제가 사업 실적과 성과관리 활동을 같이 보는 이유는 사업의 현황을 성과관리가 즉각적으로 반영해서 위기를 대비해야 합니다. 그런데 어 느 팀도 경기 악화에 따른 비상 경영 활동에 돌입하지 않고 있어요.
- 정 팀장: 아마 연초 계획 대비 사업 실적을 중심으로 관리하다 보니 선행관리보 다는 후행관리 측면이 강한 것 같습니다.
- 김 사장: 바로 그거예요. 아직도 우리 회사 성과관리는 성과관리가 아니라 그냥 실적관리를 하고 있는 겁니다. 성과관리제도를 개편하면서 기존 핵심성과지 표(KPI) 중심의 관리에 OKR 성과관리 방식을 접목해서 진행해 왔어요. 그런 데 아직도 우리의 성과관리는 선행관리보다는 과거 실적집계 중심의 후행관 리를 하고 있었어요.
- 정 팀장: 이번 달 경영회의에서는 성과관리제도 운영의 문제점을 공유하고 개선 방안을 강구하겠습니다.
- 김 사장: 또 하나 우리에게 필요한 것은 단순히 실적 중심의 성과관리가 아니라 관리자들의 성과관리 리더십이 필요합니다. 아직도 팀장들이 성과관리를 목 표를 세우고 실행하고 평가 보상하는 관리 프로세스로 인식하고 있어요. 그 것은 반쪽짜리 성과관리입니다. 제대로 된 성과관리가 작동하기 위해서는 관 리자들이 성과관리 과정에서 리더십을 발휘해야 해요.
- 정 팀장: 성과관리에서 필요한 리더십이란 무엇을 말씀하시는 것인지요?

○ 김 사장: 성과관리 리더십은 개인과 조직의 성장과 성과 개선을 목적으로 합니다. 개인이 성장하고 성과를 개선하기 위해서는 관리자의 직원 코칭과 성과 창출 지도활동이 필요합니다. 목표를 세우고 중간에 한번도 리뷰하지 않다가 연말에 평가하는 형식적 성과관리는 더 이상 효과가 없어요. 목표를 세우고 실행 과정에서 문제가 나타나면 즉시 해결하고 나아가 예방하는 선행관리가 필요합니다. 그러려면 성과관리는 상황에 적합한 리더십을 바탕으로 해야 합니다.

○ 정 팀장: 네, 조금 이해가 됩니다. 성과관리를 제대로 운영하려면 상황에 맞는 리더십을 바탕으로 한다는 말씀이군요.

○ 김 사장: 박제화된 성과관리에서 벗어나 성과관리 리더십으로 한 걸음 더 도약해 봅시다.

성과관리 리더십 사례 1: 로알 아문센

상황에 맞는 리더십이 발휘되어야 프로젝트나 과업을 성공적으로 완수할 수 있다. 일반적으로 리더십은 목표를 달성하기 위해 사람들에게 미치는 영향력이다. 따라서 성과관리 리더십은 조직의 목표를 달성하기 위해 구성원들의 체계적인 과업 수행에 미치는 영향력이라고 정의할 수 있다.

성과관리 리더십을 잘 보여주는 사례가 아문센과 스콧의 남극 탐험이다. 1910년 6월 7일 로알 아문센이 노르웨이에서 남극으로 출항하기 전 6월 1일에 영국의 로버트 스콧 탐험대가 먼저 출발했다. 스콧 탐험대는 영국 왕실의 지원을 받으며 60여 명의 대원과 모터 썰매, 조랑말 19마리, 시베리아산 개 33마리를 데리고 출발했다. 반면 아문센 탐험대는 기존 북극 탐험 계획을 취소하고 급히 남극으로 목적지를 바꾸면서 그린란드산 개 100마리와 약간의 식량만을 가지고 출발했다. 1911년 12월 아문센 팀은 남극에 도착했다. 남극에 대한 경험과 준비가 부족했던 아문센 팀이 물자가 풍부하고 남극탐험 경험이 있었던 스콧 팀을 이길 수 있었던 이유는 무엇일까?

먼저 아문센은 현지 상황에 맞춰 체계적이고 계획적으로 팀을 운영했다. 어떤 날씨에도 일정한 거리를 이동하며 체력과 식량을 계획적으로 사용했다. 또한 남극의 추위에 대비해 동물 털가죽 옷과 썰매를 끄는 개를 선택했다. 반면, 스콧은 남극 탐험의 경험과 많은 준비에도 불구하고 현지에서 발생하는 다양한 변수에 제대로 대응하지 못했다. 스콧 팀은 날씨에 따라 불규칙적으로 움직였다. 추운 날씨에는 텐트 안에 있고 맑은 날에는 장시간 이동했다. 그 결과 시간은 오래 걸렸고 체력과 식량 소모가 늘어났다. 또한 모직으로 된 방한복은 추위에는 강했지만 습기에는 약해 젖은 옷은 오한을 불러왔다. 그리고 조랑말과 기계엔진식 썰매는 남극의 추위를 버티지 못했다.

아문센 팀이 이길 수 있었던 또 다른 이유는 남극점 최초 등정이라는 단일한 탐험 목표와 집념이었다. 아문센은 남극점 탐험을 유일한 목표로 세우고 빠른 이동을 최우선으로 여기며, 소수 인력과 이동이 용이한 방식을 채택했다. 반면, 스콧은 남극점 탐험 이외에도 남극의 과학연구를 목적으로 했다. 팀원에도 과학자들이 많았고 남극의 화석을 수집하는 등 추가적인 시간과 화석 무게로 탐험 시간이 오래 걸렸다. 결국 남극점에서 돌아오는 길에 전원 사망하는 불상사까지 입었다.

아문센과 스콧의 남극탐험은 성과관리 리더십의 중요성을 일깨워 준다. 성과관리 리더십은 체계적인 관리와 목표 달성의 집념을 바탕으로 사람들에게 미치는 영향력이다. 실행과정에서 다양한 변수에 대응하며 사람들을 동기부여 하고 목표를 달성하는 힘은 리더십에서 나온다. 이처럼 성과관리에서 리더십은 조직의 목표를 달성하는 핵심 에너지원이다.

아문센은 때로 독선적이었지만 남극점 탐험이라는 명확한 목표를 충실하게 실행한 리더였다. 그는 극한의 추위와 변동적인 날씨 속에서도 일정하게 하루의 이동거리를 완수했다. 극한의 환경 속에서 동료를 이끌기 위해서는 계획에 따른 통제가 불가피했다. 동료들은 아문센을 독단적이라고 생각했지만, 그러한 판단과 실천이 남극점 최초 등반이라는 성공을 이루었다. 아문센의 성과관리 리더십은 어려운 시기 리더가 상황에 맞게 계획하고 통제하며 동료들을 지휘할 지를 잘 보여주는 사례다.

성과관리 리더십 사례 2: 사티아 나델라

사티아 나델라는 2014년부터 스티브 발머를 이은 마이크로소프트의 3대 최고 경영자(CEO)다. 사티아 나델라는 기존 마이크로소프트(MS)의 단기 성과에 집착하는 경영에 대해 비즈니스 인사이드와의 인터뷰에서 다음과 같이 말했다.

"그동안 성공지표라 믿으며 MS가 질질 끌려왔던 매출, 이익과 같은 단어를 더 이상 얘기하지 않는다. 이제 성공의 지표는 고객들의 사랑(Customer Love)이다. 고객들이 우리 제품을 사랑한다면 나머지는 따라온다."

사티아 나델라는 기존 단기 성과와 경쟁중심의 성과관리제도를 고객중시와 협력의 성과관리로 탈바꿈시켰다. 그 대표적인 예가 상대평가의 스택랭킹을 폐지하고 절대평가로 바꾸었으며, 보상도 일선 관리자들에게 위임했다. 또한 평가요소에 동료와의 관계를 포함시켜 동료의 업무에 얼마나 기여했는지를 평가했다. 그는 기존 마이크로소프트의 경쟁중시 조직문화를 상호 협력과 고객중심의 조직문화로 변화시켰다. MS 변화의 핵심은 성과관리제도의 혁신에서 출발했다.

사티아 나델라가 보여준 성과관리 리더십의 특징은 다음과 같다. 먼저 관리자는 성과관리 단계별 세부 활동 과정에서 리더십을 발휘한다. 성과관리 단계는 목표 수립, 과업 실행, 성과평가와 피드백 순으로 진행된다. 성과관리 리더십은 비즈니스 주기에 따라 관리자가 해야 할 세부 활동 사항들을 구체화한다. MS의 경우 기존 매출액이나 이익과 같은 성과목표에서 팀 기여도나 동료와의 관계와 같은 협력 중심의 목표로 변경했다. 이 과정에서 조직 내부 경쟁보다 협력을 통한 성과 향상을 이끌어냈다.

또한 사티아 나델라는 구성원들에게 권한위임을 통해 동기를 부여했다. 마이크로소프트의 경우 성과평가제도를 상대평가에서 절대평가로 바꾸고, 평가에 따른 보상을 관리자에게 맡겼다. 만약 팀원이 모두 뛰어났다면 보상도 똑같이 분배할 수 있게 했다. 이것은 조직의 관리자들에게 평가와 보상의 권한을 위임함으로써 자율과 책임의 경영을 실천한 것이다. 자율과 책임의 조직문화는 권한위임 없이는 이뤄질 수 없다.

끝으로 사티아 나델라는 소통과 협력의 수평적 조직문화 형성을 강조했다. 마이크로소프트 성과관리 과정에서 관리자와 팀원이 1년에 3~4회 만나 성과 면담을 한다. 성과 면담에서 업무의 우선순위와 목표에 대해 함께 이야기를 나눈다. 기존에는 관리자가 결과에 대해 평가중심의 피드백을 했었다. 이제는 업무가 잘 수행되는지, 그 과정에서 얼마나 성장했는지 등 과정중심의 피드백 방식으로 바뀌었다. MS의 사티아 나델라는 조직 구성원들에게 상호 소통의 중요성에 대해 다음과 같이 강조했다.

"지금 하고 있는 일이 마음에 들지 않으면 바로 관리자에게 말하라. 그의 조언이 불만족스럽다면 다른 관리자를 찾으라."

사티아 나델라의 성과관리 리더십은 소통과 협력을 통해 수평적 조직문화를 만들어 갔다. 최근 일부 조직들에서 수평적 조직문화를 활성화하기 위해, 직급을 없애고 호칭을 통일하거나 영문 이름을 사용하는 회사가 증가하고 있다. 그러나 수평적 조직문화를 이루기 위해서는 과업 수행과정에서 자율과 위임, 소통과 협업의 조직 풍토가 형성되어야 한다.

성과관리 리더십의 기대효과

아문센의 남극 탐험과 마이크로소프트를 반등시킨 사티아 나델라의 성과관리 리더십 사례를 토대로 비즈니스 관리자들이 활용했을 때 기대되는 효과를 3가지로 정리한다.

첫째, 성과관리 리더십은 리더와 관리자들이 성과관리를 활용하여 효과적인 조직 운영을 가능하게 한다. 성과관리 리더십은 리더나 관리자의 핵심 역할인 목표 설정, 과업 실행, 평가 및 피드백의 단계별로 활동지침을 제공한다. 기존 리더십이 추상적인 이론과 내용을 전개한 반면, 성과관리 리더십은 구체적인 행동양식과 실천적 가이드를 지원한다. 성과관리 리더십은 성과관리 프로세스를 기반으로 목표 달성과 실행력이 강한 리더를 양성하는 데 효과적이다.

둘째, 성과관리 리더십은 리더나 관리자들이 성과 코칭 스킬을 활용하여 상황에 적합한 리더십 행위를 돕는다. 성과 코칭은 관리자와 직원 1:1 미팅이나 팀 성과 미팅에서 경청과 질문, 피드백의 커뮤니케이션을 활용하여 직원을 동기부여 하는 데 효과적이다. 비즈니스는 다양한 사람들과 상황 속에서 목표를 이루는 데 목적이 있다. 성과 코칭 스킬은 개인과 조직의 성장과 성과 개선을 위해 각종 사고를 예방하고 문제를 해결하는 데도 용이하다. 또한 성과 코칭은 수평적 커뮤니케이션을 기반하므로 수평적 조직문화를 활성화한다.

셋째, 성과관리 리더십은 경영 시스템, 인사 시스템, 조직문화 그리고 다양한 경영활동에서 조직의 비전과 가치 실현에 용이하다. 성과관리는 상위 조직에서 하위 조직 그리고 개인까지 목표의 한 방향 정렬을 통해 조직이 지향하는 전략 목표를 달성한다. 이러한 목표의 한 방향 정렬이 조직의 비전체계와 가치가 추구하는 목표 달성을 이룬다.

2. 성과관리로 팀 성과 개선하기

김 사장은 각 팀장들과 매월 1회씩 1:1 미팅을 갖고 있다. 이번에는 생산지원팀 조 팀장과 1:1 미팅을 진행했다. 이 미팅은 점심 식사를 한 뒤, 커피를 마시면서 자유롭게 대화한다. 1:1 미팅에서 팀의 상황을 파악하고 지원이나 개선이 필요한 사항에 대해 이야기를 나눴다.

Ｑ 김 사장: 구매담당 주 매니저는 잘 적응하고 있나요?

Ｑ 조 팀장: 작년 경영지원팀 인사총무 업무를 할 때보다는 업무에 대한 만족도가 높아진 듯합니다. 지난번 주 매니저와 1:1 성과 미팅이나 올해 성과목표 설정에서도 도전적인 모습을 보였습니다.

Ｑ 김 사장: 다행입니다. 인사담당자로도 잘했으니 구매담당자로도 잘할 거라고 예상됩니다.

Ｑ 조 팀장: 주 매니저도 이제 입사 4년 차이니 자신만의 전문성을 가지고 자리를 잡고 싶어 합니다.

Ｑ 김 사장: 주 매니저는 나중에 생산이나 영업 경험도 시킬 예정이에요. 앞으로 핵심 인재로 거듭날 수 있도록 잘 육성 바랍니다.

Ｑ 조 팀장: 예, 알겠습니다.

Ｑ 김 사장: 오늘 조 팀장님께 드리고 싶은 말은 생산지원부서가 지원의 역할에서 한정하지 말고 전사 혁신부서로의 역할을 요청하려고요. 생산지원팀이 인원은 적지만 전사 역할을 볼 때, 원가와 품질을 관리하고 책임지는 부서입니다. 여기서 원가혁신과 품질혁신에 대해 좀 더 도전적인 드라이브가 필요하다고 생각해요.

Ｑ 조 팀장: 원가혁신과 품질혁신이라면 예를 들어 어떤 것을 말씀하시는지요?

Ｑ 김 사장: 원가와 품질은 제조업체가 끝까지 견지해야 할 마지노선입니다. 특히 요즘처럼 저성장기에 소비가 위축되고 경쟁이 치열해지는 상황에서, 자사도 매출이 줄어들고 판매가 부진해지면서 수익성이 나빠지고 있어요. 더 악화되기 전에 원가와 품질을 잡아야 합니다.

Ｑ 조 팀장: 그럼 별도의 원가혁신과 품질혁신 활동을 추진할까요?

😊 김 사장: 제 말은 그런 뜻이 아닙니다. 혁신활동 한다고 현수막 걸고 의식화 교육하라는 말이 아닙니다. 현재 우리 회사의 성과관리 시스템에서 원가혁신과 품질혁신을 자발적으로 가속화할 수 있도록 도전적인 목표 설정과 성과관리를 강화하자는 뜻입니다.

😊 조 팀장: 알겠습니다. 현재 성과관리 시스템에 있는 품질지표와 원가지표의 목표 수준을 올리고 혁신 방안에 대해 각 팀들과 협의하겠습니다. 한 가지 요청 사항은 금방 말씀하신 품질과 원가혁신 강화를 위한 전사적인 활동 강화를 경영회의에서 말씀해 주시면 고맙겠습니다.

😊 김 사장: 알겠습니다. 다음 주 경영회의에서 강조하겠습니다. 그리고 품질혁신과 원가혁신을 위한 마스터플랜도 준비 바랍니다. 성과관리 시스템 속에서 혁신 활동을 전개하지만 세부적인 혁신활동 계획이 있으면 효과적으로 진행할 수 있을 겁니다. 그리고 원가혁신과 품질혁신의 목표와 한 방향 정렬에도 도움이 될 겁니다.

😊 조 팀장: 예, 알겠습니다. 품질혁신과 원가혁신의 마스터플랜을 금주 말까지 정리해서 보고 드리겠습니다.

조직 성과를 향상시키는 4가지 요인

조직에서 성과를 향상시키기 위해서는 크게 4가지 요인, 즉 역량, 자원, 시스템 그리고 조직문화가 중요하다. 이 4가지 요인이 적절하게 균형을 이룰 때 최적의 성과 향상을 이룬다.

조직 구성원들의 역량은 성과를 창출하는 능력이다. 구성원들의 역량은 4가지 성과창출 요인 중에서 핵심이다. 구성원들의 역량이 부족한데 최고의 제품이 나올 수 없다. 역량에는 직원의 지식, 스킬, 경험과 문제해결 능력 등이 포함된다. 각 개인이 직무별 필요한 역량을 갖추었을 때, 업무 성과를 극대화할 수 있다. 성과 관리에서 관리자는 목표 달성에 초점을 두면서도 개인별 역량에 부합하는 업무를 배분하고 스스로 역량을 향상시키도록 지원한다. 대표적인 역량 강화 방법은 직무전문교육과 현장학습(On the Job Training, OJT), 학습조직화 등이 있다.

다음은 성과 향상의 바탕이 되는 자원이 필요하다. 직원들마다 성과목표를 세울 때 관리자에게 많이 요청하는 사항은 사람, 자금 등과 같은 자원이다. 조직에서 자원은 항상 부족하고, 이런 상황에서 성과를 내야 한다. 가장 좋은 방법은 매 주기 악조건의 상황을 가정하고 성과목표를 설정한다. 목표 설정 단계에서 자원의 부족을 고려하지 않았을 때, 과업 수행 과정에서 문제가 발생한다. 그렇다고 직원들에게 자원이 부족하니 안정적인 목표를 설정하라는 말은 아니다. 부족한 자원을 고려해서 도전적인 목표를 세우라는 의미다.

성과 향상을 위한 또 다른 요인은 시스템 구축이다. 성과관리 시스템은 업무 프로세스, 인사제도, 경영계획, 성과평가 및 보상 시스템 등 다른 시스템과 연계하여 작동한다. 규모가 큰 조직이라면 성과관리 시스템이 구축 가능하지만, 소규모 기업은 별도의 시스템 구축 없이, 엑셀이나 기존의 인사 시스템을 활용하여 진행한다. 또한 처음부터 복잡한 양식이나 제도를 운영하기보다는 사용하기 간편하며 꼭 필요한 항목 중심으로 운영하는 게 직원들의 만족도를 높일 수 있다.

성과 향상을 위한 마지막 요인은 자율과 도전, 협업의 조직문화가 요구된다. 위계질서와 상명하복의 전통이 강한 조직에서 자율성과 도전성이 강한 성과관리는 거부감이나 역효과를 낼 수 있다. 수직적 위계질서가 강한 전통적 조직에서는 교차기능팀(Cross Functional Team)이나 테스크포스팀(Task-forced Team) 활동 등을 활용하여 자유로운 소통과 협업의 조직문화를 활성화한다. 그 조직들에 한해서 새로운 성과관리제도를 시험적으로 도입해 본다.

성과 향상 4요인 진단

조직의 성과 향상을 위한 4가지 요인인 역량, 자원, 시스템과 조직문화의 성숙도에 따라 조직의 성과는 달라진다. 조직 성과 향상의 4요인을 토대로 자가진단지를 구성하면 〈표 2〉와 같다. 이 진단지를 통해 자기 조직의 문제점을 파악하고 성과 향상 아이디어를 도출해 보자.

〈표 2. 성과 향상 4요인 진단〉은 조직(팀)의 성과관리 요인별 성숙도에 대한 진단 문항이다. 각 문항을 읽고 5점 척도(1: 전혀 그렇지 않다, 2: 그렇지 않다, 3: 보통이다, 4: 그렇다, 5: 매우 그렇다)로 평가하여 '점수'란에 기입한다. 각 요인별 점수를 합산하여 '소계'란에 적고, 전체 합계 점수를 '합계'란에 작성한다.

본 진단을 마친 후 진단결과를 종합하여 다음 2가지 기준에 따라 분석한다. 첫째, 4가지 요인의 평균이 가장 높은 요인과 가장 낮은 요인을 도출하고 그 원인을 작성한다. 둘째, 4가지 요인 중 평균이 가장 낮은 요인의 원인에 대한 개선 방안을 도출한다.

〈표 2〉 성과 향상 4요인 진단

구분	진단 문항	응답	소계
역량	1. 우리 조직(팀)의 리더는 조직 목표 달성에 필요한 명확한 비전과 방침을 제시한다.		
	2. 우리 조직(팀)의 리더는 구성원의 의견을 경청하고 존중하는 태도를 보인다.		
	3. 우리 조직(팀)의 구성원들은 각자의 업무를 수행하는 데 필요한 전문 지식을 보유하고 있다.		
	4. 우리 조직(팀)의 구성원들은 스스로 업무 목표를 설정하고 성과를 달성하기 위해 노력한다.		
	5. 우리 조직(팀)은 업무 수행에 필요한 교육과 훈련을 적절히 제공한다.		
자원	6. 우리 조직(팀)은 필요한 인력을 적절히 확보하고 유지한다.		
	7. 우리 조직(팀)은 업무에 필요한 예산과 자금이 효과적으로 지원되고 있다.		
	8. 우리 조직(팀)은 필요한 협력사를 확보하며 원활한 관계를 이루고 있다.		

구분	진단 문항	응답	소계
자원	9. 우리 조직(팀)은 업무 수행에 필요한 자료와 정보가 적시에 제공된다.		
	10. 우리 조직(팀)은 최신 기술과 도구를 통해 업무 효율성을 높이고 있다.		
시스템	11. 우리 조직(팀)의 제도와 업무 프로세스는 구성원들이 업무를 명확히 수행하는 데 기여하고 있다.		
	12. 우리 조직(팀)은 업무를 수행하기에 적절한 설비와 장비가 구비되어 있다.		
	13. 우리 조직(팀)의 구조는 의사소통을 원활하게 하고 업무 수행을 촉진한다.		
	14. 우리 조직(팀)의 성과 평가 및 보상 시스템은 공정하게 운영된다.		
	15. 우리 조직(팀)의 업무 프로세스와 시스템은 효율적이며, 필요한 경우 개선이 이루어진다.		
조직 문화	16. 우리 조직(팀)은 구성원 간 역할과 책임, 권한위임이 적절하게 이뤄지고 있다.		
	17. 우리 조직(팀)은 구성원 간 협업과 팀워크가 원활히 이루어진다.		
	18. 우리 조직(팀)은 상호 간 신뢰를 바탕으로 의사소통이 활발히 이루어진다.		
	19. 우리 조직(팀)은 구성원의 다양한 의견을 존중하며 이를 업무에 반영한다.		
	20. 우리 조직(팀)은 변화하는 환경에 대해 유연하고 개방적인 태도를 가지고 있다.		
합계			

팀 성과 개선의 3가지 원리

조직에서 발생하는 다양한 문제를 해결하기 위해, GROWTH 성과관리의 특장점을 토대로 팀 성과개선의 3가지 원리를 알아본다.

위기 상황일수록 선택과 집중이 중요하다. 일을 잘하는 사람들의 특징은 위급한 상황에서 무슨 일을 해야 할지 우선순위를 잘 정한다. 일의 선택과 집중

그리고 우선순위는 목표의 한 방향 정렬에서 시작한다. 개인의 목표가 팀이 추구하는 중점전략과제에 연결되지 못하면 개인의 노력은 결실을 맺기 어렵다. 마찬가지로 팀 역시 조직이 추구하는 전략 방향과 일치해야 한다. 한 방향 정렬은 단지 목표만을 연계하는 것이 아니라, 역할과 실행과제 등 직원들의 마음까지 한 방향으로 연결하는 것이다. 이것은 미국의 심리학자 리처드 헤크만이 말한 성공하는 팀의 5가지 조건 중에서 '진정한 팀'이 되는 길이다.

개인이나 조직의 성과를 개선하는 두 번째 원리는 자율과 협업이다. 목표와 과제, 역할이 정해지면 과업을 실행한다. 대부분의 문제는 실행단계에서 발생한다. 성과를 만들어내는 과정인 실행단계에서 사업 아이템과 시스템 그리고 사람의 문제가 발생한다. 문제를 해결하고 성과를 개선하는 최고의 방법은 앞서 살펴보았던 문제가 생기지 않도록 예방하는 길이다. 생기지도 않는 문제를 예방하려면 어떻게 해야 할까? 그 답은 개인과 조직의 자율과 협업에 있다. 사람들이 스스로 일을 찾아서 하고 문제를 발견해서 조치한다면 문제 발생을 최소화 한다.

자율은 자기 스스로의 의지에 따라 어떤 일을 하는 것을 말한다. 자율은 책임과 역할이 명확하고, 권한이 위임된 수평적 조직문화에서 효과적으로 발휘된다. 협업은 조직 구성원들이 공동의 목표 달성을 위해 서로 도와서 계획적으로 하는 일을 말한다. GROWTH 성과관리가 수평적 커뮤니케이션과 조직문화를 중시하는 이유도 바로 개인과 조직이 스스로 일하며, 서로 도와 성과를 만들기 위함이다. 긴급한 위기 상황이나 조직의 곳곳에서 발생하는 다양한 문제 상황에 즉각적인 지시나 명령은 불가능하다. 현장 일선에 있는 직원 개개인들이 모두 리더이고 팔로워다. 조직의 목표와 방침에 따라 스스로 일하는 조직이 지속적으로 성장하는 기업이 될 수 있다.

성과를 개선하는 세 번째 요인은 코칭 커뮤니케이션 역량이다. 코칭 커뮤니케이션은 개인이나 조직의 문제를 예방하고 위기를 돌파하는 가장 효과적인 수단이다. 문제를 해결하기 위해서는 업무 프로세스나 설비, 장비와 같은 시스템의 도움이 필요하다. 그러나 그것을 운용하는 것은 바로 사람들이며, 운용의 핵심은 정보의 교류와 의사소통의 원활성이다. 특히 리더나 관리자들은 조직의 문제나 위기 상황을 감추려고 할 것이 아니라 조직 구성원들을 믿고 공유하고 해결 방안을 마련해야 한다. 문제가 곪아 터지고 난 다음에는 문제를 예방하거나 최소화할 방법이 없다.

조직 내에 수직적 문화나 상명하복의 관행이 남아 있더라도, 의도적으로 수평적 커뮤니케이션과 코칭의 활성화가 필요하다. 카오스 이론에 따르면 아마존 강에 사는 나비의 날갯짓이 북경에 홍수를 일으킨다고 했다. 모든 시작은 작은 움직임에서 비롯된다. GROWTH 성과관리에서 문제를 해결하고 성과를 개선하는 3가지 원리를 종합하면 〈그림 4〉와 같다.

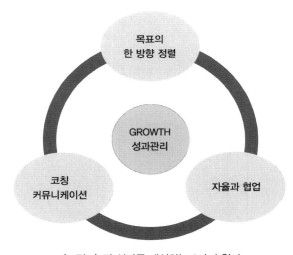

〈그림 4〉 팀 성과를 개선하는 3가지 원리

3. 성과관리로 갈등 해결하기

영업팀 국내영업파트 선임인 황 매니저는 사무실로 들어오는 최 매니저를 불렀다. 최 매니저는 입사한 지 3개월 된 경력직 신입사원이다. 그는 중소가전 회사에서 2년 영업 경력이 있다.

- 😊 황 매니저: 최 매니저, 오전부터 자리에 보이지 않던데 어디 갔다 오나요?
- 😐 최 매니저: 오전에 업체 방문을 하고 왔습니다.
- 😊 황 매니저: 업체 방문을 가면 '어디 다녀오겠습니다'라고 보고를 하고 가야 하지 않나요?
- 😐 최 매니저: 온라인 팀원 일정 게시판에 '업체 방문'이라고 적어 두었는데 못 보셨는지요?
- 😊 황 매니저: 일정 게시판에 적어 놓더라도 세부 사항에 대해서는 파트 선임인 나에게 보고를 해야 하지 않나요?
- 😐 최 매니저: 영업사원이 업체 방문하는 게 일상 업무인데 일일이 보고하라고 하시면 그렇게 하겠습니다.
- 😊 황 매니저: 아니 최 매니저, 내가 지금 부탁하는 건가요? 자리 이석 시 보고하라는 지시를, 지금 화장실 갈 때 보고하라는 말로 들리나요?
- 😐 최 매니저: 아니 왜 화를 내십니까? 다음부터 일일이 보고 드리겠다는 말을 한 것입니다.
- 😊 황 매니저: 이거 안 되겠군요. 오늘 업체 방문 경위서를 작성해서 퇴근 전까지 제출하세요.
- 😐 최 매니저: 지금 시간이 5시인데 1시간 내에 작성하는 것은 무리입니다. 내일 오전까지 작성해서 보고하겠습니다.
- 😊 황 매니저: 아니 경위서 작성하는 데 무슨 1시간이나 걸려요?

(잠시 이야기를 듣고 있던 이 팀장이 두 사람 사이로 다가오며 말했다.)

- 😊 이 팀장: 잠깐만요. 황 매니저 목소리가 너무 크네요. 흥분 가라앉히세요. 최 매니저, 잠깐 볼까요?
- 😐 최 매니저: 예, 팀장님!

(두 사람은 영업팀 옆 회의실로 들어갔다.)

💬 이 팀장: 무슨 일인가요? 두 사람이 이렇게 목소리를 높이면서.

💬 최 매니저: 제가 외부 업체 미팅으로 자리를 비웠는데 보고 없이 갔다면서 황 매니저님이 흥분을 하시고 경위서까지 작성하라고 하시네요.

💬 이 팀장: 황 매니저가 좀 즉흥적인 스타일이지만, 막무가내로 흥분하지는 않아요. 그리고 장시간 자리를 비우면 상사에게 보고를 하는 것은 기본 아닌가요?

💬 최 매니저: 보고를 하려 했는데, 황 매니저님이 자리에 안 계셔서 팀 게시판에 올리고 갔습니다. 안 계시는 분을 쫓아다니면서 보고할 수는 없지 않습니까? 그리고 온라인 게시판도 좀 보시면 될 일을 다짜고짜 소리를 지르시고.

💬 이 팀장: 잠깐, 최 매니저가 입사한 지 얼마나 됐나요?

💬 최 매니저: 3개월 조금 지났습니다.

💬 이 팀장: 최 매니저가 경력사원이라 별도의 수습기간은 없지만, 보통 3개월 정도를 수습기간으로 여기죠. 황 매니저는 선배 사원으로 후배 사원의 행동과 태도에 대해 피드백 할 책임이 있어요.

조직 내 갈등이 성과를 해친다

조직 내 갈등은 대인관계뿐만 아니라 업무성과에도 영향을 미친다. 조직 내 갈등이 발생하는 이유는 크게 2가지로 나눠볼 수 있다. 첫번째는 위 〈드림 컴퍼니〉의 최 매니저와 황 매니저의 갈등 상황처럼 개인의 행동이나 태도에서 비롯되는 대인 간 문제다. 대인 간 문제에는 개인의 성격, 행동, 태도, 가치관 이외에도 역할과 책임, 커뮤니케이션, 일하는 방식 등이 원인이 되기도 한다. 대인 간 문제는 조직 내 갈등을 유발한다. 대인 간 갈등이 원활하게 해결되지 못할 경우, 업무상 갈등과 감정적 대립이 지속될 수 있다.

대인 간 갈등은 개인의 성격이나 행동, 태도와 같은 문제가 오랜 기간 동안 개인의 체내에 축적된 결과다. 조직 내 구성원들 간에 서로의 차이를 이해하지 못하거나 존중해 주지 않는다면, 상대방을 향한 오해와 갈등이 증폭된다. 매일

얼굴을 맞대고 일하는 직원들 간에 갈등이 발생하면 조직 생활은 더욱 힘들어진다. 조직 내 대인 간 갈등은 대부분 아랫사람이 윗사람에게 사과를 표현함으로써 종결된다. 서로에게 사과를 하지만 상대방에 대한 감정은 마음속에 잠복하는 경우가 많다. 관리자는 상호 간 갈등이 재발하지 않도록 직원 간 관계를 주기적으로 점검할 필요가 있다.

두 번째 조직 내 갈등의 원인은 시스템 차원의 문제다. 시스템 차원의 문제는 조직 내에서 개인을 둘러싼 업무 프로세스, 조직구조, 제도, 장비와 도구, 조직문화 등이 포함된다. 시스템의 문제는 대인 간 갈등뿐만 아니라 조직 간 갈등의 원인이 되기도 한다. 예를 들어 품질팀이 회사의 품질문제에 대해 보고를 하면, 관련 있는 생산이나 개발 부서는 기분이 좋지 않다. 품질팀은 품질팀의 미션과 역할에 따라 회사의 불량 문제를 지적했을 뿐이다. 그러나 품질문제를 지적 받은 부서는 품질팀과 소원한 관계가 된다. 이처럼 조직 간 업무를 수행할 때는 해당 조직의 입장을 고려하여 사전에 설명하고 협의하는 노력을 반드시 기울여야 한다.

회사에서 발생한 문제가 어느 한 팀의 문제인 경우는 드물다. 대부분 여러 부서가 연관되어 있고, 다양한 직원들이 관계되어 있다. 고객이 제품을 사용하면서 발생한 품질 문제는 제품을 개발한 개발팀과 제작한 생산팀, 그리고 검수한 품질팀이 모두 연계되어 있다. 조직 시스템에서 발생한 문제도 팀 간의 갈등을 유발한다. 조직 간에 발생한 문제를 특정 부서의 책임으로 돌리는 것은 가장 나쁜 해결책이다. 시스템 차원에서 발생한 문제의 해결은 시스템 개선에 있다. 품질 문제가 발생한 조직 구조나 생산 프로세스 전체에 대한 정기적인 분석과 개선을 병행해야 한다.

성과관리로 팀원 간 갈등 해결하기

개인마다 달성해야 할 성과목표와 과업이 있다. 과업을 수행하는 데 혼자 하는 경우도 있지만, 팀원이나 다른 동료 직원의 지원이 필요한 때가 많다. 다른 동료들도 자신이 수행해야 할 과업이 있고 목표가 있다. 조직 내에서 갈등은 서로 간의 업무를 수행하는 과정에서 오해나 일하는 방법의 차이에서 발생하는 경우가 많다.

갈등 상황에서 조직 내 갈등 해소 장치가 없다면 갈등 해결은 쉽지 않다. 표면상으로 대인 간 갈등은 상대방의 말이나 행동, 태도에서 발생한다. 또는 커뮤니케이션이나 일하는 방식에서 비롯된다. 그러나 조직 내 대인 간 문제의 근본 원인에는 대부분 업무상 성과와 관련되어 있다. 조직 내에서 갈등의 유발자나 피해자가 되었을 때, 문제의 핵심에 업무 성과가 있음을 잊지 말아야 한다.

한편 조직 내에서 발생하는 갈등이 긍정적인 면도 있다. 조직 내 대인 간 갈등은 조직이 건강하게 돌아간다는 의미이다. 위 〈드림 컴퍼니〉의 황 매니저와 최 매니저의 갈등이 팀 내에 소란을 유발했지만, 팀 전체를 위해 최 매니저의 개인적 행동은 주의를 줘야 하는 상황이었다. 만약 황 매니저가 최 매니저의 행동에 적절한 피드백이 없었다면, 최 매니저는 더 좋지 않은 행동이나 결과를 낳았을 수도 있다. 이 팀장이 황 매니저를 부르지 않고, 최 매니저를 불러 상황에 대한 개선 피드백을 한 것은 조직 전체를 위한 조치였다.

성과관리 차원에서 대인 간 갈등을 해결하는 효과적인 방법은 성과관리 단계별로 진행되는 코칭 커뮤니케이션의 활용이다. 대인 간 갈등에 즉시 대응해야 한다면 수시 코칭이 도움이 된다. 수시 코칭에 대한 구체적인 내용은 〈6장. 4절. 돌발 상황에는 수시 코칭하라〉를 참고한다. 수시 코칭은 대인 간 갈등의 문제와 원인을 찾고 절절한 해결 방안을 얻는 데 유용하다. 또는 정기적으로 실시되는 1:1 성과 미팅은 추가적인 관찰과 정기적인 피드백을 주기에 적합하다. 피드백은 상황이 발생하는 즉시 진행하는 게 효과적이다. 1:1 성과 미팅에 대한 세부적인 사항은 〈6장. 2절. 1:1 성과 미팅은 개인 성장을 촉진한다〉를 참고한다.

한편 해결하기 쉽지 않거나 장기적인 관찰이 필요한 경우에는 분석 결과를 모아서 월 1회 진행되는 1:1 성과 미팅을 활용한다. 1:1 성과 미팅은 공식적인 성과관리 프로세스일 뿐만 아니라, 개인의 행동이나 태도에 대해 공식적으로 피드백을 제공하는 장이다. 또한 해당 직원도 문제의 심각성과 개선의 필요성을 공감할 수 있고, 문제해결 대안을 찾는 데도 유용하다. 성과관리 과정의 코칭 커뮤니케이션은 성과목표 달성의 한 방향 정렬과 개인의 행동 및 태도 개선하는 데 효과적이다.

성과관리로 팀 간 갈등 해결하기

팀 간에 발생하는 갈등은 서로에게 예민한 상황을 연출한다. 어느 팀이 나서서 해결하기도 어렵고 중재하기도 쉽지 않다. 팀 간의 갈등 해결에 많이 사용하는 방법은 상위조직이나 상사의 중재, 조직문화팀이나 인사팀의 개입, 팀 간 자율 중재로 나눠볼 수 있다. 이 중에서 팀 간 갈등에 효과적인 방법은 상위 조직이나 상사의 중재다. 동일 사업부 내의 팀 간 갈등이라면 사업부장이 나서서 조율해 주면 효과적이다. 그러나 이 조율이나 중재가 어느 한 팀에 치우칠 경우, 다른 팀은 불만이나 갈등이 증폭될 수 있다. 상사가 중재할 경우 따라야 한다. 그러나 손해를 보았다고 느끼는 팀은 당장은 따르지만, '다음에 보자'며 절치부심할 수도 있다. 상위 조직이나 상사의 중재는 객관적이고 공정한 관점에서 갈등 해결을 시도해야 한다.

인사팀이나 조직문화팀은 개인과 조직의 육성과 유지관리 등 인력관리의 미션을 가지고 있다. 조직 간 업무 프로세스나 사명과 역할, 조직 구조 등에서 갈등이 발생했을 때, 인사팀이나 조직문화팀은 개입이 가능하다. 이러한 팀 간 갈등을 해결하는 데는 인사팀장이 관련 팀장들의 입장을 듣고 중재안을 제안한다. 또는 팀 간 갈등에 팀원들 간 갈등이 더해지면 관련 팀원 전체가 모여 팀 간 문제해결 워크숍을 진행한다. 여기서 서로의 문제를 터놓고 이야기하는 장을 마련한다. 이 프로그램은 조직문화팀에서 진행을 맡고 관련 팀원 전체가 워크숍을 통해 토론하고 해결안을 마련한다. 여기서 문제는 워크숍 장면에서는 해결을 약속했지만 현업에 돌아가면 원래 상태로 돌아가곤 한다. 이것을 방지하기 위해 주기적인 관찰과 상호 점검의 세션을 추가로 갖는다.

끝으로 팀 간 자율 중재이다. 이 방식은 관련 부서 팀장들이 모여서 자율적으로 해결한다. 문제 부서의 팀장들이 모여서 해결하면 가장 효과적이지만 현실적으로는 쉽지가 않다. 이때 가장 많이 동원되는 방법은 부서장 간의 연공서열이다. 연공서열식 문제해결은 갈등의 원인에 대한 바람직한 해결보다는 일방적인 해결이나 봉합될 가능성이 높다. 속칭 연차가 낮은 부서장이 가져온 갈등 해결책에 부서원들은 더욱 분노하는 경우가 많다. 왜냐하면 갈등 해결책으로 더 많은 일거리가 생겼기 때문이다. 반대로 연차가 높은 부서장은 팀원들로부터 존중과 감사를 받는다. 이처럼 연공서열식 갈등 해결은 오히려 갈등을 증폭시킬 수 있다.

팀 간 자율적인 갈등 해결의 중요한 도구로 성과관리 프로세스에 기반한 커뮤니케이션이 효과적이다. 여기에는 유관부서 간의 회의체나, 사업부 회의, 부문 회의 등이 포함된다. 팀의 성과목표와 과업을 분석하고 갈등의 원인과 효과적인 방안에 대해 토론한다. 성과관리 기반의 갈등 해결은 해당 부서에서 발생한 문제를 조직의 비전과 목표 차원에서 검토하고, 조직 전체 차원에서 대안을 모색한다. 이처럼 팀 간에 발생하는 문제는 조직의 성과를 창출하는 과정으로 이해하고, 조직 차원의 해결책을 모색하는 것이 바람직하다. 이러한 해결 방식은 연공서열이나 상사의 중재가 없이도 회사의 비전과 목표에 따라 자율적인 해결을 가능하게 한다. 조직 간 갈등에 불필요한 오해나 감정싸움으로 번지는 것을 막아주는 부수적 효과도 있다.

4. 성과관리로 위기 대응하기

김 사장과 전체 팀장들이 참석한 분기 경영회의를 열었다. 각 팀별로 보고를 마치고 개발팀의 신제품 개발 현황과 이슈에 대해 보고했다.

🙂 정 팀장(경영지원팀): 이번 순서는 신제품 개발 TFT의 휴대용 에어컨 개발 현황과 이슈에 대해 보고하겠습니다. 현황 보고는 신제품 개발 TFT의 강 매니저가 하겠습니다.

🙂 강 매니저: 금일 보고는 2차 테스트 결과를 토대로 제품의 사양 확정과 이슈에 대해 보고 드리겠습니다. 휴대용 에어컨의 압축 방식은 수냉식 압축기 방식으로 난방과 냉방을 겸하는 제품입니다. 수냉식 압축기의 크기와 무게 줄이기에 역점을 두었는데 2차 프로토타입 테스트 결과 4.8kg으로 목표 5kg 내에 들어왔습니다. 그리고 소음도 50dB로 경쟁사보다 낮거나 유사한 수준입니다. 에너지 효율은 고효율이고 소음도 낮아 경쟁사보다 성능 면에서 뛰어난 것으로 판단됩니다. 더욱이 냉방과 난방을 겸했는데도 판매가 34만 원이고 난방 모듈 채택 시 3만 원은 늘어나 37만 원으로 책정했습니다. 손익분기점은 3천 대 판매 시 수익이 예상됩니다.

🙂 김 사장: 지난번에 수냉식 압축기는 물통을 채워줘야 하는 불편함이 있었는데 이 점에 대한 소비자의 반응은 어떻게 예상되나요?

🙂 강 매니저: 수냉식 압축기의 가장 큰 단점이 물통을 교체해서 채워줘야 하는 점입니다. 우리가 가습기를 사용할 때 약간 번거로움이 있지만, 물 교체는 당연하게 생각합니다. 작지만 냉난방력이 있는 휴대용 에어컨이라면, 물 교체의 번거로움은 감수하겠다는 사용자 피드백이 60%에 달했습니다. 타사 대비 경쟁력이 있다고 봤습니다.

🙂 이 팀장(영업마케팅): 수냉식 압축 방식이 신의 한 수가 될지 아니면 악수가 될지는 지금으로는 알 수 없는 일입니다. 여러 가지 상황을 대비해서 대응 방안을 마련할 필요가 있습니다.

- 박 팀장(개발팀): 좋은 말씀입니다. 지난 2주 동안 자사몰을 통해서 신제품을 올리고 네이버나 카카오톡 등에 신제품 출시기념 선구매 온라인 판촉행사를 진행했습니다. 총 2,300명이 방문해서 500대의 계약을 체결했습니다. 약 22%의 계약률을 보였습니다. 이상의 내용을 볼 때 수냉식 냉각 방식과 물통 교체에 대해 거부감은 적었습니다. 오히려 냉방과 난방을 같이 하는 4계절용이라는 점에 많은 고객들이 좋아했습니다. 이처럼 사전 홍보를 활성화해서 소비자의 반응과 제품판매 동향을 지속적으로 점검하고 있습니다.
- 최 팀장(생산팀): 조만간 시제품 제작에 들어가야 목표 납품일 맞출 수 있습니다.
- 박 팀장: 다음 달 초의 시제품 테스트를 마치면 바로 양산에 넘기도록 하겠습니다.
- 김 사장: 오늘은 신제품을 관망하는 자리가 아니라 문제점을 예방하고 해결하기 위함입니다. 우수한 제품을 출시할 수 있도록 여기 계신 모든 팀장님들의 많은 협조 바랍니다.

성과관리는 문제해결 과정이다

성과관리 프로세스에서 과업 실행 단계는 성과목표에 대한 과제를 수행하는 과정이다. 각 실행 과제는 크게 업무 수행을 통해 목표를 달성하는 업무 과제와 문제해결 활동을 통해 목표를 달성하는 문제해결형 과제로 나눌 수 있다. 대부분의 목표에도 문제해결형 과제가 있다. 혹은 과업을 수행하는 과정에서 예상하지 못한 문제를 만나기도 한다. 성공하는 성과관리는 문제해결에 달려 있다.

성과관리를 실적을 챙기는 활동으로 간주할수록 성과관리에 실패할 확률은 높아진다. 한 예로 상반기 동안 실적이 좋으면 하반기도 좋은 성과를 예상한 P 기업이 있었다. 그러나 갑작스러운 경기침체와 원자재 가격 상승으로 원가가 상승하고 소비자의 구매욕구도 줄어들었다. 이에 제품판매가 급감하면서 적자로 전환되었다. 매월 성과관리 미팅을 통해 사업의 진행 상황과 목표 달성 여부를 체크했다. 직원들의 매출 달성을 촉진하기 위해 특별수당까지 내걸었지만, 외부 경영환경의 악화와 구매 급감의 여파를 벗어나기 어려웠다. 아무리 열심히 성과관리를 해도 적자를 벗어날 수 없었다. P기업은 성과관리에서 무엇을 잘못한 것일까?

대부분의 기업들이 성과목표를 달성하지 못하는 이유는 성과목표 달성과정에서 예상하지 못한 문제가 발생했기 때문이다. 바로 제품의 불량이나 고객 클레임, 인건비나 재료비, 경비 등의 원가상승, 납기 미준수에 의한 개발 및 생산사고 등이다. 또는 시장환경 변화에 대비한 도전적인 목표가 없었기 때문이다. 시장환경이 급변하고 경쟁사들의 공격이 심화되는 상황에서 기존의 경영 관행과 목표에 안주해서는 경쟁에서 생존할 수 없다. 성과관리가 위기를 알리는 신호등이 되기 위해서는 위기에 대비하는 목표와 과제를 설정해야 한다. 조직 내부에서 도전적 목표를 추진하지 못하면, 결국 외부의 힘에 의한 심각한 도전에 직면하게 된다.

성과관리로 위기에 대응하기 위해서는 사전 예방과 신속한 대응 자세가 필요하다. 최근 법원에서 중대재해처벌법 위반으로 실형을 선고받는 사례가 늘어나고 있다. 〈매일노동뉴스〉에 따르면, 2024년 8월 4일 경남 양산에 소재한 A자동차부품 제조업체 대표가 중대재해처벌법 위반으로 징역 2년을 선고받았다. 이 회사에 근무하던 한 외국인 노동자가 금형 사이에 머리가 끼여 숨진 사고가 발생했다. 당시 기계의 상하단 안전문 방호장치는 모두 파손됐고, 인터록 장치가 설치되지 않았다고 한다. 그때 다른 직원이 그것을 모르고 금형기계를 작동하다 사고가 일어났다.

이에 법원은 위반 사항으로 유해/위험요인 확인/개선 절차 마련, 안전보건관리책임자 업무수행 평가기준 마련, 중대재해 발생 시 작업중지 등 매뉴얼 마련 등과 같은 안전보건 관리체계 구축 및 이행조치 의무를 위반했다고 봤다.

사고는 순간의 방심으로 일어난다. 어려운 경영환경 속에서 성과목표를 달성하기 위해서는 사전에 문제를 예방하는 실행과제를 제안하고, 예상하지 못한 문제가 발생했을 때 신속하게 조치할 수 있는 협업 시스템이 필요하다. 예고 없이 일어나는 문제를 예방하며 신속히 해결하기 위해서는 성과관리 활동에서 위기대응 과제와 주기적인 실행 점검이 중요하다.

성과관리로 문제나 위기를 예방하는 4가지 방법

성과관리는 위기에 대처하며 문제를 예방할 수 있어야 한다. 성과관리를 통해 문제나 위기를 예방하는 효과적인 방법 4가지를 알아보자. 먼저 예방관리 차원의 성과목표와 핵심성과지표(KPI)를 설정한다. 위 양산의 자동차부품제조업체의 중대재해처벌법 위반 사례를 보면, '안전보건 관리책임자 업무수행 평가기준 마련'이 있다. 모든 사업장에 안전보건 관리책임자를 선정해야 하며, 그 사람과 직속 상사는 안전보건관리 핵심성과지표(KPI)를 설정한다. 여기서 '평가기준을 마련하여 관리하라'는 말은 성과관리에 안전보건 예방관리를 포함하면 일괄적인 관리가 가능함을 의미한다.

예방관리 지표로는 불량률과 같은 품질지표, 고객만족지표, 구성원 역량개발 지표, 재무지표 등의 리스크 관리지표를 활용할 수 있다. 조직마다 위기나 위험을 예방하는 데 필요한 항목을 선정해서 전사 차원 혹은 부문/사업부 차원에서 관리한다. 이러한 위험 예방 지표들이 알람을 울릴 때, 데이터를 분석해서 적합한 위기대응 처방을 내린다. 문제나 위험을 예방하는 길만이 최고의 성과관리다.

다음은 데이터 기반의 의사결정이다. 조직을 운영하는 규율이 명확하고 체계적으로 관리하는 기업은 다양한 활동으로 생성되는 데이터를 상위 조직으로 전달하고 그에 따른 위기관리 및 대응을 한다. 그러나 많은 조직의 리더와 관리자들은 데이터가 보내는 신호를 무시하고 자신의 감각과 경험에 기반한 의사결정을 한다.

대표적인 예가 2023년 겨울에 발생한 카카오 내부 직원들의 혁신 요구였다.

당시 김정호 CA협의체 경영총괄이 사회관계망서비스(SNS)에 공개적으로 올린 경영쇄신 요구안들은 카카오 내부의 문제와 의사결정의 불투명성을 보여준다. 이에 대해 서승욱 카카오 크루 유니언 위원장은 언론과 인터뷰에서, "결과적으로 현 사태의 원인은 경영진의 비밀 경영 방식에서 나왔다. 카카오는 예전부터 내부 직원들이 참여했던 문화를 가지고 있는 만큼 과거의 좋았던 문화를 되살릴 필요가 있다"고 말했다. 조직에서 직원이 상사의 의사결정을 바꾸는 것은 불가능에 가깝다. 대신 조직의 성과관리지표나 평가 덕목으로 규정해 놓으면, 잘못된 의사결정을 최소화할 수 있다.

또 다른 방법은 과업 수행에 대한 지속적인 모니터링과 피드백이다. 성과관리는 강력한 모니터링과 피드백의 선순환 시스템이다. 과업 수행 과정에서 진행되는 결과 데이터 모니터링과 피드백은 사람의 혈액검사와 유사하다. 인체에 흐르는 피는 다양한 신체정보를 알려준다. 그 사람이 질병을 가졌는지, 어떤 유전형질을 보이는지, 다양한 요인에 대한 면역력을 가졌는지 등을 알려준다. 이처럼 조직에서도 데이터가 적합 혹은 부적합한지를 정확하게 모니터링하고 적시에 피드백 할 때 성과관리 시스템은 조기 경보의 가치를 지닌다.

성과관리 프로세스에서 피드백은 과거의 성과나 행동을 평가하여 개선점을 찾는 되먹임이다. 피드백이 과거 시점에서 되먹임이라면, 미래 시점의 되먹임은 피드포워드(Feedforward)이다. 피드포워드란 미래의 성과를 향상시키기 위해 제공하는 제안이나 조언을 의미한다. 피드포워드는 현재의 데이터를 기반으로 미래에 일어날 일에 초점을 둔다. 피드포워드 할 때의 효과적인 질문은 다음과 같다.

- "이 일을 통해 발견한 당신의 강점과 약점을 앞으로 무엇에 활용하겠습니까?"
- "이 일을 개선하기 위해 어떤 활동을 해야 할까요?"
- "그 일을 성공적으로 수행하는 데 필요한 지원 사항은 무엇인가요?"

네 번째 방법은 문제나 위기에 대해 상사와 직원 간의 개방적인 커뮤니케이션이다. 앞에서 예를 든 카카오의 사태에서도 조직 구성원들은 공개적인 토론과 문제해결을 요구했다. 카카오 경영진에서도 CA협의체라는 경영혁신모임을 통해 내부적으로 문제해결을 추진했다. 그러나 전사적인 구성원들의 목소리와 제안을 반영하고 혁신으로 이끌어 내는 데 한계가 있었다. 우리나라 기업 중에서도 카카오는 개방적이고 자유로운 커뮤니케이션 문화를 가진 기업으로 알려져 왔다. 그렇지만 카카오도 중요한 의사결정과 실행은 비밀리에 진행되어 왔다. 결국 조직 내의 열린 의사소통은 한계가 있었다.

그렇다면 성과관리체계에서 개방적인 커뮤니케이션 문화는 가능한가? 성과관리체계로 개방적인 커뮤니케이션을 실천하는 대표적 기업은 구글이다. 구글은 OKR(Objective and Key Results)이라는 성과관리시스템을 운영하고 있다. 직원부터 경영진까지 OKR 시스템을 통해 자신의 목표와 핵심 결과를 모두 공개한다. 또한 목표와 과제에 대한 평가에 참여할 수도 있고, 그 결과가 온라인 시스템상에서 투명하게 공개된다. 또한 구글은 OKR 성과관리 시스템을 통해서 관리자와 직원 간의 정기적인 리뷰와 피드백을 진행한다. 여기서 목표 달성의 장애물과 개선 방안을 자유롭게 의논한다. 또한 360도 성과 피드백 시스템을 통해서 개인에 대해 상사, 동료, 부하 직원으로부터 자유로운 피드백을 받는다. 구글은 이러한 과정을 통해 개방적이고 공정한 성과관리 시스템을 운영하고 있다.

성과관리 위기대응 4단계

사전에 위기를 예방하거나 효과적으로 대응하기 위한 성과관리 위기대응 4단계에 대해 알아보자. 먼저 조직이 달성해야 하거나 문제를 예방하기 위한 성과목표와 핵심성과지표를 설정한다. 대표적인 성과목표는 품질향상이나 원가절감, 고객만족, 안전보건 등과 같다. 조직이 달성해야 할 목표 이면에는 예상되는 문제들이 잠재해 있다. 예를 들면 원가절감을 강조하다 보면 장기적으로 품질이 나빠지거나 신기술투자를 줄이게 된다. 조직의 목표 달성을 위해 균형 있는 핵심성과지표를 설정하여 위험요소를 함께 관리한다. 모든 위험요소에 대비할 수 없지만 조직에 심대한 영향을 미치는 핵심 문제를 사전에 대비할 수 있다.

두 번째 단계는 데이터 수집 및 문제 분석이다. 위기 대응과 문제해결에 필요한 성과지표와 관련된 데이터를 시스템에서 수집한다. 수집된 데이터를 통해 목표 대비 현상을 분석하고, 성과 저하의 원인을 도출한다. 매월 혹은 분기별 성과목표별 실행 상황을 점검하면서 데이터가 보내는 신호를 확인하고, 향후 계획에 반영한다. 문제 진단에 사용되는 분석 방법으로는 문제의 원인에 대해 5번의 Why를 거쳐 물어보는 5Why, 문제의 원인을 물고기 뼈 모양의 도식을 활용한 어골도(Fishbone Diagram), 나뭇가지 모양으로 문제의 원인을 세분화하는 로직트리 등의 방법을 활용한다.

세 번째 단계는 위기나 문제에 대한 해결 방안을 도출하고 대응계획을 세운다. 위기 및 문제 해결 방안은 크게 사람(People), 프로세스(Process), 시스템(System), 제품(Product)의 3PS 차원에서 검토하면 효과적이다. 해결 방안을 도출하는 방법은 여러 명이 다양한 아이디어를 자연스럽게 제안하는 브레인스토밍이나, 주제별 다양한 아이디어를 제안하는 6색깔 모자(6 Thinking Hat) 사고법, 조직의 강점(Strengths)과 약점(Weaknesses), 외부환경의 기회(Opportunities)와 위협(Threats)에 기반한 SWOT분석 등을 활용한다. 6색깔 모자 사고법은 6색깔의 모자의 각 관점에 따라 사고하고 아이디어를 평가하는 아이디어 발상법이다. 이런 분석방법을 사용할 때는 자연스러운 토론이나 의견 개진을 통해 효과적인 아이디어를 제안한다.

대응계획 수립은 해결안을 실행하기 위한 구체적인 계획을 세우고 필요한 자원과 일정, 담당자 등을 선정한다. 대응계획을 세울 때는 하나의 방안보다는 계획대로 진행되지 않거나 비상 상황을 대비한 플랜B안을 함께 세운다.

문제를 해결하는 마지막 단계는 실행 및 피드백이다. 수립된 계획에 따라 위기대응이나 문제해결을 위한 조치를 실행하고 지속적인 모니터링을 진행한다. 또한 성과목표와 핵심성과지표별 결과에 대한 피드백을 제공한다. 이러한 성과관리 과정을 통해 문제를 해결하고 지속적인 개선 활동을 추진한다. 성과관리 위기대응 4단계는 문제가 발생한 상황 이외에도, 정기적인 점검과 피드백을 통해 문제를 예방한다. 최고의 위기대응은 문제가 발생하지 않도록 관리하는 것이다.

3장

직원 성과 유형별 코칭 전략

비즈니스 성과는 조직 구성원들의 역량에 달렸다. 관리자는 직원들의 역량 수준에 맞는 성과 코칭을 통해 역량을 개발하고 비즈니스 성과를 향상시킬 수 있다. 조직의 성과 개선을 위해, 직원들의 역량과 성과의 높고 낮음에 따라 4가지 성과 유형으로 구분하고, 각 유형별 효과적인 코칭 방법을 알아본다.

1. 직원 성과 유형 모델과 진단

개발팀 박 팀장은 시제품인 휴대용 에어컨 개발과 관련하여 H/W 파트와 미팅을 가졌다. 미팅에는 강 매니저와 이 매니저, 정 매니저가 참여했다.

- 박 팀장: 모두 신제품인 휴대용 에어컨 개발로 고생이 많습니다. 지난번 프로토타입 테스트 이후 진도가 잘 나가지 않는데 무슨 문제가 있나요?
- 이 매니저: 현재 가장 큰 문제는 수냉식 압축기의 크기와 무게입니다. 휴대용 제품에서 크기와 무게가 클 경우 고객불만이 예상됩니다.
- 박 팀장: 압축기와 열교환기 외주개발업체에 소형화와 경량화 방법을 요구했지 않나요?
- 이 매니저: 초기 개발 미팅에서 요구조건을 제시했는데 파일럿 테스트에서 크기와 무게가 초과되어서 재제작을 요구했습니다. 외주업체에서 추가 제작비에 대한 요구가 있었습니다.
- 정 매니저: 다른 팀에서도 냉각수 교환에 따른 불편함과 물탱크의 크기와 무게도 의문을 제기하고 있습니다.
- 박 팀장: 제품개발은 정해진 스펙(Spec)대로 개발합니다. 스펙이 맞는지 틀린지는 개발된 제품의 성능과 효능을 보고 결정합니다. 다른 팀에서 이런저런 말이 나오는 것이 아니라 초기 선정한 스펙대로 제품이 나오는지가 더 큰 문제입니다.
- 강 매니저: 휴대용 에어컨을 처음 개발하는데, '너무 고스펙의 제품을 만드는 것은 아닌가?'라는 문제 제기라고 생각됩니다.
- 박 팀장: 저는 우리가 만드는 제품이 고스펙이라고 생각하지 않아요. 기술은 벌써 시중에 다 나와 있어요. 우리가 새롭게 만드는 것은 휴대하기 간편하면서 더운 여름날 외부에서 사용하고 추운 겨울에는 난방용으로 사용 가능한 에어컨입니다. 지난번 파일럿 테스트에서 에어컨과 난방 기능은 모두 잘 작동했어요. 문제는 부품과 모듈을 외주 구매를 하다 보니 전체 설계와 달리 크기나 무게가 더 나가는 단점이 있죠. 각 외주 제작사에도 우리의 요청을 강하게 어필하고, 추가 개발비 요구가 합리적인지 검토해서 아니면 취소하고 다른 업체와 진행해야겠죠.

강 매니저: 시간이 많지 않은데 지금 다른 업체에 외주제작을 의뢰할 수 있을까요?

박 팀장: 우리부터 시간에 너무 쫓기면 안 됩니다. 정 안 되면 제품출시 날짜를 연기하는 방법도 있습니다. 불완전한 제품을 출시하느니 차라리 연기하는 게 나아요.

정 매니저: 알겠습니다. 각 모듈과 전체 에어컨 시스템의 유기적 연결과 성능 구현에 집중하겠습니다.

박 팀장: 우리가 할 일에 집중하고 그 결과에 대해 책임은 팀장인 제가 집니다. 크기와 무게, 휴대성과 간편함의 콘셉트, 그리고 다기능의 장점을 잘 살려 봅시다. 그러면서 가격까지 저렴하다면 안 팔릴 수가 없죠. 모두 자신감을 가지고 남은 기간 동안 최선을 다해 봅시다.

직원 성과 유형 모델

동화 중에 〈토끼와 거북이 이야기〉가 있다. 느림보 거북이와 날쌘 토끼가 경주를 했는데, 마지막에는 거북이가 이겼다. 상식적으로는 바다에 사는 거북이가 육지의 날쌘 토끼를 이길 수 없다. 그런데 토끼가 산을 오르다 잠깐 잠을 자는 사이에 부지런히 올라왔던 거북이가 먼저 산꼭대기에 도착했다는 이야기다.

이 동화가 전하는 메시지는 경쟁자에 비해 역량은 떨어지지만 성실히 노력하면 성공할 수 있다는 뜻이다. 비즈니스의 상황에서도 이와 같은 경우가 가끔 발생한다. 사업 역량의 열세를 강점으로 활용하여 성과를 극대화한 사례로 소니와 JVC사 간의 비디오테이프 방식 경쟁이 있었다. 소니의 베타멕스 방식은 기술과 품질 측면에서 JVC사의 VHS 방식보다 우월했다. 그러나 제조사에 VHS 기술이 더 많이 라이선스 되고 테이프 사용 시간이 2시간 이상 가능한 테이프를 제공하면서 베타멕스보다 더 나은 사용자 편의성을 제공했다. 결국 품질과 기술역량이 떨어진 JVC사의 VHS 방식이 시장에서 승리했다.

비즈니스 성과는 조직 구성원들이 만들고, 직원들의 역량에 좌우된다. 이처럼 직원들의 역량 수준에 맞춰 효과적인 성과 코칭 전략을 펼쳐야 성과를 향상시킬 수 있다. 여기서 직원의 역량(Competence)은 특정한 과업이나 활동을 수행하는 데 필요한 지식, 기술, 태도를 의미한다. 성과(Performance)는 특정한 과업이나 활동을 수행한 결과이다. 직원의 역량과 성과의 높고 낮음에 따라 4개의 성과 유형으로 구분할 수 있으며, 〈그림 5. 직원 성과 유형 모델〉과 같다.

직원 역량과 성과의 높고 낮음에 따라 4가지 성과 유형이 나타난다. 역량과 성과가 모두 낮은 P1. 저성과형이다. 역량은 비교적 높지만 성과가 낮은 P2. 잠재적 성과형이다. 역량은 상대적으로 낮지만 성과는 높은 P3. 중간성과형, 역량과 성과 모두 높은 P4. 고성과형으로 나눌 수 있다. 이 4가지 성과 유형에 따라 직원별 맞춤형 코칭을 진행한다. 다음 절에서 4가지 직원 성과 유형별 코칭에 대한 세부적 방법을 알아본다.

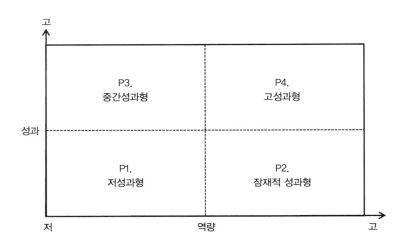

〈그림 5〉 직원 성과 유형 모델

직원 성과 유형 진단

〈표 3. 직원 성과 유형 진단〉은 직원의 성과 유형을 파악하는 자가 진단용 설문지다. 다음 내용을 읽고 직접 설문에 응답해 보자.

본 진단지의 가로줄에 있는 각 문항을 읽고 직원(나)의 현재 상황과 가장 부합하면 '응답'란에 ○(2점), 약간 부합하면 △(1점), 부합하지 않으면 X(0점)을 기입한다. 응답 후 4개 구분(세로)별 합계 점수를 '합계'란에 기입한다.

<표 3> 직원 성과 유형 진단

구분	P1		P2		P3		P4	
	문항	응답	문항	응답	문항	응답	문항	응답
1	그(나)는 업무를 수행하는 데 필요한 기술과 지식이 부족하다.		그(나)는 업무 역량을 갖추고 있지만 성과가 기대에 미치지 못한다.		그(나)는 업무 성과는 좋지만 더 효율적인 수행 방법은 잘 모른다.		그(나)는 역량을 충분히 발휘하여 기대 이상의 성과를 내고 있다.	
2	그(나)의 업무 결과물은 종종 기대에 미치지 못한다.		그(나)는 업무 역량을 충분히 활용하지 못해 성과가 낮다.		그(나)는 현재 성과는 내고 있지만, 여전히 업무관련 역량이 부족함을 느낀다.		그(나)의 업무 역량과 성과는 조직의 기대를 충족한다.	
3	그(나)는 업무를 효과적으로 수행할 수 있는 방법을 잘 모른다.		그(나)가 제안한 아이디어가 자주 채택되지 않거나 성과로 이어지지 않는다.		그(나)는 현재 성과를 내고 있지만 이를 유지하기 위해서는 더 많은 역량이 필요하다.		그(나)는 다양한 문제를 창의적으로 해결하며 이를 성과로 이어간다.	
4	그(나)는 주어진 시간 내에 업무를 완료하는 데 어려움을 겪는다.		그(나)는 문제해결능력이 뛰어나지만 실제 성과로 이어지지 못한다.		그(나)는 현재 업무 성과에 관한 구체적 방법을 명확하게 설명하지 못한다.		그(나)는 높은 성과를 내기 위한 충분한 업무 관련 역량을 보유하고 있다.	
5	그(나)의 업무 성과물은 조직의 기대치에 종종 도달하지 못한다.		그(나)는 역량에 비해 성과가 낮은 이유를 명확하게 알지 못한다.		그(나)는 업무 성과는 운이나 우연에 의해 발생했다고 느낀 적이 있다.		그(나)는 업무 성과에 대해 상사나 동료들로부터 긍정적인 평가를 자주 받는다.	
합계								

본 진단지의 4개 '구분'별 하단의 합계에 가장 높은 점수가 나온 성과 유형이 자신(ㄱ)의 성과 유형이다. 4개 성과 유형별 특징 및 코칭 전략에 대해서는 다음 절의 각 성과 유형별 코칭 전략을 참고한다.

2. 역량도 높고 성과도 높은 고성과형 코칭

박 팀장은 개발팀원들과 1:1 성과 미팅을 진행하였다. 개인별로 추진 과제의 진척도와 애로 사항을 청취하기 위함이었다. 먼저 팀 내에서 H/W 개발역량도 높고 다양한 프로젝트 관리자로 성과도 좋은 강 매니저와 진행하였다.

😊 박 팀장: 강 매니저 요즘 고생이 많아요. 휴대용 에어컨 개발도 어느 정도 궤도에 올랐는데 최근 진행 상황은 어떤가요?

😊 강 매니저: 요즘 휴대용 에어컨의 문제해결을 위해서 매주 금요일 오후는 기술세미나를 진행하고 있습니다.

😊 박 팀장: 우리 강 매니저가 주도적으로 진행해 줘서 고마워요. 근데 어떤 계기로 진행하게 되었나요?

😊 강 매니저: 지난달까지 H/W 문제를 H/W로만 해결하려 했는데 한계에 봉착했습니다. 그때 월간 성과관리 미팅에서 TFT 전원이 참여하는 기술세미나에 모두 동의했습니다. 특히 생산기술 파트 박 매니저가 실력이 뛰어나더군요. 저희는 무게와 크기에 대해 개발 관점에서 접근했는데, 박 매니저는 양산 관점에서 새로운 아이디어를 제시했고요.

😊 박 팀장: 그렇군요. 최근에는 어떤 기술 이슈를 가지고 세미나를 했나요?

😊 강 매니저: 휴대형 에어컨의 크기와 무게를 줄이는 문제에 집중하고 있습니다. 일단 성능은 나왔는데 아직 구성부품의 무게나 크기가 생각보다 커서 줄이는 데 집중하고 있습니다.

😊 박 팀장: 시간이 많지 않은데 검토할 시간과 여력이 있나요?

😊 강 매니저: 일단 기본 설계안을 기반으로 외주 개발을 진행하고 있고요. 이번 달 말에 다시 파일럿 버전을 만들어서 테스트를 진행할 계획입니다. 이때 프로토타입 콘셉트별로 추가 테스트를 할 예정입니다.

😊 박 팀장: 좋아요. 혹시 개발팀 멤버들 중에서 이슈가 있는 직원은 없나요? 디자인 파트의 최 매니저는 요즘 어떤가요?

- 강 매니저: 저희 파트는 아니어서 자주 이야기를 나누지 못했지만, 아직까지 업무에 대한 몰입이나 친밀도는 좀 낮은 편입니다. 도 매니저 말로는 주어진 일은 그럭저럭 진행을 하는데 3년 차 디자이너가 독자적으로 프로젝트를 진행하지 못해서 약간 불만을 가지고 있더군요.

- 박 팀장: 그렇지 않아도 최 매니저 때문에 고민이 많아요. 2년 연속 고과도 낮은 편이고 신규 프로젝트를 맡기려고 해도 믿음이 가지 않으니 선뜻 주기도 어렵고요. 혹시 최 매니저를 동기부여 할 좋은 아이디어가 없을까요?

- 강 매니저: 예전에 H/W 파트 이 매니저가 입사 1년쯤 지나서 업무적으로 다운이 된 적이 있습니다. 그때 이 매니저와 이런저런 대화를 하면서 느낀 점이 젊은 직원들이 개인적인 미래 비전이 명확하지 않다는 점을 느꼈습니다. 자연히 회사나 동료들과 정이 들지 않지요. 그래서 저녁에 몇 번 식사를 하면서 대화를 많이 했습니다. 직장 생활에서 비전과 미래 커리어를 어떻게 가져갈 것인지, 그리고 개인적인 문제에 대한 이야기도 나눴고요. 그 이후로 자신의 길을 찾고 업무적으로 성취감을 느끼면서 회사에 잘 적응하고 있어요.

- 박 팀장: 후배 직원들 동기부여도 하고 개인적인 코칭까지 진행하다니 역시 대단합니다. 1:1 성과 미팅을 마치기 전에 혹시 하고 싶은 말이나 다른 의견 있나요?

- 강 매니저: 이번 달 말일에 있는 파일럿 테스트 결과가 나오면 개발 방향은 결정되고 시제품 제작으로 넘어갈 예정입니다. 그전에 사장님 보고를 하고 진행하면 좋겠습니다.

- 박 팀장: 좋은 생각입니다. 그럼 오늘 이만하고 다음 성과 미팅에 봅시다.

고성과형 직원의 특징

고성과형 직원의 가장 큰 특징은 스스로 알아서 잘한다는 점이다. 고성과자들은 스스로 높은 목표를 설정하고 도전한다. 일부 관리자들은 이들의 높은 목표와 도전 의지를 높이 평가하지만, 조직 현실상 차후의 과제로 돌리거나 부담스러워한다. 또는 고성과자들의 끝없는 열정과 도전을 못마땅해하는 직원들도 있다. 끝없이 일을 벌이는 고성과형 직원들 때문에 인력이 부족한 상황에서 더욱 힘들어질 것을 우려한다. 관리자는 고성과형 직원의 이러한 특징을 이해하고 일과 관계에서 문제나 갈등이 발생하지 않도록 대비해야 한다.

이들은 일이 많고 힘들어도 잘 내색하지 않는다. 이러한 행동은 고성과형 직원들에게 독이 된다. 해야 할 일들이 쌓여 있으니 퇴근이 늦어지고 주말에도 출근하는 경우가 늘어난다. 심지어 며칠을 집에 들어가지 않으면서 업무에 몰입한다. 이들에게 목표는 강한 승부욕을 발동시킨다. 일을 잘 마무리하지 않으면 자존감을 무너뜨리는 일로 받아들인다. 관리자는 이들의 승부욕을 격려하되 지나치지 않도록 조절한다.

고성과형 직원은 자신의 역량 개발과 후배 육성에도 적극적이다. 고성과자형 직원들의 학습욕구는 유별나다. 새로운 지식이나 기술이 나오면 가장 먼저 학습하고 현장에 적용하려 한다. 새로운 방법은 없는지 목표를 달성하기 위한 기존의 경험이나 연구에서 새로운 가치를 찾아낸다. 또한 자신이 학습한 내용을 동료나 후배들과 나눈다. 때로는 이들 중 일부는 자신이 아는 것을 자랑처럼 여긴다. 조직학습은 자신이 아는 것을 내세우는 경진대회가 아니다. 이러한 일부 고성과형 직원의 반학습적인 행동은 통제가 필요하다.

고성과형 직원의 코칭 전략

고성과형 직원들에게 가장 필요한 것은 권한위임이다. 이들이 자발적으로 실행 과제를 수행할 수 있도록 적절한 업무분장과 그에 부합하는 책임과 권한을 부여해 준다. 일은 현장 직원이 한다. 역량과 경험을 가진 고성과형 인재들이 스스로 일을 계획하고 통제하며 추진할 수 있는 책임과 권한이 없다면, 그들을 썩어가는 사과로 만들 수 있다.

그런데 많은 관리자들이 고성과형 직원들에게 권한을 부여하지 않는 이유는 무엇 때문일까? 권한부여는 의사결정권한 위임을 뜻한다. 의사결정 권한은 관리자의 핵심 역할이다. 권한을 후배 직원에게 위임하면 관리자의 역할이 사라지는 것으로 여기는 분들이 있다. 관리자가 모든 일에 권한을 가지면서 과업수행의 책임만 부하 직원에게 넘기는 경우도 있다. 그때 문제가 발생한다면 관리자는 책임지지 않고 해당 직원에게 책임을 떠넘긴다. 이래서는 아무리 역량이 뛰어나고 경험이 많은 고성과형 인재도 과업을 제대로 완수하기도 어렵다.

또한 고성과형 직원의 말을 잘 들어주는 의도적 경청이 필요하다. 의도적 경청이란 듣기 싫은 이야기를 억지로 듣는 행위가 아니다. 의도적 경청은 타인의 말과 행동에 의도적으로 주의를 기울여 의미와 의도까지 알아차리는 듣기이다. 고성과형 직원들은 과업에 대한 자신감과 사명감으로 자기주장이 뚜렷한 편이다. 관리자들은 그들의 이러한 태도가 못마땅할 수도 있다. 그래서 고성과형 직원들의 말을 잘 듣는 의도적 경청이 필요하다.

의도적 경청은 공감적 경청과는 차이가 있다. 공감적 경청의 핵심은 타인의 말에 공감하는 데 있다. 공감적 경청은 타인 중심의 듣기이다. 그러나 의도적 경청은 객관적이고 중립적 관점의 듣기이다. 자신의 선호나 선입견이 아니라, 사실 그대로의 이야기를 듣고 객관적이고 중립적으로 받아들인다. 또한 의도적 경청은 직원들과 대화에서 먼저 듣고 질문하고 피드백 하면서 대화를 한다. 특히 목표나 과제에 대한 열정과 도전 의지가 강한 고성과자형 직원들은 자기주장이 강하다. 이때 관리자가 고성과자들의 말을 끊고 자신의 주장과 결정만을 강요할 경우, 갈등이나 또 다른 문제를 야기할 수 있다. 고성과형 직원들에게 의도적 경청과 적절한 권한위임을 잘한다면 목표 달성은 저절로 이뤄진다.

고성과형 직원 코칭에서 유의 사항

고성과형 직원은 스스로 높은 목표를 설정하고 강한 도전의지와 실행력으로 업무를 수행한다. 그들이 모든 과업을 성공할 수는 없다. 대부분은 성공하지만 때로는 실패할 수도 있다. 이러한 결과를 염두에 두면서 관리자는 고성과형 직원들을 코칭 해야 한다. 그들을 코칭 할 때 유의할 점 2가지가 있다.

먼저 고성과를 달성하기 위해 과도한 업무 부담이나 스트레스를 가중시키지 말아야 한다. 이들은 스스로 높은 목표를 설정하고 도전하기를 즐긴다. 그래서 일이 많아지고 업무 부담과 스트레스가 증가한다. 관리자는 이러한 징조가 보일 때 즉시 수시 코칭이나 1:1 성과 코칭을 통해 지원한다.

고성과형 인재들은 일이 많고 힘들어도 결과로 보상을 받는다. 프로젝트가 잘 끝나고 성공적으로 완수되면 스트레스는 눈 녹듯이 사라진다. 그러나 고생한 프로젝트가 실패할 경우, 업무 스트레스는 배가된다. 이러한 상태가 반복되면 번아웃 되어서 병원에 실려가거나, 실패에 대한 책임감으로 회사를 떠나기도 한다. 이러한 문제가 발생하기 전에 관리자의 맞춤형 관리가 중요하다.

다음은 고성과자들에 대한 보상과 장기적인 경력개발을 지원한다. 많은 회사들이 높은 성과를 올린 고성과자들을 보상으로 격려한다. 그러나 보상도 중요하지만 한계가 있다. 고성과자들은 금전적 보상만큼 성취감이나 도전성, 자아실현 등 비금전적 보상에 더 많은 만족을 얻는다. 또한 자신의 성장에도 관심이 많다. 고성과형 직원은 회사에서 핵심 인재로 성장해야 한다. 이런 고성과형 직원들이 중요 포지션의 책임자나 분야별 전문가로 성장할 수 있도록 장기적 관점에서 관련 직무 경험과 역량 개발을 지원해야 한다.

고성과자들의 육성은 일차적으로 직속 상사인 관리자들의 몫이다. 또한 전사적 차원에서 고성과형 직원들을 조직의 핵심 인재군으로 발탁하여 통합적으로 관리한다. 그래야 고성과형 직원들의 성과관리뿐만 아니라, 경력개발을 통한 우수자원 유지에도 효과적이다. 기업은 고성과형 직원들의 다양한 직무 경험과 프로젝트 수행을 통해서 성과 창출과 인재육성이라는 두 마리 토끼를 잡을 수 있다.

3. 역량은 낮은데 성과는 높은 중간성과형 코칭

개발팀 박 팀장은 강 매니저에 이어 S/W 선임인 소 매니저와 1:1 성과 미팅을 진행했다.

Q 박 팀장: 지난 3개월 동안 휴대용 에어컨 개발 TFT 활동으로 고생이 많아요. 지난 3개월을 돌아봤을 때 좋았던 경험과 힘들었던 경험 각각 이야기해 볼까요?

Q 소 매니저: 먼저 좋았던 일은 다른 팀원들과 한 팀으로 일하는 경험이 새로웠습니다. 프로젝트를 같이 하면서 만나는 것은 또 다른 느낌이었습니다. 그리고 개발이 본업이 아닌 직원들도 개발에 대한 관심과 아이디어가 정말 많다고 느꼈어요. 조직 차원에서 부족한 자원을 활용하는 효과적인 방법이었습니다.

Q 박 팀장: 그렇죠. 다른 팀원들과 일하면서 서로에 대한 이해와 관심 등 다각도로 이해하는 계기가 될 거예요. 그럼 힘들었던 경험은 무엇인가요?

Q 소 매니저: 같은 파트에서 일하는 주 매니저와 홍 매니저의 육성입니다. 아무래도 제가 S/W 전공이 아니다 보니 후배분들에게 기술적 노하우나 지식들을 전달하는 데 어려움이 있어요.

Q 박 팀장: S/W를 전공하든 아니든 우리 회사 S/W 책임자는 소 매니저예요. 지금까지 잘 해왔고. 저도 고맙게 생각하고 있어요.

Q 소 매니저: 감사합니다. 팀장님!

Q 박 팀장: 한편으로 신제품 개발과 신기술 적용을 위해 기술 개발을 지속해야 하는데, 어떤 기술 역량이 필요하다고 봅니까?

Q 소 매니저: 이번 휴대용 에어컨 프로젝트 개발을 진행하면서 H/W의 문제점을 S/W나 디자인으로 해결하는 토론을 많이 했습니다. 그때마다 S/W에 관한 전문지식이 부족해 적절한 대안을 제시하지 못해 죄송했거든요. 그래서 제어기술, IoT(Internet of Things), 자율운전기술, AI기술 등 H/W 통제와 운전, 검사 기능까지 활용할 수 있는 다양한 방법이 있는 것 같아요.

Q 박 팀장: 그 많은 지식과 기술을 어떻게 학습할 예정인가요?

Q 소 매니저: 연간 계획을 세워서 하나씩 공부할 예정입니다. 제가 혼자 하는 것도 있고 S/W파트 연구모임을 만들어서 함께 공부를 진행할까 합니다.

Q 박 팀장: 이번 학습 주제는 무엇인가요? 그리고 이번 주 모임은 언제인가요?

☺ 소 매니저: 이번 주는 자동 제어기술을 주제로 제가 발표합니다. 학습은 매주 수요일 저녁에 2시간씩 하기로 했습니다. 아무래도 일과 마치고 진행하는 것이 여러 회의나 연락 등을 피할 수 있을 듯합니다.

☺ 박 팀장: 좋아요. 우리 회사가 다양한 분야의 엔지니어를 모시고 있으면 좋은데 여건상 어렵죠. 또한 제품설계나 개발을 우리가 다 진행하지 않고 외주개발을 많이 활용하니 기술의 활용법에 초점을 맞췄으면 합니다.

☺ 소 매니저: 저도 세부 설계기술보다는 기술활용 차원에서 학습을 진행할 계획입니다.

☺ 박 팀장: 기대가 됩니다. 그럼 좋은 결과 있기를 바랍니다.

중간성과형 직원의 특징

중간성과형은 고성과형에 비해 역량은 낮지만 성과는 비교적 높은 편에 속하는 직원 유형이다. 역량이 상대적으로 낮음에도 불구하고 성과가 높은 이유는 일에 대한 의욕이 높기 때문이다. 업무에 대한 강한 목적의식이 업무성과를 높이는 선순환을 낳는다. 상대적으로 높은 업무 의욕이 업무 완수에 필요한 자원과 네트워크에 우호적인 환경을 조성한다. 부족한 역량이지만 부단한 자기학습과 노력을 통해 성과를 창출하고 목표를 달성한다.

중간성과형 직원의 특징에 대해 살펴보면 먼저, 상대적으로 업무 전문성과 경험이 부족하여 일처리의 완성도가 떨어진다. 일반적으로 중간성과형 직원은 사원에서 과장까지 많이 나타난다. 이들의 업무역량은 상대적으로 부족하지만 일에 대한 의욕만은 높은 직원이다.

그런데 이러한 업무 의욕이 균일하지 못해 성과의 변동을 낳기도 한다. 업무 수행 과정에서 의욕에 기복이 있다는 말은 자신의 감정이나 외부 환경에 영향을 많이 받는다는 뜻이다. 조직의 지원이나 외부 환경이 좋을 때는 양호한 성과를 내지만, 그렇지 못한 때는 보통 이하의 성과를 보인다. 과업을 수행하는 과정에서 조직의 지원이나 환경의 도움 없이도 성과를 만들 수 있는 업무체계와 자기관리가 필요하다.

또한 중간성과형 직원들은 일하는 방식이 비체계적이다. 이들은 업무 전문성과 경험이 부족하기 때문에 업무수행에 대한 명확한 노하우나 프로세스가 정립되지 않는 경우가 많다. 반면 조직의 지원이나 외부 환경의 도움으로 성공적으로 과업을 완수할 때도 있다. 중간성과형 직원들은 과업 수행의 성공과 실패를 경험하면서 업무 노하우를 축적하고 업무체계를 개선해 간다.

중간성과형 직원 코칭 전략

중간성과형 직원의 성과개선을 위해서 단기적으로는 개인 의욕의 변동성을 줄이고 높은 의욕 수준을 유지해야 한다. 업무 관련 역량과 경력을 단기간 내에 형성하기는 어렵다. 대신 업무 의욕을 높임으로써 목표 달성을 위한 내적 동기를 강화한다. 일에 대한 의욕을 높이는 방법은 일에서 개인의 비전과 방향을 정립하고 일에 대한 의미와 가치를 명확히 하는 게 도움이 된다.

또한 조직 차원의 업무 자원과 네트워크를 활용한다. 업무 역량이나 일하는 체계가 잡히지 않는 직원들을 지원하는 조직의 자원이나 네트워크를 활용한다. 예를 들어 대기업이나 시스템으로 일하는 조직에서는 일의 체계가 명확히 잡혀 있어서, 누가 오든지 간에 일정 수준의 성과를 창출한다. 시스템으로 일하는 조직은 개인의 역량이 높지 않아도 조직이 목표로 하는 기본적인 성과를 창출한다. 조직 내에서 필요한 자원을 활용하거나 관련 네트워크를 통해 필요한 정보나 지식을 얻는다. 조직의 성과를 올리기 위해서는 조직 시스템을 강화하여 업무 프로세스나 절차를 체계적으로 운영한다.

장기적으로 중간성과형 직원의 역량을 높이기 위해서는 직무 관련 교육과 훈련을 제공한다. 조직의 역량을 근본적으로 강화하기 위해서는 인력을 선발할 때 역량이 우수한 직원을 뽑아야 한다. 예를 들어, 경력사원이라고 해도 직무수행에 필요한 지식이나 경험을 모두 갖추기보다는 기본적인 이해도를 가졌다고 봐야 한다. 결국은 조직의 업무 수행에 필요한 지식과 스킬을 개인 또는 조직 차원에서 추가 학습을 통해 강화해야 한다. 위 〈드림 컴퍼니〉 개발팀의 1:1 성과 미팅의 사례처럼 팀 내부의 조직학습은 조직 구성원 전체의 역량을 높이는 데 도움을 준다. 또한 개인 차원의 자기학습으로 관련 자격증이나 학위 취득도 도움이 된다.

관리자는 중간성과형 직원의 역량개발과 동기부여를 위해 지속적인 면담과 코칭을 추진한다. 이를 통해 개인의 역량개발 방향을 구체화하고, 개인 및 조직 차원의 학습기회를 제공한다. 개인 면담이나 코칭은 개인에게 업무 관련 동기를 강화하고, 비전과 목표를 바로잡는 데 도움을 준다. 또한 조직 차원에서 중간성과형 직원들이 고성과형 직원으로 변화 발전할 수 있도록 체계적인 지원과 업무 기회를 제공한다.

중간성과형 직원 코칭에서 유의할 점

관리자는 중간성과형 직원들이 현재 성과에 안주하는 것을 가장 경계해야 한다. 중간 성과에서 고성과로 가기는 어렵지만, 저성과로 떨어지기는 쉽다. 저성과형으로 떨어지는 지름길은 바로 중간성과 상태에서 안주하는 것이다. 기업마다 부침이 있고 상승기와 하락기를 반복한다. 우리나라 중소벤처기업부에 의하면 창업 후 5년 후에 생존율은 약 50%, 10년 후에는 20~30% 정도이다. 그만큼 지속적인 성장이 어렵다. 조직 내 개인도 마찬가지다. 입사할 때 우수한 자원으로 승승장구하다 5년 10년이 지나면서 정체되는 직원이 꽤 많다.

관리자는 중간성과형 직원들을 성과 코칭 할 때, 내적 동기부여를 지속할 수 있는 비전과 성장경로를 구체화하도록 지원한다. 자신의 목적과 목표를 명확히 세우고 지속적으로 도전할 수 있도록 돕는 효과적인 커뮤니케이션 스킬은 열린 질문이다. 열린 질문을 통해 직원 개개인이 자신의 비전과 목표를 바로 세우고 실천하는 데 도움이 되는 질문은 다음과 같다.

- "나의 비전과 목표를 달성하기 위해 지금 여기에서 무엇을 할 것인가?"
- "우리 조직이 위기를 극복하기 위해서는 어떤 활동이 필요할까?"
- "만약 내가 새로운 일을 한다면, 어떤 결과를 얻고 싶은가?"
- "현재 과제에서 최고의 성과를 내기 위해 필요한 자원과 지원 사항은 무엇인가?"

열린 질문은 막힌 곳을 뚫으며 새로운 길을 개척하는 데 도움을 준다. 관리자는 조직 구성원들에게 명령과 지시보다는, 열린 질문을 통해 구성원들이 스스로 길을 찾고 목표를 세우도록 도와줘야 한다.

다음으로 중간성과형이 고성과형 직원으로 성장하기 위해서는 어떤 지원이 필요할까? 관리자는 성장 가능성이 있는 중간성과형 직원들의 잠재력을 일깨워 준다. 자신의 잠재 역량은 어디에서 찾을 수 있을까? 개인의 잠재적 역량을 일깨우는 효과적인 방법은 행동이나 결과에 대한 인정이나 칭찬의 긍정 피드백이다. 효과적인 긍정 피드백 방법으로 123 칭찬법이 있다. 123 칭찬법은 칭찬을 3단계로 구체적으로 한다. 먼저 잘한 사실을 구체적으로 말한다. 다음은 그 사실의 근거를 들어준다. 마지막은 그 근거를 통해 찾아낸 성품이나 특성들을 일깨워 준다. 다음은 123 칭찬법의 한 예시다.

"(1) 박 대리가 이번 신사업 발굴 아이템 프레젠테이션을 정말 잘했어. (2) 금번 발표를 통해서 박 대리의 사업에 대한 번뜩이는 감각과 아이디어, 고객분석과 시장분석을 통해 사업 아이템 발굴의 구체성, 설득력 있는 발표까지 삼박자를 모두 갖추었어. (3) 이런 것들을 볼 때, 박 대리는 사업가 정신을 가졌고, 회사에 대한 애정과 비즈니스 전문성까지 겸비한 우수한 사원이야!"

관리자는 직원들에게 어떤 일이나 목표를 강요하기보다는 스스로 그 길을 개척하도록 도와야 한다. 고성과형의 핵심 특징 중에 스스로 높은 목표를 세우고 도전하는 마인드가 있다. 중간성과형 인재가 고성과형 인재로 가는 길도 그런 높은 목표를 설정하고 도전하는 마인드에서 출발한다.

4. 역량은 높은데 성과가 낮은 잠재적 성과형 코칭

개발팀 박 팀장은 H/W 파트의 이 매니저와 1:1 성과 미팅을 이어갔다. 이 매니저는 강 매니저와 함께 H/W 파트의 양대 기둥인데 최근 개발실적이 떨어지고 있다.

🙂 박 팀장: 요즘 신제품 개발도 지원하고 기존 제품 개선도 동시에 진행하고 있는데 일은 힘들지 않나요?

🙂 이 매니저: 휴대용 에어컨 제품은 처음 개발해 보는 제품이라 모르는 것도 많고, 생각보다 진도가 팍팍 나가지 않아 약간 걱정이 됩니다.

🙂 박 팀장: 어떤 부분에서 진도가 잘 나가지 않나요?

🙂 이 매니저: 제가 맡은 부분은 냉각과 난방 시스템 분야입니다. 이번에 수냉식 압축기 방식을 도입하는데 그 이유 중 하나가 냉방과 난방을 동시에 하는 4계절용 에어컨 콘셉트였습니다. 근데 수냉식 열교환기가 초기 목표보다 크고 무거워서 무게와 크기를 잡는 데 애를 먹고 있습니다.

🙂 박 팀장: 그래요? 크기가 작으면 냉난방 성능이 떨어지고 사이즈를 키우면 무겁고 공간을 많이 차지해서 제품 디자인에 문제가 생기죠. 그래서 어떻게 진행하고 있나요?

🙂 이 매니저: 일단 강 매니저님과 이야기하기로는 크기는 약간 키우고 무게를 잡는 쪽으로 테스트 중입니다. 무게는 결국 소재와 결부되었는데 알루미늄 재질로 갈 예정입니다. 가격도 저렴하고 가볍고 열 전도성 측면에서 효과적이라고 판단됩니다. 다만 유지관리 측면에서 부식이나 고장 문제가 우려됩니다.

🙂 박 팀장: 이번에도 품질문제가 생기면 안 됩니다. 지난번 휴대용 손 선풍기의 베터리 문제로 얼마나 곤혹을 치렀나요.

🙂 이 매니저: 저도 잘 알고 있습니다. 이번에는 복잡도와 난이도가 선풍기와는 차원이 다른 문제인 것 같습니다. 처음 개발하는 제품이라 품질문제를 감안하지 않을 수 없습니다.

🙂 박 팀장: 아니 이 매니저는 제품 개발이 끝나지도 않았는데 품질 이슈를 고려해야 한다고 단정하나요? 개발자는 품질문제가 없게끔 개발해야 하지 않나요?

😊 이 매니저: 사실 저는 말씀하신 작년 품질사고의 충격이 아직도 남아 있습니다. 지금도 지난번 배터리 사고처럼 처음 개발하는 제품이 가져올 문제점이 예상되니까 더욱 불안해집니다.

😊 박 팀장: 너무 불안해하지 말아요. 제품개발에서 발생하는 문제가 개발자만의 책임은 아닙니다. 그래서 오늘처럼 1:1 성과 미팅을 통해 문제를 끄집어내서 대안을 찾는 거고요.

😊 이 매니저: 제가 볼 때 이번 휴대용 에어컨 콘셉트는 성공 가능성이 높다고 봅니다.

😊 박 팀장: 좋습니다. 100% 완벽한 제품일 수는 없지만 99%를 채우고 1%는 현장에서 개선하면서 극복해 나갑시다. 요즘 너무 늦게까지 고생이 많은데 생활이나 다른 문제는 없나요?

😊 이 매니저: 특별한 문제는 없습니다. 여자 친구가 평일에 데이트를 못 하니 투덜대기는 하는데. 주말에 만나서 많은 시간을 같이 보내려고 합니다.

😊 박 팀장: 신제품개발 진행하면서 시간 내기가 어렵더라도 잠시 시간을 내서 여자 친구와도 멋진 시간 보내고요. 그럼 오늘은 이 정도로 하고 다음에 또 봅시다.

잠재적 성과형 직원의 특징

잠재적 성과형은 자신이 가진 역량에 비해 성과를 내지 못하는 직원을 말한다. 조직 차원에서 볼 때 이러한 유형의 직원이 가장 안타깝다. 실력만큼 성과를 내는 것이 당연해 보이지만, 현실에서는 그렇지 못한 경우가 종종 있다. 이유형의 가장 큰 특징은 과업 수행을 혼자서 독단적으로 수행하려 한다. 독단적인 성향이란 자신의 의견이나 결정을 다른 사람과 상의하거나 협의하지 않고 독자적으로 결정하고 밀고 나가는 행동 패턴을 말한다. 독단적 결정으로 업무 진행을 신속하게 하고 책임지는 자세는 긍정적이다. 그러나 팀 내 의견이 다른 구성원들과 갈등을 유발하거나 잘못된 결정을 할 때는 문제가 될 수 있다.

또한 잠재적 성과형 직원은 동료나 주변 자원을 잘 활용하지 못한다. 이것은 독단적 행동과도 관련이 있다. 조직은 시스템이며 업무 수행도 다른 부서나 직원들과 연관되어 있다. 이러한 절차를 무시하고 혼자서 진행할 때, 동료 직원들의 지지를 얻기 어렵다. 그렇게 되면 일의 진행 상황도 늦어지게 되고 결과물도 부실해질 수 있다. 결국 문제가 터지고 나서야 상사나 주변 동료 직원들의 도움을 요청한다. 주변 동료나 자원을 제대로 활용하지 못하면서 좋은 성과를 기대하는 것은 불가능에 가깝다.

잠재적 성과형의 또 다른 특징은 자신의 역량을 과신하는 경향이다. 고학력인 석박사로 입사한 신입 직원이나 타 회사 경력이 있는 경력 직원들이 이러한 경향을 보이곤 한다. 또는 과도한 자신감을 가진 직원이 자신의 역량보다 높은 과업을 수행하거나 관련 경험이 있는 일을 할 때도 이러한 경향이 나타난다. 자기 역량 이해는 자기 능력의 강점과 단점, 한계를 알아차리는 것이다. 기술 분야의 경우 범위와 수준이 천차만별이다. 부분적으로는 경험이 있을지 몰라도 전체 시스템을 알기는 어렵다. 이 또한 학습이나 실무 경험을 통해서 자신의 역량과 전문성을 강화해야 한다.

잠재적 성과형 직원 코칭 전략

역량은 상대적으로 높은데 성과가 낮은 직원들은 스스로 자신의 문제를 인식하도록 도와줘야 한다. 일을 통해서 이루고자 하는 목표를 수립하고 과업을 수행하는 과정에서 나타난 문제들의 해결 방법을 다양한 차원에서 접근해야 한다. 이때 필요한 커뮤니케이션 스킬이 질문이다. 관리자가 느낀 문제점들을 직접 조언해 줄 수도 있지만, 스스로 문제의 원인과 대안을 찾아야 한다. 잠재적 성과형 직원에서 이 상황에서 효과적인 질문은 다음과 같다.

- "지금까지 업무를 수행하면서 잘되었던 일과 잘못되었던 대표적인 일은 무엇인가요?"
- "그 일을 하면서 잘되었던 원인 혹은 실패의 원인은 무엇이라고 생각하나요?"

- "잘못되었던 일을 개선하려면 어떻게 해야 할까요?"
- "지금 하는 일을 더 잘하려면 어떻게 하면 좋을까요?"

잠재적 성과형을 개선하는 또 다른 방법은 독단적 성향을 없애고 동료나 타인의 협업을 이끌어내며 우호적인 관계를 형성한다. 특히 신입이나 경력 사원의 경우 일에 대한 전문성을 가졌지만, 주변의 사람을 몰라 일을 풀어나가는 데 어려움이 있다. 그럴 경우 관련 부서의 동료나 직원들을 만나서 서로 이야기하는 장을 가진다. 최근에는 개인주의적 성향이 강한 직원들의 경우 직접 대면보다는 온라인 대면을 선호한다. 온라인 대면으로 문제 사항을 처리할 수 있지만, 그 사람과의 인간관계를 형성하기에는 한계가 있다. 가급적 해당 부서 직원들과 직접 대면을 통해 관계 형성의 시간을 보내는 게 중요하다.

여기서 관리자의 역할은 잠재적 성과형 직원들이 동료나 타 직원들을 만날 수 있는 장을 마련해 준다. 필요하면 업무관련 회의에 담당자를 직접 데려가 소개해준다. 직원 혼자 동료 직원들과 만남이 어색할 때, 연결의 끈이 되어줌으로써 서로가 원만한 관계를 맺도록 도와준다. 만약 그러한 노력에도 불구하고 독단적인 경향이나 대인관계 개선이 이뤄지지 않을 때, 'ART(Act(행동)-Result(결과)-Tip(제안)) 개선 피드백 조언'을 활용해 본다. 조언의 예시는 다음과 같다.

"(Act) 이번에도 사전에 협의 없이 일을 진행해서 관련 팀에서 도움을 얻지 못했네요."

"(Result) 관련 팀의 지원을 얻지 못하고 외부 기관에서 추가 인력을 지원받을 경우, 별도의 비용이 발생합니다."

"(Tip) 관련 부서와 관계를 형성하기 위해 일주일에 한 번씩 관계 부서를 방문해서 담당자들과 티타임을 가지는 것은 어떨까요? 또는 중요한 연락은 이메일이나 전화보다 직접 찾아가서 협조를 요청해 보세요."

잠재적 성과형 직원 코칭에서 유의할 점

조직에서 잠재적 성과형 직원은 아픈 손가락이다. 충분히 좋은 성과를 만들 수 있음에도 제대로 역량을 발휘하지 못하니 조직에서도 손실이다. 잠재적 성과형의 성과 개선을 위해 관리자가 유의해야 할 3가지 포인트를 알아보자.

먼저 업무 수행 과정에서 고충이나 어려운 점을 공감한다. 앞에서 잠재적 성과형의 3가지 특징으로 독단적 경향, 주변 동료나 자원의 활용 부족, 자신의 역량에 대한 과신으로 나타났다. 모든 현상에는 원인이 있다. 이 3가지 현상의 문제점에만 그치지 말고 현상이 나타난 근본 원인에 대한 이해가 필요하다. 그 원인이 개인의 성격적 특성일 수도 있고, 업무 경험이나 경력이 부족하거나, 동료와의 관계 형성의 중요성을 인식하지 못할 수도 있다. 이러한 유형의 직원이 가진 근본적 문제 원인을 파악하고, 그 애로 사항이나 고충에 대한 공감대를 형성한다.

다음은 성과를 개선할 수 있는 동기를 부여한다. 잠재적 성과형 직원들의 경우 자신의 문제도 알고 대안도 알지만, 실제 행동으로 옮기기 어려워한다. 특히 개인주의적 성향이 강한 직원들의 경우 타인과 관계 형성의 필요성을 느끼지 못하거나 거부감을 가진 직원도 있다. 이런 내면적 특성을 개선하기 위해서는 그것을 극복할 만한 동기가 필요하다. 예를 들면 자신의 비전이나 꿈, 승진이나 탁월한 성과에 의한 동료들로부터 인정이나 칭찬, 높은 보수일 수 있다. 이러한 목표를 이루기 위해서는 자신의 행동 변화와 노력의 필요성을 인식해야 한다. 자신의 목표와 행동에 대한 자각이 자기 변화의 동인이 된다.

끝으로 잠재적 성과형 직원들이 스스로 문제를 해결할 수 있는 업무 기회를 제공한다. 잠재적 성과형 직원들이 안타까운 것은 중요한 프로젝트나 업무에서 배제되곤 한다. 아직 그러한 일들을 성공적으로 완수한 경험이 적기 때문에, 역량이 있어도 중요한 과업을 맡기기가 부담스럽다. 그러면서 잠재적 성과형 직원들은 핵심 업무에서 배제되고 점점 도태되어 간다. 그래서 유능한 관리자는 업무에 가능성이 있는 직원들을 전략적으로 배치하고 성과를 낼 수 있는 기회를 준다.

5. 역량도 낮고 성과도 낮은 저성과형 코칭

개발팀 박 팀장은 디자인 파트 최 매니저와 1:1 성과 미팅을 가졌다. 최 매니저는 박 팀장에게 고민을 안겨주는 직원이다. 그는 대학에서 디자인을 전공한 우수한 자원이었다. 그런데 다른 직원들과 잘 어울리지 못하고 자신의 주장을 강하게 펼치다 왕따 비슷한 상황에 몰리기도 한다. 그렇다고 업무성과가 뛰어난 편도 아니다.

💬 박 팀장: 오랜만입니다. 지난달에는 신제품 개발회의로 짬을 낼 수 없었어요. 요즘 근황은 어떤가요?

💬 최 매니저: 이번 달부터 휴대용 에어컨 신제품 디자인으로 좀 바빠지고 있습니다.

💬 박 팀장: 어떤 파트 디자인을 맡았나요?

💬 최 매니저: 물탱크와 배수 시스템 디자인을 맡았습니다.

💬 박 팀장: 기대가 큽니다. 디자인하면서 애로 사항은 없나요?

💬 최 매니저: 도 매니저님이 크기와 재질, 배치에 대한 기본적인 스펙은 정해 주었는데, 제일 난제가 전체 에어컨 시스템에서 물탱크를 빼내고 장착하는 편리함, 배수의 원활함과 결합 용이성 등이 고민됩니다. 사실 전체 시스템과 파트 디자인이 분리된 게 아니지만 일단 도 매니저님이 시킨 일이라 하고는 있습니다.

💬 박 팀장: 도 매니저도 다 생각이 있어서 요청한 일이라고 봅니다. 그 이유에 대해서는 물어보지 않았나요?

💬 최 매니저: 처음에 이상하다 생각해서 물어보았는데, 답변이 횡설수설해서 그냥 알았다고 대답하고 진행 중입니다.

💬 박 팀장: 최 매니저, 지금 파트 선임의 지시를 횡설수설이라고 하는 건 바람직스러운 태도가 아니죠. 만약 상사와 자신의 생각이 다르면 다시 물어서 확인하는 게 맞지 않나요?

💬 최 매니저: 저도 두 번이나 물어봤지만 답변이 명확하지 않아서 그만둔 것입니다.

💬 박 팀장: 그 점은 내가 도 매니저에게 확인해 볼게요. 지난달 미팅에서 2가지의 실천 사항을 정했는데 잘 진행하고 있나요?

💬 최 매니저: 먼저 '업무진행 중간에 주 1회 중간 보고'는 잘 하려고 노력하는데, 팀
   장님과 도 매니저님이 워낙 바빠서 뵙기 어려울 때는 건너뛰었습니다. 둘째,
   '다른 팀 직원과 주 1회 1명 이상 대화 나누기'는 상대방과 시간이 맞을 때 식
   사나 차타임을 진행하고 있습니다.

💬 박 팀장: 업무 중간 보고는 저나 도 매니저가 바쁠 경우에는 이메일이나 전화로도
   간단하게 할 수 있다고 봐요. 그 점에서는 좀 더 적극성을 띠었으면 합니다.

💬 최 매니저: 예, 알겠습니다.

💬 박 팀장: 시간이 남아서 그런 활동을 제안한 게 아님을 명심하기 바랍니다. 다른
   팀원들과 만남의 시간을 갖게 한 것은 입사한 지 2년이 되어 가는데 다른 팀
   원들과 대화가 거의 없기 때문이에요. 아웃풋이 떨어지는 이유가 바로 그런
   점이 부족해서 제안했던 것이니 유념하길 바랍니다.

💬 최 매니저: 저도 잘 알고 있습니다. 성심껏 노력하겠습니다.

💬 박 팀장: 작은 실천 아이템이지만 그 속에서 업무에 대한 생각과 행동이 달라질 수
   있기 때문입니다. 다시 한번 잘 기억하고 하나씩 잘 실행해 주길 바랍니다.

저성과형 직원의 특징

  대부분의 관리자들은 조직 내 저성과자들로 골머리를 앓는다. 저성과자들
에 대한 효과적인 처방에 앞서 어떤 특징을 가지고 있는지 알아보자. 저성과
자들의 공통적인 특징은 기본적인 업무 역량이 부족하다. 역량이 뛰어나면서
성과가 낮을 수도 있지만 대부분 역량이 낮은 경우가 많다. 그러면 왜 역량이
낮을까?

  일반적으로 회사에 입사할 정도면 기본적인 역량은 갖추었다. 신입이든 경력
이든 업무를 수행할 기본 자질을 갖춘 사람을 뽑는다. 그런데 역량이 낮은 이유
는 업무와 관련된 전문 역량이 부족하거나 성공 경험이 적기 때문이다. 회사에
서 사람을 선발할 때는 세부 역량보다는 기본 역량을 중심으로 선발한다. 대부
분 관련 전공자나 해당 업무 유경험자들이다. 그러나 관련 전공을 했다고 해도
그 분야의 모든 것을 알지 못한다. 기본 지식과 스킬을 응용해서 업무를 수행해

야 하는데 그 응용능력이 떨어지거나 문제해결력이 부족한 경우가 종종 있다.

전문 역량에 대해 많은 사람들이 오해하는 부분이 바로 전문 지식과 동일시하는 경향이다. 동일한 전공자이지만 개인 차이가 나는 것은 전공지식을 활용하여 다른 분야의 문제를 해결하는 능력이 부족하기 때문이다. 문제해결력은 관련 지식이나 스킬만으로는 문제를 해결하는 데 한계가 있다. 문제해결이란 보통 '일머리'라고 부르는데, 일에 대한 체계적 사고력이다. 여기에는 문제를 풀어가는 순서, 문제를 해결하는 데 필요한 인적·물적 자원의 지원, 병목현상을 돌파하는 리더십 등 다양한 요인이 결합되어 있다.

또 다른 요인은 업무에 대한 자신감과 적극적인 태도가 부족하다. 이 두 요인은 저성과자들에게 동시적으로 작용한다. 업무에서 꾸중이나 실패 경험이 누적되면서 자신감이 떨어진다. 자신감이 떨어지면서 업무에 대해 소극적인 태도를 보이게 된다. 소극적인 태도는 업무 수행에 장애나 부담으로 작용한다. 이러한 악순환 속에서 저성과의 구렁에 빠진다.

특히 영업이나 개발과 같은 조직은 직원 개인의 역량이 성과에 미치는 영향이 크다. 지원부서나 정형화된 일을 반복적으로 하는 부서는 상대적으로 개인의 역량 차이를 크게 느끼지 못한다. 개발이나 영업 부서에서 저성과자로 낙인찍힌 사람이 생산이나 지원 부서로 가서 인정받는 직원으로 거듭나는 경우가 가끔 있다. 이처럼 개인의 특성을 고려해 업무를 재배치함으로써 역량 부족 문제를 일부 해결할 수 있다. 그러나 저성과형 직원들의 일에 대한 자신감과 적극성을 일깨울 수 있도록 내면의 동기부여가 선행되어야 한다.

저성과형 직원 코칭 전략

〈나무꾼과 도끼〉라는 우화의 한 대목이다.

옛날에 한 나무꾼이 매일 숲에서 열심히 나무를 베며 생계를 이어가고 있었다. 그런데 시간이 지날수록 베는 나무가 줄어들었다. 어느 날 친구가 그를 찾아와 물었다.

"요즘 왜 예전처럼 많은 나무를 베지 못하나?"

"나는 여전히 열심히 나무를 베도 도끼가 무디어져 시간이 많이 걸려."

"그럼 왜 도끼를 갈지 않나?"

"나는 너무 바빠서 도끼를 갈 시간이 없어."

관리자는 직원들이 열심히 해도 성과가 나지 않을 때는 위 나무꾼의 이야기처럼 도끼날은 갈지 않고 성과 부진만 탓하지 않는지 점검해 봐야 한다. 저성과자들은 2부류로 나눌 수 있다. 열심히 일을 했는데도 성과가 부진한 직원이 있고, 열심히 일하지 않으면서 저성과자로 정체된 직원이 있다. 사실 후자의 직원들을 개선하기란 쉽지 않다. 장기간 저성과자로 낙인찍혔다면 특단의 조치를 취하는 편이 나을 수 있다. 코칭은 첫 번째 직원처럼 나름대로 열심히 하는데 성과가 부진한 직원들에게 효과가 있다.

열심히 일하는데 성과가 부진한 직원들의 원인도 크게 두 가지로 나눌 수 있다. 하나는 일하는 방법의 문제이다. 일하는 시스템이 노후화되었거나, 업무 프로세스가 잘못되어 열심히 해도 성과가 제대로 나지 않는 경우다. 제품 생산설비가 오래되어서 고장이 자주 반복된다면 고장 수리나 불량 개선으로 많은 시간이 소요된다. 또는 제대로 된 업무 절차를 몰라 똑같은 일을 반복하거나 시간이 많이 걸리면 좋은 성과를 기대하기 어렵다. 위 나무꾼의 이야기처럼 먼저 도끼날을 갈아야 더 많은 나무를 벨 수 있다.

또 다른 하나는 개인의 전문 역량이나 업무 적성에서 비롯된 성과 부진이다. 업무를 수행하는 데 필요한 전문 역량이 부족하다면 제대로 된 성과를 낼 수 없다. 기계공학을 전공했다고 해도 제품 설계에 대한 경험이 없으면 제대로 된 설계를 하기 어렵다. 이때 선배나 상사가 그 사람과 붙어서 업무에 대한 지도와 주기적인 코칭이 필요하다. "당신이 관련 전공자이니 이 일을 언제까지 해오세요"라는 지시는 그 사람에게 폭탄을 던지고 언제까지 해체하라는 말과 같다.

또는 어떤 업무를 수행하는 데 적합한 업무 적성을 가지지 못했다면 일을 해도 성과를 내기 어렵다. 고객 서비스 부서에 배치를 받아 몇 년을 일해 왔지만 고객 대응과 커뮤니케이션이 능숙하지 못해 고객불만이 계속되고 스트레스가 가중된 직원은 해당 직무가 적합한지 점검해 봐야 한다. 검토 결과 현재의 직무를 그대로 수행하기 어렵다고 판단되면, 다른 직무나 부서로 전환 배치를 고려한다. 이때 당사자에게 자신의 역량과 적성에 적합한 또 다른 일에 도전하는 것임을 주지시켜야 한다. 코칭은 직원들 내면에 있는 도전 의지를 불러일으키는 마중물이다.

저성과형 직원 코칭에서 유의할 점

처음부터 저성과자는 없다. 저성과형 직원과 대화를 할 때, 처음부터 저성과자로 낙인찍고 대화하지 말라는 뜻이다. 그런 선입견이 저성과자와의 대화를 어렵게 한다. 또한 저성과자 성과개선의 어려운 점을 인정하고 코칭에 들어간다. 기대 수준을 너무 높일 경우 십중팔구 실패한다.

저성과자의 마인드와 태도 개선에 효과적인 코칭 방법은 직면이다. 저성과자와의 직면은 성과에 직면하는 것이 아니라, 개인의 태도에 직면한다. 성과는 그 직원의 행동 결과이다. 결과를 개선하기 위해서는 인풋(input) 요인인 사람의 생각과 행동을 바꿔야 한다. 그래서 쉽지 않다. 그렇다고 "당신 태도가 그게 뭐야. 대리씩이나 되어서 아직도 그 모양이야!" 이런 말은 직면이 아니라 질책이다.

바람직한 직면을 하기 위해서는 저성과자의 어떤 태도가 문제인지를 정확히 파악해야 한다. 당사자가 인정하려면 추측이나 생각이 아닌 구체적이고 실제 행동에서 원인을 파악해야 한다. 그러기 위해서는 직면에 앞서 관찰과 다양한 의견 수렴을 해야 한다. 주변의 많은 사람들이 비슷한 이야기를 하거나, 현장에서 목격한 문제라면 거기에 문제가 있다. 그다음에 직면 대화로 넘어간다.

직면은 대표적인 개선 피드백이다. 효과적인 개선 피드백 방법으로 ART(Act(행동)-Result(결과)-Tip(제안)) 개선 피드백이 있다. 위 최 매니저와 박 팀장의 대화 사례를 'ART 개선 피드백'으로 예로 들면 다음과 같다.

- (Act) "이 프로젝트의 진행 상황을 매주 1회씩 중간 보고하기로 했는데 2주가 지났는데도 보고를 하지 않았네요."
- (Result) "중간 보고를 하지 않는 상황에서 외주 설계는 지연되고 있었고, 납기가 다음 주까지 어렵다고 업체로부터 연락이 왔군요."
- (Tip) "이 같은 일이 반복되는 상황에서는 이번 개발 프로젝트를 같이 진행하기 어렵다고 판단됩니다. 아쉽지만 이보다 개발 난이도가 낮은 다른 프로젝트를 참여하는 게 낫다고 보는데, 어떻게 생각하나요?"

직면은 문제에 직접 부딪쳐 해결하는 커뮤니케이션 스킬이다. 많은 관리자들이 부하 직원과 직면하는 것을 부담스러워한다. 직원에게 싫은 소리를 하는 것이 마음이 아플 수도 있고 직면에 따른 결과를 책임지기 싫을 수도 있다. 또는 직면이 감정적 대립이나 갈등을 유발할 수도 있다. 그러나 성과를 개선하기 위해서는 상대방이 공감할 수 있는 피드백을 해야 한다. 직면은 감정적 동요 없이 문제를 해결하는 방법이다.

다음으로 저성과형 직원의 성과 개선을 위한 방법은 작은 성공 경험 만들기다. 이 방법은 저성과형 직원이 스스로 성과 개선의 의지가 있을 때 효과적이다. 성공 경험을 하기 위해서는 그 직원이 가진 역량과 업무수행을 통해서 성공적인 결과를 만들 가능성이 높은 업무나 과제를 선택한다. 모든 변화는 스스로 행동하는 자발성에서 나온다.

저성과형 직원의 성공 경험을 만들기 위해서는 팀 동료나 주변 사람들의 협조가 필요하다. 문제는 팀원이나 동료들이 저성과자들과 함께 일하기를 꺼리는 데 있다. 왜냐하면 저성과자들과 같이 일해서 성공보다는 실패 확률이 높고, 시간과 자원을 투자했는데도 성공하지 못했을 때 자신들이 입게 되는 피해가 크기 때문이다.

관리자는 이러한 동료들의 분위기를 사전에 파악하고 협조를 요청한다. 업무 협조를 요청할 때도 지시보다는 팀원들의 자발적인 참여를 기대한다. 이때 나서는 사람들 대부분은 고성과자인 경우가 많다. 왜냐하면 고성과자들은 성과를 높일 자신이 있기 때문이다. 이러한 과정을 통해 저성과자들이 고성과자들과 함께 일하면서 성과 창출에 기여하는 경험을 한다. 저성과형 직원들이 성공 경험을 할 수 있도록 주변 동료들의 협조가 필수적이다.

4장

조직별 성과관리 혁신 전략

경제위기 속에서 공공기관과 민간 조직들이 표류하고 있다. 기업 경영의 방향타 구실을 하는 성과관리도 위기 상황에서 제구실을 못하고 있다. 위기 상황에서 문제를 해결하는 근본적 힘은 조직 내부에 있다. 조직 내부의 구심력 역할을 하는 성장 지향 성과관리의 복원이 시급하다. 경제 위기를 극복하고 조직의 성과 향상을 위해, 조직 규모별 성과관리 이슈 사항과 바람직한 대응 방안을 제안한다.

1. 대기업 성과관리는 지속 가능한 성장의 열쇠

대기업 E사는 업력이 40년 이상이 된 산업용 전기제품을 만드는 기업이다. 인사팀장과 성과관리 교육을 준비하면서 성과관리 추진과정에서 애로 사항에 대해 나눈 이야기의 한 대목이다.

💬 **김 코치**: 올해 성과관리제도를 새롭게 보완했다고 들었습니다. 어떤 부분을 보완하셨는지요?

💬 **인사팀장**: 저희 회사는 그동안 KPI(Key Performance Indicators) 중심의 성과관리제도를 운영했습니다. 기존에 너무 정량적 지표 중심으로 평가하다 보니 개인들의 창의적이고 도전적인 목표 설정이 미흡했습니다. 직원들의 다양한 아이디어와 과제를 자유롭게 기술하기 위해 성과목표 기술문 형식으로 바꾸고 KPI 평가 방식도 보완했습니다.

💬 **김 코치**: 직원들이 도전적 목표를 설정하도록 목표기술문을 확대한 것은, 좋은 방법이라고 생각됩니다. 그런데 도전적 목표는 어떻게 평가하나요?

💬 **인사팀장**: 도전적 목표는 전체 평가 비중에서 20%를 차지하며 이것은 OKR(Objective & Key Results) 방식을 도입하여 목표와 과제를 자유롭게 기술하고 성과를 평가합니다.

💬 **김 코치**: 새롭게 개편된 성과관리제도는 잘 운영되고 있나요?

💬 **인사팀장**: 현재 2가지 이슈가 있습니다. 하나는 직원들이 도전적 목표 설정을 어려워합니다. 기존 KPI 방식은 정해진 양식에 톱다운식의 목표와 과제를 배분해서 작성하면 되었는데, 이제 각자가 도전적 아이디어를 목표로 제안해야 하니 난감해합니다. 또 다른 하나는 목표 설정서에 의거해 평가 보고서를 작성하는데, 도전 목표는 자유 기술문으로 성과를 기술해야 하기에 자료 준비와 작성에 시간이 걸린다고 힘들어하네요.

💬 **김 코치**: 실제로 도전적 목표를 세우고 성과를 내는 게 어렵죠. 혹시 1인 과제가 아니라 팀 과제로 설정해도 되는지요?

💬 **인사팀장**: 물론 가능합니다. 팀 과제는 소속 팀과 무관하며 3인까지 팀을 구성할 수 있어요. 타 팀원과 함께 과제를 할 경우 협업과제로 평가받아 더 높은 점수를 받을 수 있어요.

💬 **김 코치**: 실제 도전과제의 실적은 좀 어떻습니까?

☺ 인사팀장: 1인 과제 수행 성과는 아직 미흡합니다만, 팀 과제로 진행한 분들은 새로운 아이디어로 성과를 만들고 있습니다.

☺ 김 코치: 도전적 성과목표는 나중에 평가할 때, 객관성과 공정성을 어떻게 확보하나요?

☺ 인사팀장: 팀원의 KPI 목표 80%는 직속 상사가 평가합니다. 그리고 도전 목표 20%는 협업으로 진행하기에 다면평가 방식을 채택하고 있습니다. 도전 목표 관련 상사–팀 동료–유관 팀 동료 등 5명이 평가하는데, 평가자 배정에 약간 논란이 있어요.

☺ 김 코치: 그래도 대단하십니다. 기존 KPI 기반 성과관리 기업들이 OKR 방식을 도입했다가 실패하는 경우가 많은데, 두 성과관리 방식을 잘 결합해서 운영하고 계십니다.

☺ 김 코치: 혹시 성과관리제도 운영과 관련하여 제가 도와줄 부분이나 조언이 필요한 사항이 있는지요?

☺ 인사팀장: 제일 난제는 도전적 목표 20%를 평가할 때 객관성 담보입니다. 다면 평가로 공정성은 어느 정도 확보했는데 개인마다 평가기준이 달라 결과가 들쑥날쑥합니다. 어떻게 하면 평가의 객관성을 확보할 수 있을까요?

☺ 김 코치: OKR 방식의 목표를 기술할 때 평가기준을 명확하게 설정해 두면 평가를 할 때 객관적으로 평가할 수 있습니다. 예를 들어, 전사 새로운 성과관리 제도 운영을 통한 업무 효율성 향상이라는 목표(Objective)를 세웠다면 핵심 결과(Key Results)를 신성과관리제도 만족도 4.0점 이상(평가기준 S: 4.3 초과, A: 4.0~4.3, B: 3.7~3.9, C: 3.6 이하)이라고 설정합니다.

☺ 인사팀장: 이제 해결책이 보이네요. 고맙습니다.

대기업 성과관리 이슈 사항

대기업은 조직 규모가 크고 복잡하다. 개인이나 부서 간의 협업이 필수적이며 위계서열과 상명하복의 계층 구조를 이룬다. 대체로 핵심성과지표(KPI)가 체계화되었으며 성과관리 제도와 시스템이 구축되어 있다. 대규모 조직에서 나타나는 성과관리 이슈 사항은 대체로 다음과 같다.

먼저, 성과관리가 형식적으로 운영되는 경향이 있다. 성과관리제도의 형식적 운영은 비단 대기업만의 문제는 아니다. 기업의 규모에 관계없이 구성원들은 성과관리를 성과평가용 자료작성으로 여긴다. 대규모 조직은 성과관리 체계가 잘 구축되어 있는 만큼 복잡한 성과지표와 보고서 양식에 따라 운영된다. 이처럼 대기업 직원들은 복잡한 평가양식을 채우고, 까다로운 성과기준에 따라 평가하는 어려움을 호소한다.

다음은 조직 구성원들이 도전적인 목표 설정과 실행에 소극적이다. 경영환경 악화로 비상경영을 실시하는 기업들이 많다. 성과관리에서도 위기 돌파를 위한 도전적인 목표와 과제 설정을 권장한다. 그러나 정작 조직에서 하달되는 성과 목표는 매출액 증대나 원가절감, 품질 향상 및 생산성 향상이라는 기존 중점 목표의 판박이다. 과연 이런 목표와 과제로 지금의 위기를 돌파할 수 있을까?

또한 대기업에서는 개인 간이나 조직 간 협력을 가로막는 벽이 많다. 사업부나 부문 혹은 팀 간의 벽, 혹은 조직 이기주의를 '사일로'라고 부른다. 조직 규모가 크고 복잡하다 보니 개인 간 조직 간 경쟁이 심화되고 사일로가 강화된다. 조직 간의 벽은 내부 경쟁을 통한 성과 극대화를 목적으로 한다. 특히 캐시 카우(Cash Cow) 역할을 하는 사업부나 조직은 다른 사업부나 조직의 성장을 반기지 않는다. 사일로는 조직이 성장할수록 외부 경쟁보다는 내부 경쟁에 골몰하면서 조직을 퇴보시키는 대표적 현상이다.

대규모 조직에서 성과관리의 이슈 사항은 성과관리의 형식적인 운영, 목표 설정에서 도전성 부족, 경쟁 심화에 따른 협력 부족으로 정리할 수 있다. 이러한 대기업 성과관리의 3가지 이슈 사항을 극복하는 방법을 알아본다.

형식적인 성과관리 극복하기

대규모 조직에서 성과관리의 형식적인 운영의 한계를 극복하는 방안은 첫째, 목표 설정과 성과평가 양식을 간소화한다. 목표 설정이나 성과평가를 서면이나 전산으로 작성하는 양을 A4 용지 1페이지를 넘지 않도록 한다. 어떤 회사의 경우 성과평가 보고서에서 메인 페이지를 한 장으로 정리하고 각 과제별로 첨부 자료를 만들도록 했다. 분기마다 성과평가를 하므로 매 분기 성과평가 주간에는 실적 보고서를 작성하느라 시간을 다 보낸다. 또는 실적 분석을 위해 그래프나 표를 삽입하는 등 부가적인 작업을 한다. 이처럼 보고서를 작성하는 데 정성을 쏟지만 정작 성과 개선을 위한 대화나 면담은 하지 않았다.

둘째, 성과관리 프로세스에서 정기적 혹은 수시 성과 면담이나 대화를 활성화한다. 직원들이 형식적이라고 느끼는 것은 실질적인 활동이라고 느끼지 못하기 때문이다. 특히 성과평가를 위한 성과관리에서 상사와 직원 간의 대면 대화가 부족했다. 성과 면담을 아예 하지 않는 조직도 있고, 하더라도 팀장의 재량에 따라 하거나, 선별적으로 하는 등 부분적으로 운영하는 경우도 많았다. 직원들의 한 해 동안 실적을 평가하고 개선하기 위한 성과 면담은 필수적이다.

끝으로 성과관리제도의 운영은 회사의 조직문화를 반영한다. 대체로 수직적 위계질서를 강조하거나 형식적 관행이나 활동이 많은 조직일수록, 성과관리 활동에도 허위 보고나 포장을 많이 한다. 성과관리제도의 운영에서 성과목표를 세울 때부터 톱다운(Top-down)의 목표 설정 방식을 직원들의 자율과 참여를 활성화하는 보텀업(Bottom-up) 방식으로 바꿔보자. 과업을 실행하고 성과평가를 하고 난 뒤에 상사와의 성과 면담을 통해 개인들이 잘 하고 있는 점과 개선할 점을 명확히 알고 과업 수행을 개선해 나간다면 더 실질적인 성과관리 과정으로 변화할 것이다.

목표 설정에서 도전성 강화하기

목표 설정 단계에서 도전성이 부족한 가장 큰 이유는 실패했을 때 모든 책임을 지거나 낮은 평가등급을 받기 때문이다. 앞서 살펴보았듯이 목표 설정에서 도전성을 실천하기 위해서는 실패를 용인하는 제도적 장치가 필요하다. 예를 들면 성과지표에서 우수(A) 등급 평가기준을 100점 이상으로 하지 말고 80점 이상으로 정한다. 또는 도전 목표를 달성할 경우 별도의 인센티브를 제공하는 등 보상을 강화하는 방안도 있다.

상명하복의 위계질서가 강한 조직의 구성원들은 대체로 시키는 일을 잘 하는 사람들이 많다. 이러한 조직문화와 관행을 극복하기 위해서는 상사와 직원 간의 성과 면담이나 대화에서 도전적 목표의 중요성과 방법에 대해 자주 이야기를 나눈다. 또한 팀장이나 관리자들이 솔선수범하여 도전적 목표를 세우고, 직원들과 성과관리 대화에서 그 경험을 나눈다.

아울러 자율과 도전을 실천하는 조직문화가 필요하다. 시키는 일을 도전할 때는 흥이 나지 않는다. 그래서 사람들은 도전이라고 생각하지 않고 지시 사항을 이행하는 수동적 사고에 빠진다. 한편 스스로 도전 과제에 참여하고 상사와 대화를 나누면 자신이 도전하는 긍정적 사고를 형성한다. 이처럼 도전과 자율은 함께 간다. 도전적 목표를 설정하지 못하는 것은 직원들에게 자율과 권한위임이 주어지지 않기 때문이다. 직원들이 업무 수행에서 보다 많은 자율과 권한위임이 주어진다면 도전적 목표 설정과 과업 수행은 자연스럽게 이뤄진다.

과업 실행에서 협업 강화하기

성과관리를 통한 협업 활성화 방안을 조직, 제도, 리더십의 3가지 관점에서 나눠 볼 수 있다. 먼저 조직적 관점에서 교차기능팀과 같은 유연하고 민첩한 조직을 운영한다. 조직을 사업부 단위로 활성화할 때, 제품이나 서비스 단위로 구성하면, 각 기능조직이 자연스럽게 모이고 흩어지는 유기체적 조직을 설계할 수 있다. 여러 기능을 통합한 제품중심의 조직에서 성과관리는 그 자체가 협업하는 과정이자 결과물이다.

개인이나 조직이 성과 개선을 위한 교차기능팀(Cross functional Team)을 구성하는 공식적 비공식적 활동을 장려한다. 또한 자연스럽게 조직에서 협업이 일어날 수 있도록 다양한 기술연구모임 등을 활성화한다. 조직 구성원들이 필요에 의해 자발적인 협업이 일어나도록 회사는 만남의 장을 마련한다.

제도적 관점에서 성과지표(KPI)에 협업지표를 필수화 하여 개인 및 조직 차원에서 참여를 활성화한다. 협업은 동일한 팀 내 구성원 간의 협업과 팀 간 구성원들이 교차기능팀을 구성하여 활동한다. 팀 내 협업도 좋지만 팀 간의 협업에 가점을 주면 조직 간 협업을 더욱 활성화할 수 있다. 협업지수와 같은 제도적 장치를 마련할 때 유의할 점은 협업활동이 자칫 점수를 따기 위한 형식적 활동으로 전락할 수 있다. 이를 방지하기 위해 구성원들은 협업 과제를 수행하면서 그 산출물을 구체화한다.

끝으로 협업을 활성화하는 데 관리자의 역할이 중요하다. 조직 내에서 역할분담과 업무 분장은 관리자의 권한이다. 또한 각 팀장들이 자기 팀의 성과를 중시하고, 팀 간 협업을 등한시할 경우 조직 간 협업은 이뤄질 수 없다. 교차기능팀이 제대로 성과를 내려면 팀원들 간의 역할과 책임, 팀워크가 잘 이뤄져야 한다. 그러기 위해서는 교차기능팀의 관리자의 역할이 중요하다.

협업 활성화를 위한 관리자의 역할은 조직 간 협업의 필요성과 목적을 구성원들에게 명확하게 전달하기다. 기존 전통적 조직화에서는 분업과 기능별 활동을 중시했다. 그 속에서는 주어진 역할을 충실히 수행하면 되기에 협업은 상대적으로 큰 이슈가 되지 못했다. 반면 오늘날 비즈니스는 다양한 기술과 빠르게 변화하는 환경에서 수직적이며 폐쇄적인 조직구조로 대응하기 힘들다. 성과관리에서 관리자의 역할은 조직 간 협업을 구조화하고 수평적인 커뮤니케이션을 활성화하는 데 있다. 그 외에 조직 내 협업을 활성화하는 방법으로 조직 간 협업 프로세스 정립, 팀 간 정보 공유 및 협력 문화 조성 등이 있다.

2. 중견기업 성과관리로 업그레이드하기

중견기업 L사는 건축기자재 분야에 30년 이상의 업력을 가진 회사다. 팀장 코칭에 앞서 인사팀장과 성과관리의 이슈 사항에 대해 나눈 이야기의 한 대목이다.

Q 인사팀장: 요즘 사장님께서 경영회의에서 자주 화를 내시고 말씀도 많아지셨어요. 특히 인사팀에는 각 팀장들이 성과를 낼 수 있도록 성과관리 활동을 드라이브하라는 말씀을 자주 하셔요. 그럴 때마다 현업 팀장들에게 성과관리 활동을 어떻게 강화해야 할지 망설여집니다.

Q 김 코치: 몇 년째 회사 수익성이 계속 악화되니까 사장님도 답답하신 모양입니다. 사장님께서는 인사팀이 어떻게 해주길 기대할까요?

Q 인사팀장: 저희 회사는 경영혁신팀이 따로 없습니다. 작년에 개편한 OKR 방식의 성과관리도 사장님께서 제안하셨습니다. 원래 OKR 방식이 도전적이고 자율적인 목표 설정과 과제 수행이 핵심이잖아요. 2년째를 맞이해서 뭔가 위기를 돌파할 수 있는 아이디어나 과제를 원하시는데 현업 팀장님들은 사장님 말씀 따라가기도 벅차답니다.

Q 김 코치: 현업 팀장님들은 어떤 애로 사항을 말씀하시는지요?

Q 인사팀장: 현업 팀장들의 제일 큰 고민은 인력 충원이죠. 직원들은 퇴사하는데 새롭게 충원이 안 되니, 일은 일대로 쌓이고 실적은 예전만 못하니 스트레스를 많이 받아요.

Q 김 코치: 우리 회사가 적은 인력과 자원으로 선택과 집중하는 전략이 필요하지 않을까요?

Q 인사팀장: 성과관리에서 선택과 집중이란 어떤 의미인가요?

Q 김 코치: 회사의 중요 인력과 자원을 핵심 목표에 집중적으로 투입하는 것이죠. 결국은 영업이나 개발, 생산 부분에서 각 사업의 핵심 목표와 과제를 설정하고 그 쪽으로 사람과 자원을 집중하는 것을 말합니다.

Q 인사팀장: 문제는 영업팀이나 개발팀이 도전과 혁신에 적극적으로 나서지 않는다는 점입니다.

Q 김 코치: 영업팀이나 개발팀에서 혁신과 도전에 망설이는 이유는 무엇 때문인가요?

😊 인사팀장: 다들 기존 사업을 계속해 나가기도 힘들어합니다. 사실 영업팀만 해도 기존에 10여 명이었는데 요즘은 거의 7~8명 수준입니다. 작년 실적이 안 좋아지면서 대거 퇴사를 했습니다.

😊 김 코치: 직원들이 한꺼번에 많이 나갔을 때는 뭔가 다른 이유가 있지 않을까요?

😊 인사팀장: 영업팀장이 실적이 안 좋으니까 많이 밀어붙였죠. 그에 대한 반발로 직원들이 한꺼번에 5명이 나갔어요.

😊 김 코치: 그렇군요. 예전처럼 건설경기가 좋지 않은 상황에서 대규모 공급은 줄 어들고 있는데, 사업 방향에 대한 전환이 필요하지 않을까요?

😊 인사팀장: 사실 저희 회사가 마케팅이나 온라인 판매를 담당하는 B2C 조직이 없어요. 영업팀에서 그 쪽의 활동을 검토했지만, 영업팀장은 오프라인 대리점 중심 활동을 고집하고 있어요. 사실 온라인 판매를 늘리면 오프라인 대리점 들은 죽을 수 있거든요.

😊 김 코치: 현재 조직구조에서 갑작스러운 변화보다는 기존 팀체계에서 별도의 특 공대와 같은 테스크포스팀(TFT)을 운영해 보는 것은 어떨는지요? 별도의 팀 을 만들어 자율성과 독립성을 보장하면서 새로운 영업마케팅 활동을 시도해 보는 거죠.

😊 인사팀장: 새 술은 새 포대에 담으라고 했죠. 사장님께 건의해서 B2C 온라인 사 업 중심으로 TFT 활동을 검토해 보겠습니다. 감사합니다.

중견기업 성과관리 이슈 사항

중견기업의 성과관리에 가장 큰 이슈 사항은 팀장과 관리자들의 성과관리 리더십이 상대적으로 약하다는 점이다. '성과관리 리더십이 약하다'는 상황 변 화에 적합한 리더십 행동의 민첩성이 부족하고, 명확한 성과목표의 방향성과 비전을 직원들에게 제대로 전달하지 못한다는 뜻이다. 또한 기존의 관행이나 일하는 방식에 고착되어 새로운 제도나 업무 방식의 사용을 꺼린다.

중견기업의 최고경영자는 창업자나 가족중심으로 운영되는 경우가 많아 오 너의 주장이 강한 편이다. 그러다 보니 팀장이나 관리자들은 경영자의 의중을 파악해서 따르는 데 익숙하며, 자기 의견이나 새로운 도전은 약한 편이다. 또한 조직의 변화와 도전을 추진하기 위한 민첩성과 열정이 부족하다. 이를 극복하기 위해 팀장과 관리자들의 성과관리 리더십 역량 강화가 필요하다.

다음 중견기업 성과관리의 이슈는 사업의 전략적 방향이 모호하거나 구체화되지 못한 점이다. 중견기업은 조직의 혁신이나 변화 활동을 체계적으로 수행할 팀이나 인력이 부족하다. 경영진은 새로운 과제나 도전 목표를 설정하면 임원이나 팀장은 그것을 실행하기에 급급하다. 그러다 보니 혁신적인 목표나 과제를 제안할 틈이 없다.

세 번째 이슈는 조직의 성과평가에 대한 구성원들의 신뢰가 떨어져 있다. 대기업에 비해 중견 중소기업의 성과관리에서 흔히 나타나는 현상은 성과평가에 대한 신뢰가 낮다. 일선 팀장이나 임원 평가와 달리 사장 평가에서 초기 평가와 다른 평가결과가 나오는 경우가 종종 있다. 이런 현상에 대해 일부 직원들은 '사장님에게 잘 보인 사람이 좋은 평가를 받는다'라는 자조 섞인 말도 한다. 그러다 보니 회사에서 주어지는 목표나 과제를 수행하려 할 뿐 새로운 도전이나 과제 제안은 하지 않는다. 조직의 성과관리에 대한 불신은 직원들의 사기와 행동에 영향을 미쳐 조직의 성과 창출에도 악영향을 미친다.

중견기업의 성과관리 문제로 제기된, 성과관리 리더십 부족, 전략적 방향의 모호성, 신뢰의 부족을 극복하기 위한 방안을 다음에서 제안한다.

성과관리 리더십 활성화하기

성과관리 리더십은 보통 수준의 관리자를 우수한 관리자로 탈바꿈하는 데 탁월하다. 중견기업의 팀장이나 관리자들이 성과관리 시스템을 통해 리더십 활성화 방법을 알아보자.

먼저, 일상적인 비즈니스에서 성과관리 프로세스를 통해 개인과 조직의 성장과 성과 개선을 실천한다. 성과관리 프로세스의 첫 단계는 성과목표 설정이다. 관리자는 언제 어떠한 상황에서도 개인과 조직이 견지해야 할 목표를 명확히 하고, 직원들에게 업무 목표와 과제를 배분하며 실행을 지원한다. 관리자가 성과관리 프로세스인 성과목표 설정, 과업실행, 성과평가 및 피드백의 단계별로 세부 활동을 따르기만 해도 성과목표를 달성할 수 있다.

또한 다양한 문제 상황에도 성과관리 시스템의 인풋(Input), 프로세스(Process), 아웃풋(Output)을 통해 효과적으로 대응한다. 성과관리 시스템은 업무 프로세스 구축, 체계적인 제도 및 행동양식 운용, 수평적 조직문화를 촉진하여 다양한 문제에 대응할 수 있는 역량을 강화한다. 이처럼 GROWTH 성과관리는 환경 변화와 다양한 요구 사항 속에서 최적의 대안 수립과 실행을 돕는다.

아울러 성과관리의 수단인 코칭 커뮤니케이션은 직원들을 동기부여 하고 성과개선을 돕는다. 성과관리의 각 단계에서 1:1 성과 면담과 팀 차원의 월간 성과관리 미팅은 관리자가 구성원들의 애로 사항을 청취하며, 과업 수행 수준을 점검한다. 정기적인 성과 면담과 성과 미팅으로 문제를 해결하고 성과 향상을 경험할 때, 성과 코칭 대화는 효과적인 리더십 수단이 된다.

전략적 방향 설정하기

GROWTH 성과관리는 개인과 조직의 성과 개선과 성장을 목적으로 한다. 이러한 목적은 중견기업이 나가야 할 전략적 방향과도 일치한다. 또한 중단 없는 변화와 혁신을 추진하는 대시보드 역할을 한다. 특히 GROWTH 성과관리는 중견기업이 현재의 상황에 안주하기보다는 더 나은 성장을 추진하는 원동력이 된다. 많은 기업이 한때는 잘나가가다 갑자기 위기에 처하거나 사라지는 이유는 바로 현실에 안주하기 때문이다. GROWTH 성과관리는 중견기업이 갖춰야 할 전략적 수단이다.

GROWTH 성과관리의 프로세스는 일상적인 문제나 위기 상황을 극복하는 전략적 안내판 구실을 한다. 성과목표-과업수행-성과평가의 프로세스는 어떤 문제나 과업에 직면하더라도 효과적인 대안 수립과 실천에 유용하다. 이 과정을 통해 조직 구성원들의 목표는 전사 성과목표와 한 방향으로 정렬된다. 또한 위기나 혼란에 빠진 기업들이 위기를 돌파할 전략적 방향을 설정하며 조직 구성원들을 동기부여 하는 데에도 효과적이다.

중견기업의 팀장과 관리자들이 성과관리 프로세스를 습득함으로써 성과목표와 전략적 방향 설정 능력을 강화한다. 예를 들어 조직의 인력과 규모가 작을 때는 전략적 방향을 도출하고 책임 있게 수행하기 위한 별도의 테스크포스팀(TFT)을 운영한다. 또한 조직 구성원들이 도전적인 목표와 과제를 자연스럽게 제안하고 참여할 수 있는 제도적 프로그램도 운영한다. 이처럼 경영진에서 톱다운(Top-down) 방식에서 보텀업(Bottom-up)으로 올라가는 상향식 도전 목표와 전략적 제안이 늘어나면서 직원들의 참여도 함께 활성화된다.

구성원 신뢰 강화하기

GROWTH 성과관리는 수평적 조직문화를 지향한다. 이러한 수평적 조직문화는 조직 구성원들의 대화와 참여를 활성화하여 문제 상황이나 위기를 극복하고, 구성원들의 참여와 헌신을 촉진한다. 기업이 경영 위기 상황에 직면하면, 조직의 불확실성이 높아지면서 구성원들이 동요하기 시작한다. 예를 들어 회사가 자금부족으로 위기에 처했다면, 단기 자금과 장기 자금을 확보하기 위해 전사적으로 노력한다. 내부적으로 재원 마련을 위해 비용지출 절감과 제품의 원가절감 활동을 강화한다. 금융시장을 통한 자금융통이 불가능할 때는 내부적인 비용지출 억제가 최우선이다. 또한 장기적으로 새로운 투자자 확보나 채권발행, 신제품 개발, 판로개척 등의 활동을 추진한다.

이러한 과정을 통해 침체된 조직에 활력을 불어넣고 신뢰를 형성해 간다. 코칭 커뮤니케이션을 활용해 상사와 직원 간 상향식 의사결정과 수평적 조직문화를 활성화하고 구성원들을 동기부여 한다. 이처럼 위기 상황은 조직 구성원들의 새로운 도전과 참여를 이끌어낸다. 성과관리 리더십은 구성원들의 자발적인 도전과 참여를 이끌어 내는 역할을 한다. 또한 구성원들의 사고와 행동을 변화시키며 조직을 새롭게 업그레이드한다.

3. 중소기업 성패는 성과관리에 달렸다

Y벽지회사는 제품의 90%를 대기업에 납품하는 전형적인 협력회사다. 안정적인 매출 처를 확보하고 있지만 갈수록 수익성이 떨어지고 새로운 생활용품 사업은 답보 상태 다. 다음은 문 사장, 신사업총괄 정 상무와 함께 나눈 대화의 한 대목이다.

○ 문 사장: 3년 전부터 신사업을 추진해 왔는데 아직 성과가 미미합니다. 신사업을 활성화할 수 있는 좋은 방법이 없을까요?

○ 김 코치: 그동안 신사업 담당해 오신 정 상무님께서 더 많은 고민을 하셨을 텐데, 정 상무님은 신사업에 어떤 문제가 있다고 보시나요?

○ 정 상무: 제 생각엔 중소기업에서 신사업 추진이 어려운 이유는, 첫째, 인력이 부족합니다. 기존 사업에도 직원이 부족한데, 신사업 쪽으로 뺄 인력이 없어요. 둘째는 제품 판매와 영업 역량 부족입니다. OEM(주문자상표제조) 생산 방식에 익숙해서 신규 시장 개척과 영업 전문가가 없다 보니, 신규 판매처 확보에 어려움이 많습니다. 셋째는 품질과 자금 문제입니다. 결국 제대로 된 제품을 만들기 위해서는 투자가 필요한데, 신규 장비투자 없이 제품을 만들다 보니 양질의 제품을 생산하지 못하고 있습니다.

○ 문 사장: 아니 투자할 것 다 하고, 인력 다 넣으면 못 하는 사업이 어디 있어! 다 부족한 상황에서 사업하는 거지. 안 그렇습니까, 김 코치님?

○ 김 코치: 그렇죠. 하지만 너무 투자가 이뤄지지 않으면 좋은 사업 결과를 얻기도 어렵습니다. 사람과 자금은 그렇다 치고 영업력은 외부 영업 전문가를 뽑거나, 내부 직원 중에서 사업을 추진할 만한 사업가적 인재를 키우는 방법도 있습니다.

○ 문 사장: 그렇지, 지금까지 외부에서 영업전문가라고 채용을 했는데 전부 헛것이여. 제대로 성과도 못 내면서 환경 탓 제품 탓만 하고, 제대로 하는 사람이 없어. 정 상무, 내부에서 영업을 할 만한 사람이 없을까?

○ 정 상무: 글쎄요. 우리 인력들이 개발과 생산, 생산기술인력이 전부라 영업을 해본 경험이 없습니다.

○ 김 코치: 영업을 해본 사람을 말하는 것이 아니라, 고객 대응력, 도전정신, 제품 이해력, 대인관계 등의 역량이 우수한 직원을 찾는 것입니다.

🗨 정 상무: 결국은 관리자급인데, 그중에서는 생산기술팀장인 마 부장이 그나마 적격이지 않을까 싶습니다.

🗨 문 사장: 마 부장은 생산기술의 베테랑인데 영업으로 전환하는 게 맞을까요?

🗨 정 상무: 마 부장이 빠지면 공장 기술문제에 대응할 사람이 없습니다. 지금까지 마 부장이 맨땅에서 헤딩하면서 기계 수리와 고장 문제를 해결해 왔지요.

🗨 김 코치: 당장은 두 직무를 겸하는 것도 방법입니다. 생산기술팀에 대체할 사람을 키워야 하고요. 다만 우선은 신사업 추진에 좀 더 집중하면서 겸임하는 것을 제안합니다.

🗨 문 사장: 마 부장이 영업 못 한다고 반대하면 어떻게 하죠?

🗨 김 코치: 우선 1~2주간 생각할 시간을 주시고요. 제안은 사장님께서 직접 해주세요. 설득은 정 상무님께서 해주시면 좋겠습니다.

🗨 정 상무: 신사업 성과관리는 사업의 변동성이 커서 목표 달성이 쉽지 않은데, 신사업 부서의 성과관리에 도움이 될 만한 팁을 얻고 싶습니다.

🗨 김 코치: 중소기업에서 신사업은 상당히 어렵고 힘든 일입니다. 신사업팀은 기존 사업과 분리해서 사업 추진에서 자율성과 창의성, 협업을 중시합니다. 또한 OKR 방식으로 목표를 설정하면 직원들의 자발적 참여와 협력을 이끌어 내는 데 효과적입니다.

🗨 문 사장: 좋은 생각입니다. 전 사원의 KPI에 신사업 활동지원을 공동의 목표로 잡으면, 모두가 신사업 관련 아이디어 제안이나 업무 협력이 훨씬 수월하겠네요. 고맙습니다.

중소기업 성과관리 이슈 사항

우리나라 전체 기업체 중에서 99%가 중소기업이고, 전체 고용인력 중에서 87%가 중소기업에 종사하고 있다. 최근 대기업도 어렵지만 중소기업은 생존의 기로에 섰다. 이러한 위기 상황을 돌파하기 위한 중소기업 성과관리 이슈는 무엇일까?

먼저 실적 중심의 관리로 체계적인 성과관리 운영이 어렵다. 실적 중심의 성과관리는 기본 성과지표, 예를 들면 매출액 달성도, 개발 및 생산 기여도, 원가절감액, 업무협력 기여도와 같은 핵심성과지표(KPI)에 따라 점수를 매기는 평가 중심의 성과관리다. 중소기업에서는 성과관리라는 표현보다 인사고과 또는 인사평가라는 명칭을 많이 사용한다.

체계적인 성과관리란 성과목표를 설정하고, 중간평가와 면담을 실시하며, 최종 성과평가와 보상을 진행한다. 그러나 중소기업의 현실에서는 조직-팀-개인으로 연결되는 성과목표 설정이 미흡하고, 중간 점검과 면담 없이 성과평가로 이어지는 경우가 많다. 이 속에서 체계적인 성과관리는 요원하다.

둘째, 중소기업 성과관리는 경영자 주도로 평가와 보상을 진행하기에 팀장과 관리자들의 리더십 발휘에 한계가 있다. 많은 중소기업 사장들이 직접 성과평가와 보상을 챙긴다. 현업 팀장들은 개인 성과에 대한 기초 자료나 정보를 제공한다. 혹은 1차 평가에서 임원 팀장들이 평가를 해도 최종 평가는 결국 사장이 한다.

중소기업 팀장들은 팀원 평가 권한이 없으므로 팀장 리더십을 발휘하는 데 한계가 있다. 팀장이 직원들에 대한 업무수행 평가 권한이 없기 때문에, 직원들이 팀장의 업무지시에 몰입하기 어려운 환경이 조성된다. 경영자에게 권한이 집중될 경우, 위기나 변화의 시기에 팀장들이 직원들의 자발적인 참여를 이끌어 내기에 한계가 있다.

중소기업 성과관리의 세 번째 애로 사항은 인적·물적 자원의 부족이다. 이것은 중소기업 경영의 가장 큰 이슈이면서 한계다. 사람도 부족하고 자금도 부족하니 항상 내핍 경영을 벗어나기 어렵다. 성과관리도 마찬가지다. 성과관리용 전산시스템이 없어서 대부분 엑셀로 수기식으로 관리한다. 수기식 관리는 약간의 불편함은 있지만 성과관리는 가능하다. 그러나 직원들의 성과관리 작성에 대한 불편을 감수해야 한다.

성과관리는 중소기업 성공과 실패의 핵심 요인이다. 그 이유는 중소기업의 사업 현황을 체계적으로 관리하고, 성과평가와 보상을 통해 직원들을 동기부여하기 때문이다. 성과관리를 열심히 진행하는 기업들은 지속 가능한 수입을 확보하며, 매출과 수익 증대를 위해 노력한다. 그 결과 기업의 경쟁력도 높은 편이며, 어려운 환경 속에서도 직원들 교육과 역량 개발에 투자한다. 이처럼 중소기업의 성과관리는 기업의 성공을 유지하는 안전판 역할을 한다.

실적관리에서 체계적 성과관리로 전환하기

중소기업 경영자들에게 성과관리에 대해 설명을 하면, '인력과 자원이 부족하고 매출도 적은 상황에서 굳이 복잡한 제도를 운영해야 하는가?'라고 의문을 제기한다. 이런 이야기를 하는 대부분의 경영자가 직접 실적을 챙기고 직원들에게 목표치를 할당하는 곳도 많다. 그러나 경영자가 직접 챙기지 못한 일에서 대부분의 문제가 발생한다. 중소기업의 체계적인 성과관리 활성화 방안에 대해 알아보자.

먼저 실적 중심의 관리에서 전사적으로 체계적인 성과관리로 전환한다. 실적 중심의 관리는 목표를 세우고 직원들이 달성 여부에 대한 평가에 초점을 둔다. 반면 체계적인 성과관리는 조직의 목표와 개인의 목표를 연결시키며, 한 방향 정렬을 통해 자발적인 목표 달성을 추구한다. 또한 과업실행 단계에서 개인과 조직 차원의 성과 미팅을 통해 추진결과에 대해 피드백을 주고받는다. 그렇다면 중소기업의 체계적인 성과관리 전환은 어떻게 해야 할까?

체계적인 성과관리는 목표 수립, 과업 수행, 성과평가와 피드백의 선순환 과정을 준수한다. 목표 수립을 위해 KPI나 OKR 방식의 목표를 설정하고 공유한다. 과업 수행 단계는 월 1회 팀원과 1:1 성과 미팅과 월별 팀 성과관리 미팅을 추진한다. 그리고 분기 혹은 반기마다 성과를 평가하고 그 결과를 직원들에게 피드백 한다. 피드백의 핵심은 동 기간 내에 잘한 점과 개선할 점을 구체화하는 코칭 대화를 활용한다. 이때 사용하는 각종 양식이나 자료는 1장 이내로 최소화하고 전산 시스템이나 엑셀 프로그램을 활용한다.

경영자에서 관리자 중심의 성과관리로 전환하기

성과관리의 주체는 일선 팀장과 직원이다. 중소기업에서 경영자들이 대부분의 일을 결정하고 추진한다. 그러다 보니 팀장과 직원들은 객체로 전락하고 성과평가 결과를 전달하는 메신저 역할을 한다. 체계적인 성과관리로 전환하면 성과 책임은 경영자 중심에서 팀장과 직원으로 위임한다. 경영자 중심에서 관리자와 직원 중심의 성과관리로 전환하는 방법에 대해 알아보자.

첫째, 경영자 주도의 경영에서 직원들이 참여하는 열린 경영으로 의식의 전환이 필요하다. 우리나라 대부분의 기업에서 창업주나 경영자는 회사에 대한 소유 의식이 강하고 독단적 성향이 강하다. 이 점은 우리나라 중소기업 성장을 가로막는 핵심 요인이다. '내가 세운 회사이고, 내 부모님으로부터 물려받은 가족의 회사'라는 강한 소유 의식이 '내 마음대로 해도 된다'는 편견을 낳는다. 물론 소유 의식만큼 책임 의식도 강하다. 대기업이나 중견기업주도 소유 의식이 강하지만, 조직체계나 구조상으로 책임과 권한이 위임되어 있다. 중소기업은 사장이 모든 것을 지시하고 평가하는 상황에서, 직원들은 스스로를 시키는 일을 하는 일꾼으로 여긴다. 이러한 마인드에서는 직원들의 창의와 도전 의식이 생길 수 없다.

열린 경영은 경영자의 권한을 내려놓는 것이 아니다. 단지 책임과 권한을 각 부문의 전문가와 팀장들에게 위임하는 것이다. 그들이 성과를 내면 보상을 하고 성과를 내지 못하면 교체하는 게 경영자의 역할이다. 일선 팀장들에게 실무를 위임해 줌으로써 경영자는 본연의 임무인 미래 시장 개척과 투자, 그리고 위기에 대비하는 큰 그림에 집중할 수 있다.

둘째, 팀장과 직원의 역할과 책임을 명확히 하고 권한을 위임한다. 중소기업 직원들이 힘들어하는 것은 어디까지가 내 일이고 책임인지를 모르는 데 있다. 조직의 규모가 작고 인원이 적기 때문에 내 일 남 일을 나눌 형편이 못 된다. 그러나 조직체인 이상, 각 팀이나 개인들의 핵심 사무가 무엇이고, 무엇을 책임져야 하는지를 분명히 해야 한다. 그렇지 않으면 열심히 하는 사람에게 더 많은 일이 할당되고, 일을 안 하려는 사람은 이리저리 빠져나간다. 결국 열심히 일하는 사람은 지쳐서 회사를 떠나는 악순환이 되풀이된다. 이를 방지하기 위해서는 조직도와 함께 업무 분장표를 만들어서 직원들이 준수하도록 한다.

셋째, 경영자는 조직이 추구해야 할 비전과 성과목표를 제시하고 직원들에게 명확하게 전달한다. 분기, 반기, 연간 추진해야 할 성과목표와 전략과제를 구체화하여 조직과 팀, 개인을 연계하고 한 방향 정렬한다. 잘 진행되는 일과 잘 진행되지 않는 일을 분리하고, 잘 진행되지 않는 일의 문제해결을 돕는다. 모든 구성원들의 목표와 역할이 명확해지면, 성과관리도 효율적으로 운영된다.

한정된 자원을 효과적으로 활용하기

성과관리는 성과 누수는 없는지, 성과 기회는 어디에 있는지, 팀장과 전 사원들이 함께 고민하고 문제를 풀어가는 창의적 활동이다. 중소기업에서 인력과 자원의 부족은 매일 직면하는 문제다. 부족한 자원을 효과적으로 활용하는 방법에 대해 알아본다.

먼저 조직 내 자원이 부족한 프로세스의 업무를 표준화하고 자동화 시스템을 추진한다. 인력이 부족하다 보니 업무 표준화를 추진할 여력도 없다. 자동화도 비용 문제로 연기되기 일쑤다. 이렇게 해서는 답이 없다. 바쁜 시간을 쪼개서 회사가 기대하는 표준화와 자동화 시스템을 구축한다. 자동화 시스템을 구축하려면 업무 표준화가 선행되어야 한다. 먼저 자동화할 수 있는 일을 자동화 시스템으로 전환한다. 또한 성과관리 시스템도 경영계획, 평가보상, 품질 및 생산관리 시스템과 연계되면 더욱 효과적이다.

　다음은 내부 자원이나 시스템이 부족한 경우 외부 인력이나 자원을 효율적으로 활용한다. 외부 인력이나 자원도 역시 돈이 들어간다. 투자 결정은 투자대비 효과를 꼼꼼히 따져서 진행한다. 또한 외부 자원이나 인력을 활용할 경우 자사의 정보나 기술이 외부로 유출될 수 있다. 이에 대한 보안각서 등 안전장치를 마련한다. 또한 성과관리 시스템으로 외부 시스템을 활용할 수 있다. 최근에는 성과관리 컨설팅과 전문 플랫폼이 많이 생기고 있다. HR 스타트업 기업들인 마이다스인 inHR, 레몬베이스, 퍼포먼스 플러스와 같은 성과관리 플랫폼을 활용하면, 비용과 시간을 절약하며 성과관리를 추진하는 데 도움이 된다.

4. 공공기관 성과관리로 혁신하기

○○○ 기관 경영기획팀 이 팀장은 성과관리제도 개편을 위해 김 코치에게 협조를 요청했다.

🙂 이 팀장: 현재 BSC(Balanced Scorecard) 기반의 성과관리제도를 운영하고 있습니다. 그런데 직원들의 불만이 높고 기관 평가도 낮게 나와 고민이 많습니다.

🙂 김 코치: 어려움이 많겠습니다. 특히 어떤 문제가 고민되는지요?

🙂 이 팀장: 직원들의 제일 큰 불만은 성과지표와 현실과의 괴리입니다. 중장기 전략 목표는 당장 성과가 나지 않는데도 성과를 내야 하고, 거기다 성과지표는 배점이 커서 불리한 점이 많습니다. 또한 정책 변경으로 예산이 삭감되어 제대로 사업을 할 수 없는데, 성과지표는 변경이 어려워 정당하게 평가를 받을 수 없는 점입니다.

🙂 김 코치: 성과지표는 종종 민간 기업에서도 문제로 부각됩니다. 그런데 공공 분야에서 한번 결정된 성과지표는 바꾸기가 어렵고, 환경 변화를 반영하기 어렵지요. 그래서 기관에서는 어떻게 대응하세요?

🙂 이 팀장: 사실 뾰족한 대안은 없습니다. 전략 목표와 같은 중장기 사업의 경우, 매년 목표를 세분화해서 성과목표 세우기를 안내합니다. 그런데 문제는 세분화된 성과목표를 성과평가위원회에서 인정해 주지 않습니다. 성과목표를 결정하는 사람과 평가하는 사람이 다르니 어느 장단에 맞춰야 할지 고민입니다.

🙂 김 코치: 그런 문제가 있었군요. 그럴 때 또 다른 대응 방법이 있는지요?

🙂 이 팀장: 중장기 목표에서 고객들이 만족할 만한 세분화된 과제를 세우면 되는데 그게 현실적으로 어렵죠.

🙂 김 코치: 혹시 중장기 목표가 명확하지 않거나 현실 가능성이 떨어지지는 않나요?

🙂 이 팀장: 사실 직원들은 중장기 목표나 과제를 담당하기 꺼려합니다. 고생은 고생대로 하고 좋은 평가는 받기 어려운 업무라고 소문이 났어요.

🙂 김 코치: 공공 부문의 성과목표가 단기적인 경우는 인풋과 아웃풋 요소가 명확한데, 중장기로 갈수록 장밋빛 희망이거나 지원도 불투명한 경우가 많더군요. 상위 조직의 지원과 관심이 떨어지더라도 목표한 대로 뚝심 있게 밀고 나갈 역량이 필요합니다.

이 팀장: 진행에 참고하겠습니다. 그리고 외부 환경이 바뀌어서 성과목표를 수행하기 어려운 경우, 세부 목표와 과제를 변경할 수 있을까요?

김 코치: 성과관리 가이드에는 중간에 목표 수정이나 변경할 수 있도록 열어놓지만, 현실적으로 변경이 어려운 경우가 많습니다. 정책환경이 변화할 경우 목표 달성에 대한 어떤 대안이 있으신지요?

이 팀장: 갑자기 지원이 중단된 정책 과제들은 상부 조직과 협의하여 목표를 수정합니다. 정책 변경에도 예산지원이 계속되면 과제수행은 계속합니다. 그런데 예산을 줄여버리면 현실적으로 수행하기 힘든 경우가 많습니다.

김 코치: 외부 환경 변화에 따른 정책과제의 변동이 생길 때에도 성과목표와 실행과제를 계속하려면 몇 가지 조건이 필요합니다. 먼저 과제를 수행할 내부 자금과 인력 지원이 가능한 경우. 둘째, 기존 성과목표와 실행과제를 다른 목표에 포함하여 진행할 수 있다면 고려해 볼 만합니다. 그래도 문제는 성과평가위원회에서 그러한 변경을 인정해 줘야 하는데, 잘못하면 고생은 고생대로 하고 인정을 못 받을 수 있습니다.

이 팀장: 오늘 좋은 의견 고맙습니다. 내부적으로 주신 의견을 토대로 좀 더 고민해서 반영토록 하겠습니다.

공공기관 성과관리 이슈 사항

정부 및 공공기관 성과관리는 2006년 이후 〈정부업무평가기본법〉에 의한 통합성과관리체계에 의거 진행한다. 업무계획에 따라 소관정책 등을 스스로 평가하고, 그 결과를 정책, 조직, 예산, 인사, 보수 등에 반영하고 있다. 정부업무평가기본법 제2조 제6호에 따르면, 공공기관 성과관리는 '기관의 임무, 중/장기 목표, 연도별 목표 및 성과지표를 수립하고, 그 집행과정 및 결과를 경제성, 능률성, 효과성 등의 관점에서 관리하는 일련의 활동'이라고 정의한다. 정부 및 공공기관 성과관리 프로세스는 국무조정실의 〈정부업무 성과관리 운영지침〉에 따르면, 〈그림 6. 정부 및 공공기관 성과관리 프로세스〉와 같다.

〈그림 6〉 정부 및 공공기관 성과관리 프로세스

　정부 및 공공기관 성과관리 프로세스는 민간 기업의 성과관리 프로세스와 크게 다르지 않다. 다만 세부적 내용에서 몇 가지 차이점을 보인다. 첫째, 각 기관의 자율성과 중앙정부의 감시통제 기능이 복합적으로 작용하고 있다. 〈그림 6〉을 보면 성과관리 계획수립과 평가 환류 과정에서 중앙정부와 국무조정실의 점검과 검토 기능이 공식화되어 있다. 정부 및 공공기관 성과관리 프로세스에 따르면 공공행정이 견지해야 할 공공성과 각 기관의 자율성 간의 마찰과 갈등이 발생할 수 있다. 둘째, 공공기관 성과관리는 성과 향상을 중시한 반면, 직원들의 역량개발이나 성장에는 초점을 두지 않았다. 공공기관 성과관리의 목적은 정부 정책 집행의 경제성, 능률성, 효과성을 높이는 관리 활동에 있다. 이러한 성과관리 활동의 결과는 〈그림 6〉의 환류 단계에 명시된 정책개선, 인사, 조직, 예산에 반영된다. 공공기관의 성과관리 과정에서 상사와 직원들 간의 성과 면담이나 커뮤니케이션은 공식적 프로세스에 명기되지 않았다.

　정부 및 공공기관의 성과관리 과정에서 발생하는 이슈사항을 정리하면 다음과 같다. 먼저, 평가 중심의 성과관리는 평가중심의 목표 설정과 과업 수행의 악순환을 낳는다. 또한 평가중심의 성과관리는 달성 가능한 목표 설정과 안정적인 과업 수행은 현실 안주와 자기보호적 풍토를 확산한다. 성과관리에서 공정하고 객관적인 평가도 중요하다. 그러나 성과관리의 근본적 목적은 조직의 성과 개선과 직원 성장에 있다. 개인과 조직의 성장과 성과 향상은 직원들의 자발성과 동기부여, 상사와의 자유로운 대화나 토론에 달려 있다.

또한 공공 서비스에 대한 객관적인 성과평가가 어렵다. 민간 기업은 매출액이나 영업이익과 같은 대표적인 성과지표가 있다. 반면 공공 서비스 분야는 고객만족도, 정책만족도 등 평가자의 주관적인 성과지표가 많다. 물론 정성적 지표를 설문이나 객관적 방법을 통해 정량적 평가를 할 수 있다. 그러나 정성적 지표의 정량화에는 한계가 있다. 또한 짧은 시간 내에 제3자에 의한 평가는 공공기관의 목적과 목표를 충분히 고려하기 어렵다. 이러한 성과평가의 문제가 공공 분야 성과관리의 공정성과 신뢰성을 떨어뜨린다.

끝으로 정부 및 공공기관 성과관리 프로세스에 상사와 직원 간의 공식적인 성과 면담 과정이 없다. 정부 및 공공 기관 성과관리에 직원들의 역량개발과 성장이 포함되지 않았다. 직원들의 성과 계획과 집행, 평가 단계에서 문제나 애로사항에 대해 상사와 직원 간의 공식적인 성과 면담 절차가 없다. 성과 면담의 부재는 직원과 상사 간의 신뢰 부족으로 감시와 통제 기능이 강화되고, 불필요한 마찰과 갈등을 양산할 수 있다. 다음에서 이러한 공공기관의 성과관리 이슈사항에 대한 효과적인 대응 방안을 살펴본다.

공공기관 성장중심 성과관리로 전환하기

먼저 평가중심에서 성장중심의 성과관리로 전환한다. 정부 및 공공기관 성과관리가 개인과 조직의 성장과 성과 개선의 성과관리로 바뀌기 위해서는 2가지가 필요하다. 하나는 성과관리 목적을 재정의할 필요가 있다. 성과관리 목적에 성과 개선 이외에 직원의 성장과 역량개발을 포함한다. 필자가 제안하는 정부 및 공공기관 성과관리는 '국민의 행복, 구성원들과 조직의 성장과 성과 개선을 위해, 기관의 목표와 임무를 체계적으로 관리하는 커뮤니케이션 과정'이다. 성과관리의 주체는 조직 구성원들이다. 구성원들의 역량이 향상되어야 개인의 성장과 조직의 성과를 개선할 수 있다. 공공 근무자들이 성장하고 만족할 때 공직사회의 생산성도 향상된다.

다음은 공공 분야의 성과관리는 장기적이며 연속적인 관점에서 추진되어야 효과적이다. 공공 분야 직원들은 순환보직을 한다. 한 분야의 업무 전문성을 확보하기보다는 다양한 업무를 여러 지역에서 수행한다. 직원들의 입장에서 성과관리는 짧은 기간 안에 성과를 만들어야 한다. 따라서 선행 근무자의 업무 실적을 토대로 자신의 성과를 높여야 한다. 자기 임기 내에 탁월한 실적을 내기보다는 연속적 관점에서 지속적인 성과를 창출하는 방안이 필요하다. 고생은 자신이 하고 열매는 다른 사람이 얻을 수도 있다. 이를 방지하기 위해 연도별 성과목표를 구체화하여 개인별 성과 책임을 명확히 한다.

객관적인 성과평가 방법 구체화하기

공공 정책이나 서비스의 객관적인 평가는 자원의 효율적인 배분과 정책의 효과성 입증이 중요하다. 객관적인 성과평가를 위해서는 먼저, 목표 설정단계에서 가급적 정량적인 목표를 수립한다. SMART 원칙에 근거하여 목표 설정 방법은 〈5장. STEP 1. 도전적인 목표 수립〉을 참고한다. SMART 원칙은 목표 설정 시 명확하고 구체적이며 측정 가능한 기준을 제시하는 방법이다. 예를 들어 '대중교통 원활화'라는 목표와 '대중교통 혼잡도 10% 감소'라는 목표가 있다. 이 두 목표 중에 어떤 목표가 더 객관적이며 측정 가능한가?

다음은 과업의 핵심 목표와 성격에 부합하는 정량적 성과지표를 수립한다. 정성적 성과지표도 정량화하여 성과지표로 활용한다. 한 예로 '수해 피해 최소화'라는 목표 아래, '수해다발지역 관제시스템 구축'이라는 과제를 선정했다고 하자. 이때 수해방지 관제시스템 만족도는 평가자의 주관성이 개입될 여지가 있는 성과지표이다. 대신 수해율 또는 수해예방률, 수해 피해액, 수해발생조치율 등이 객관성이 높은 성과지표다. 상황에 따라서는 고객인 시민들의 의견을 참조하는 설문조사와 같은 정량화된 성과지표를 활용할 수 있다.

성과 면담 활성화하기

정부 및 공공기관 성과관리 프로세스에서 성장과 성과 개선을 위한 공식적 성과 면담을 운영한다. 성과관리 지침의 세부 항목에 '필요시 면담을 추진한다'라는 문구가 있다. 그러나 성과 면담을 공식적인 프로세스로 정례화하지 않으면, 현실적으로 거의 운영되지 않는다. 본서의 〈그림 2. GROWTH 성과관리 프로세스〉에 성과 코칭을 바탕으로 각 단계별로, 성과목표 설정 면담, 1:1 성과 미팅, 성과 리뷰 미팅 등이 정례화되어 있다. 적어도 성과평가를 전후로 성과평가 면담은 꼭 필요하다.

바쁜 업무 와중에 직원들과 면담 시간을 갖는다면 많은 시간이 소요된다. 바쁜 부서장들에게는 성과 면담이 부담일 수 있다. 그러나 개인과 조직의 성과를 개선하고자 한다면, 면담과 같은 커뮤니케이션 과정 없이 가능할까? 직원들의 성과목표가 도전적이며 창의적으로 구성되었는지, 과업 수행 동안 발생하는 문제를 예방하거나 해결 방안을 마련하기 위해서도, 혹은 과업수행 결과를 평가하기 위해서도 당사자와의 면담은 필요하다.

부서장과 직원 간의 면담을 활성화하기 위해서는 공식 성과관리 프로세스에 면담을 필수 과정으로 명기한다. 성과 면담의 활성화는 성과평가를 넘어 조직 구성원 간의 소통 활성화의 기폭제가 될 수 있다. 성과관리 프로세스에서 상사와 직원과의 성과 면담은 〈II부. GROWTH 성과관리 단계별 운영전략〉의 각 장의 성과 면담 내용을 참고한다.

5. 스타트업 성과관리로 성공하기

우 대표는 친환경 화장품을 만들어서 해외에 판매하는 창업 4년 차 CEO다. 현재 직원은 5명이고 제품개발과 영업 인력들이다. 오랜만에 사업 현황과 애로 사항을 듣는 시간을 가졌다.

- 우 대표: 안녕하세요. 김 코치님, 그동안 잘 지내셨죠.

- 김 코치: 저는 잘 지내고 있습니다. 요즘 사업은 좀 어떠세요?

- 우 대표: 작년 중국 시장에서 철수한 후 올해부터는 동남아 시장을 공략하고 있습니다. 첫 대상으로 인도네시아 시장을 개척 중입니다. 인도네시아가 인구도 많고 한류에 대한 열풍이 대단합니다.

- 김 코치: 중국 시장의 실패를 고려할 때, 인도네시아 시장의 리스크 요인은 무엇인가요?

- 우 대표: 가장 큰 문제는 인도네시아 시장을 독자적으로 개척한 것이 아니라, 바이어를 통해 진입하다 보니 바이어 의존도가 너무 높은 것이 문제입니다. 지난 3개월 동안 인도네시아에 상주하면서 시장조사, 유통업체 미팅, 현지 맞춤형 제품 개발 협의를 진행했어요. 바이어 의존도를 낮추기 위해 인도네시아의 온라인 유통과 오프라인 유통을 분리해서 진행할 계획입니다. 먼저 자카르타 등 도시 여성들을 타깃으로 민감성 자극 피부를 보호하는 천연 기초 화장품을 출시할 계획입니다.

- 김 코치: 좋습니다. 일단 온라인과 오프라인 유통 채널을 분리한 것은 잘한 일입니다. 오프라인 바이어들이 온라인도 함께 진행하려 했을 텐데 협상이 잘 되었나요?

- 우 대표: 처음에는 온라인과 오프라인을 모두 하겠다고 해서 난항이 많았습니다. 우리 쪽에서는 더 완강하게 둘 다는 불가하다고 선언한 뒤 여러 업체를 찾아다녔죠. 그중에 인도네시아에서 한국 제품을 판매하는 중소 바이어를 만나서 잘 성사되었습니다.

- 김 코치: 우 대표님의 사업도 해외시장이 늘어나면서 직원 수도 많아지고, 업력도 4년 차가 되었는데 체계적인 관리 시스템이 필요하지 않나요?

Q 우 대표: 그렇지 않아도 처음에 하던 주먹구구 방식으로 지금도 진행하던 터라 매출과 외상채무 등 자금 관리가 제일 힘듭니다. 경리담당 직원이 있는데 단순 입출금 관리 정도이니 자금관리가 시급합니다.

Q 김 코치: 저는 경영 전반의 체계적인 관리로 성과관리 시스템을 제안합니다. 성과관리라고 들어보셨나요?

Q 우 대표: 예전 기업에 있을 때 KPI 관리로 목표 세우고 평가받았던 기억이 있습니다. 그것은 대기업이나 맞지 우리 같은 스타트업에 맞을까요?

Q 김 코치: 성과관리는 비즈니스 프로세스 전 과정에서 직원들의 자발적인 참여와 평가를 통한 성과를 높이는 체계적인 관리 방식입니다. 말씀하신 자금관리를 포함한 경영 전반을 효과적으로 관리할 수 있죠.

Q 우 대표: 저도 최근 한 세미나에서 OKR인가요? 스타트업 적용 사례를 들어본 적이 있어요.

Q 김 코치: 성과관리 방식에는 크게 KPI 방식과 OKR 방식으로 나눌 수 있어요. OKR은 성과목표를 목표(Objective)와 핵심 결과(Key Results)로 구성하고, 도전적인 목표 설정을 중시합니다. 요즘 많은 스타트업들이 OKR 방식의 성과관리를 도입하고 있어요. KPI 방식은 조직에 필요한 핵심성과지표(KPI)를 설정하고 그에 맞는 목표와 전략과제를 설정해서 실행하는 방식입니다. 경영관리 전반의 체계적인 관리에는 KPI 방식이 효과적입니다.

Q 우 대표: 우리 회사도 체계적인 관리가 필요한 것은 맞습니다. 아직 전산 시스템이나 제도 구축도 필요한데 사람도 없고 시간도 부족해서 엄두가 나지 않았어요. 이번 신제품 출시 마무리하는 연말쯤에는 시간이 좀 날 듯합니다 그렇지 않아도 5년 차가 되는 내년에는 제도개선과 시스템 구축에도 관심을 기울일 생각입니다. 그때 자사에 맞는 성과관리 시스템도 함께 검토해 보겠습니다.

Q 김 코치: 성과관리 시스템이 사업 성장에 큰 도움이 되리라 확신합니다.

스타트업 성과관리 이슈 사항

어려운 경영환경 속에 창업의 깃발을 높이 든 창업가들은 이 시대의 개척자들이다. 자신의 꿈과 아이디어 하나를 가지고 비즈니스라는 거대한 벽을 넘어서고 있다. 성과관리는 창업가들에게 성공 비즈니스로 가는 양념통이 아니라 길잡이와 같다. 초기 창업자들은 사업 아이템의 시제품을 제작하여 시장의 반응을 살피고 피벗(Pivot)을 통해 아이템을 보완하고 본격적인 사업을 시작한다. 이때는 1~5명의 최소 인력으로 초기 제품 개발과 시장 개척에 초점을 둔다. 불확실한 시장 상황과 부족한 사업 역량 속에서 스타트업이 직면하는 성과관리 이슈 사항에 대해 알아본다.

먼저, 많은 스타트업 대표들은 성과관리가 우선순위가 아니라고 생각한다. 이제 창업하여 아이템을 개발하고 시장에 출시해 판로를 개척하기도 바쁘다. 달리 말하면 "성과가 나오지도 않았는데 무엇을 관리하지?"라고 우스갯소리를 한다. 성과관리는 결과를 관리하는 것이 아니라, 성과를 창출하는 과정을 관리하는 시스템이다. 성과를 만들고 시장을 개척하고, 고객을 만나고, 수주를 확보하는 모든 활동이 성과목표를 달성하기 위한 과정이다.

창업가들이 성과관리를 시급한 과제로 받아들이지 않는 데는 또 다른 이유가 있다. 초기 창업자들의 경우 성과관리보다는 제품개발과 판로개척을 위해 자금을 확보하고, 팀을 운영하는 데도 시간이 부족하다. 또는 성과관리를 할 만한 조직과 인력이 구성되지 않아 굳이 성과관리 필요성을 못 느낀다. 혹은 아직 조직체계나 시스템이 구축되지 않는 상황에서 성과관리를 전면에 내세우기 부담스럽다. 이러한 상황들이 성과관리보다는 제품개발과 생산, 판로개척, 투자 등에 더 많은 관심이 갈 수밖에 없다.

창업 초기 사업이 미성숙한 단계에서 성과관리 필요성에 의문을 제기한다. 조직체계도 인력도 제도도 마련되지 않은 상황에서 성과관리를 전격 도입하는 것이 부담스러울 수 있다. 물론 이 말은 일면 타당하다. 사업이 성장단계에 진입하지 못한 상황에서 성과관리제도를 도입한다고 해도 효과를 볼지는 미지수다. 또한 성과관리도 통제이므로 직원 개인들의 창의적이고 유연한 조직 운영에 장애물이 된다고 생각한다. 과거 조직에서 관리는 긍정적 측면보다는 부정적 경험을 더 많이 떠올린다.

끝으로 초기 창업 기업들은 HR 측면에서 우수한 인재 채용이나 유지관리에 더 많은 관심을 둔다. 조직에서 성과를 만드는 것은 직원들이다. 창업가들의 입장에서는 성과관리보다 우수한 인재를 확보하여 팀을 구성해서 성과를 창출하는 일이 더 시급하다. 이러한 초기 창업 CEO들의 성과관리에 대한 선입견들을 어떻게 해소할까?

성과관리를 비즈니스 대시보드로 활용하기

스타트업 초기부터 성과관리를 운영하면 사업 성공에 큰 도움이 된다. 스타트업 성과관리의 활성화 방안은 먼저 성과관리를 성공 창업의 비즈니스 대시보드로 활용한다. 많은 스타트업들이 초기에 제품개발과 시장개척, 고객만족을 위한 마케팅 등 다양한 활동들로 비즈니스 시스템을 구축할 시간이 없다. 그럴 때 성과관리 시스템은 일상적인 관리와 비즈니스 위기, 문제해결에 큰 도움을 준다. 또한 성과관리 시스템은 전체 조직을 구조화하고, 비전과 목표의 설정, 역할과 책임을 명확하게 한다. 이처럼 성과관리는 비즈니스 체계를 구축하고 운영하는 효과적인 도구이다.

그런데 많은 기업들과 구성원들이 성과관리를 인사평가로 여기는 경향이 있다. 실제로 대부분의 기업들이 성과관리를 구성원들을 평가하고 보상하는 도구로 활용한다. 그러나 성과관리와 보상은 다른 시스템이다. 성과관리는 목표 설정과 실행, 성과를 평가 피드백 하는 시스템이다. 성과관리 본질은 조직의 목표 달성을 위한 체계적인 관리에 있다. 스타트업처럼 조직의 경영체계가 구체화되지 않고, 구조화와 제도화도 미흡한 상황에서 성과관리 하나로 스리쿠션을 칠수 있다.

스타트업의 대시보드는 창업기업이 완수해야 할 성과목표와 성과지표, 실천과제로 이뤄진다. 초기에는 조직의 생존과 직결된 매출, 고객, 직원과 관련된 목표를 세운다. 각 목표들을 달성하기 위한 실천과제를 구체화하고, 실천과제의 평가기준으로 핵심성과지표(KPI)를 세운다. KPI는 정량적 지표로 세워야 계기판을 구성할 수 있다. 창업가들은 이 계기판을 매주 업그레이드하고 현재 위치와 목표와의 간격을 면밀히 추적한다. 위기는 오기 전에 관리해야 대응이 가능하다. 특히 초기 창업기업의 경우 자금과 인력이 부족한 상황에서 최적의 투자와 조직운영 방법을 찾아야 한다. 이때 성과관리 대시보드는 창업기업이 위기를 돌파하는 훌륭한 가이드라인을 제공해 준다.

성과관리를 사업관리 시스템으로 활용하기

스타트업에서 성과관리를 후순위라고 생각하는 창업가들은 먼저 사업을 제대로 관리하고 있는지 자문해 봐야 한다. 많은 창업 교과서들이 창업가들에게 기업가정신을 강조하며 리더십을 중요시한다. 그러나 비즈니스는 관리를 기반으로 한다. 관리를 기반으로 하지 않는 조직은 모래 위에 성을 쌓는 것과 같다. 창업 초기 사업 목표를 설정하고, 과업들을 수행하며, 성과를 창출하고 리뷰하는 활동을 주기적으로 실시해야 한다. 창업 초기 제품이나 서비스의 고객 반응이 미지근할 때, 이 아이템으로 계속 가야 할지, 혹은 중단할지를 무엇으로 판단할 것인가? 그리고 창업 아이템이 고객으로부터 외면을 받는 이유가 제품을 잘못 만들어서인지, 고객의 니즈를 제대로 담지 못해서인지, 고객들이 필요하지 않은 제품인지를 어떻게 판단할 것인가?

스타트업 성과관리는 매년 사업 목표를 설정하고 계획 대비 실행결과를 점검하며 매월, 분기별 성과평가를 통해 다음 분기 보완 및 실행 계획에 반영하는 사업관리 시스템이다. 매주, 매월, 매 분기 이러한 요인들을 핵심성과지표(KPI)로 만들고 지속적인 추적 관리를 한다면, 더 많은 손실이 발생하기 전에 아이템을 전환(Pivot)할 수 있다. 또는 너무 많은 KPI나 목표 혹은 과제를 수행하기보다는 핵심 목표에 초점을 두고 과제나 핵심 결과를 중심으로 운영이 가능하다.

체계적인 직원 성장 및 동기부여 지원하기

창업가들의 관심은 시장과 사람에 있다. 초기 제품에 대한 고객들의 반응과 시장에 안착시키는 방안을 강구한다. 또한 사업을 이끌어 나갈 인재를 뽑고 일할 수 있는 분위기를 조성하는 데 역점을 둔다. 그러나 시장과 인재에 대한 관심도 당장 눈앞에 떨어지는 일들을 해치우다 보면 기억에서 멀어져 간다. 지난 주까지 잘 나오던 주문이 이번 주부터 뚝 끊어지면 심장이 벌렁벌렁 뛴다. 어디서 무엇을 잘못했는지 원인을 분석하고 대책을 세우느라 분주하다. 성과를 내는 핵심 기준이 명확하지 않으니 평가기준도 주먹구구식이다. 이런 시행착오를 통과의례라는 명목으로 합리화시키기에는 창업가들에게 주어진 시간이 너무 짧다.

스타트업 성과관리는 단순한 시스템으로 구성한다. 사업이 추구해야 할 핵심 목표를 2~3개 정도 세우고 그에 따른 실천과제 혹은 핵심 결과를 목표별 2~3개로 구체화한다. 각각의 실천과제들마다 정량적인 성과지표를 세운다. 초기 창업 기업의 성과목표를 예로 들면, 분기별 매출액 15억 달성, 매월 신규 고객 20% 증가, 우수 인력 5명 확보 및 동기부여 하기로 가정한다.

이 목표 중에서 세 번째 '우수 인력 5명 확보 및 동기부여 하기'의 실천과제로 1) 매월 온라인 리쿠르팅 플랫폼에 인력모집 공고 내기(5명 이상 면접 보기), 2) 대학 및 IT 동아리 방문하기(매월 1회 이상), 3) 개인별 1:1 미팅으로 업무리뷰 및 동기부여(주 1회 이상)로 잡는다. 각 실천과제의 ( ) 안은 평가기준이다. 성과관리가 직원들에게 압박이 아닌 자발적인 참여와 도전정신을 북돋울 수 있는 장으로 활용한다. 성과관리시스템은 창업기업의 조직문화를 형성하는 기반이 된다.

6. 1인 기업을 위한 성과관리 솔루션

이 대표는 작년에 12년 다녔던 회사를 퇴사하고 생산성 혁신 전문 1인 컨설턴트로 프리랜서 시장에 뛰어들었다. 어려운 시장 상황에서 컨설팅 시장도 꽁꽁 얼어붙었다. 이 대표는 답답한 마음에 코칭 선배인 김 코치를 만났다.

> 이 대표: 요즘 자기 이름을 걸고 사업을 한다는 게 얼마나 힘든지 실감하고 있습니다.

> 김 코치: 아직 사람들이 이 대표님을 몰라서 그래요. 좀 더 시장에 알려지면 좋아질 겁니다.

> 이 대표: 과연 그럴지 모르겠네요. 작년에는 처음이라 어려움이 당연하다고 생각했는데, 올해도 시장 상황이 나아지지 않으니 좀 답답합니다.

> 김 코치: 요즘 사업을 어떻게 하시나요?

> 이 대표: 그동안 알고 있던 기업들에 홍보메일을 보내고, 생산성 혁신 프로그램을 개발하고 제안하면서 지내고 있어요.

> 김 코치: 홍보나 프로그램 제안에 대한 기업들의 반응은 어떤가요?

> 이 대표: 고객사에서 프로그램 제안을 요청하지 않는 상황에서 제가 제안을 하면 성사율이 거의 5%도 되지 않는 것 같아요. 10번 정도 제안을 해도 검토해보겠다는 기업은 2~3군데도 안 됩니다.

> 김 코치: 그렇게 열심히 제안했는데 고객들의 반응이 냉담한 이유는 무엇일까요?

> 이 대표: 아무래도 컨설팅의 필요성을 느끼지 못하는 것 같아요. 컨설팅을 해도 그렇게 큰 효과가 없다는 듯한 반응이었어요. 일부 기업은 예전에 해봤던 활동이라며 시큰둥한 표정을 짓더군요.

> 김 코치: 그러면 이 대표님이 컨설팅을 했던 기업들의 반응은 어떤가요?

> 이 대표: 그것도 문제예요. 기존 고객들도 회사 매출이 감소하고, 신제품 수요가 줄어들면서 신규 투자를 축소하고 있어요. 작년부터 해오던 생산성 혁신 컨설팅을 올해도 계속할지는 미지수예요.

💬 김 코치: 많은 기업들이 경기가 어려운 것은 마찬가지입니다. 결국은 위기를 돌파하는 기업과 돌파하지 못하고 주저앉는 기업들이 생길 겁니다. 우리가 하는 컨설팅이나 코칭도 마찬가지죠. 어려운 때일수록 지갑을 닫는 기업도 있지만, 반대로 도전하고 혁신을 가속화하는 기업도 있죠. 그런 기업들을 발굴해서 코칭이나 컨설팅을 제공해야 효과도 올라가고요.

💬 김 코치: 고객 개발이나 프로그램 개발 관련한 구체적인 목표나 과제를 세우고 진행하세요? 아니면 그때 상황에 따라 진행을 하십니까?

💬 이 대표: 보통 매월 초에 목표를 세웠는데 최근에는 약간 느슨해지는 면도 있네요.

💬 김 코치: 1인 기업가로 살아가려면 스스로를 컨트롤하는 것이 가장 중요합니다. 큰 기업이나 작은 회사나 성공하는 기업가는 위기를 잘 극복하는 사람이고, 생활의 루틴을 잘 지키는 기업가입니다. 특히 1인 기업가는 누가 간여하거나 피드백 주는 사람이 없잖아요. 스스로를 점검하고 셀프 피드백 하는 시스템이 중요합니다.

💬 이 대표: 아, 그렇네요. 제가 벌써 매너리즘에 빠진 모양입니다. 경기나 외부 상황만 탓할 것이 아니라, 버티고 나갈 수 있는 대안을 찾아야 하는데 그게 부족했던 것 같습니다.

💬 김 코치: 1인 기업가들도 스스로 목표를 세우고 실행 결과를 자기 점검하는 성과관리가 필요합니다. 잘해도 그만 못해도 그만이 아니라, 실행 결과를 정기적으로 냉정히 점검하고 셀프 피드백 해야 발전합니다.

💬 이 대표: 오늘 대화 고맙습니다. 일이 잘 될 때나 잘 안될 때도 꾸준한 준비와 홍보의 중요성을 새삼 느꼈습니다. 그리고 1인 기업의 성과관리도 실천해 보겠습니다.

1인 기업의 성과관리 이슈 사항

1인 기업의 업종은 다양하다. IT 프로그래머에서 강사, 컨설턴트, 판매업자, 1인 미디어, 택배기사 등 전 분야를 망라한다. 중소벤처기업부 〈2023년 1인 창조기업 실패조사〉를 보면, 2021년 기준으로 1인 창조기업 수는 987,812개이며 업종별로는 제조업이 26.2%, 전자상거래업이 21.2%, 교육서비스업이 16.7%로 나타났다. 또한 1인 창조기업의 평균 매출액은 2.98억 원으로 나타났다. 앞으로 개인이 조직에 속하지 않고도 서비스를 제공하는 사람은 증가할 것이다.

　그런데 1인 기업가들을 상담하다 보면 의외로 성과관리 필요성에 의문을 가진 분들이 많다. '혼자서 편안하게 일하고 싶을 때 일하고, 쉬고 싶을 때 쉬는 자유로운 기업가가 되고 싶은데, 틀에 꼭 짜인 목표와 실적을 챙기는 삶을 살아야 하느냐'고 반문하는 분들도 계신다. 물론 선택은 개인의 자유다. 자유로운 영혼으로 기업을 운영하면서 최고의 성과를 낼 수 있는 기업가는 극소수이다. 대부분의 1인 기업가들은 자신의 전문성을 바탕으로 소수의 고객들에게 제품이나 서비스를 제공하기 위해 최선을 다한다.

　1인 기업의 성과관리 이슈 사항은 먼저, 끊임없는 고객과 시장환경의 변화에 대한 대응이다. 자영업 점포의 경우 동일 장소에서 1~2년이 지나면 새로운 매장이 들어선다. 고객 입장에서는 다양한 매장을 경험할 수 있는 장점이 있지만, 매장을 운영하는 사장의 마음은 타들어 간다. 특히 1인 기업가들은 고객과 시장의 부침을 어떻게 극복하느냐가 관건이다. 고객과 시장환경 변화에서 살아남는 최고의 방법은 변화 속에서도 지속할 수 있는 제품이나 서비스에 달렸다.

　다음 이슈 사항은 디지털 전환과 소셜 네트워크 서비스(SNS)의 확산에 따른 온라인 비즈니스의 확산이다. 지난 코로나19 사태 이후 온라인 비즈니스는 확장 일로에 있다. 그동안 대면 만남 속에서 이뤄지던 컨설팅이나 교육도 온라인 미팅이나 강의 프로그램이 대세를 이루고 있다. 한 번 찍었던 강의 프로그램이 무한반복 재생되고, 1명 강사가 장소에 상관없이 수백 수천 명을 대상으로 한꺼번에 만날 수 있다. 기존의 오프라인 서비스가 온라인 서비스로 광범위하게 제공되는 상황에서 제품이나 서비스의 빠른 전환이 요구된다.

　세 번째 이슈 사항은 1인 기업가들이 자기 사업의 현 상황을 있는 그대로 보는 직면을 회피하는 경향이다. 성과관리는 특별한 프레임이 아니라 설거지와 같은 과정이다. 밥을 먹고 난 다음에는 설거지를 깨끗이 해야 내일 또 맛있는 식사를 즐길 수 있다. 일도 마찬가지다. 일을 하다 보면 좋은 결과를 내기도 하고, 좋지 못한 결과를 내기도 한다. 잘한 이유와 잘못한 이유를 따지는 것은 누구를 책망하거나 비난하는 일이 아니다. 성과관리는 일을 지속적으로 잘하며 좋은 결과를 내는 방법을 찾는 도구이다. 다음에서 1인 기업가의 성과관리 활성화 방법에 대해 알아본다.

1인 기업의 시장환경 변화 대응하기

먼저 시장환경 변화에 대비하기 위해 성과목표와 계획을 수립하는 단계에서 플랜B를 세운다. 플랜A는 목표를 달성하기 위해 원래 설정했던 계획대로 일을 추진하는 방법이다. 반면 플랜B는 상황 변화로 계획된 일이 실행되지 않았을 때를 대비하여 세우는 계획이다. 예를 들어 갑작스럽게 투자가 중단되거나, 비용 집행이 늦어지거나, 천재지변으로 초기의 플랜이 가동되지 못했을 때 사용한다. 플랜B에 대한 대비책이 잘 될수록 최악의 상황에서 실패를 줄여준다.

지금처럼 인공지능(AI)과 디지털 전환이 확산되고, 경영환경의 변화가 심하며 기업들 간의 경쟁이 치열한 상황에서 1인 기업가는 어떻게 해야 할까? 성과관리 차원에서 기존 사업의 성과목표를 전면 재검토한다. 갈수록 경기가 어려워지는 상황에서 예전과 같은 매출을 지속하기 어려운 구조다. 물론 다른 사업을 통해 추가 매출을 확보할 수 있으면 좋지만, 단기간에 새로운 제품이나 서비스를 마련하기 어렵다. 중장기적 차원에서 현 사업과 목표를 재설정한다.

경영위기 상황에서 1인 기업이 단기적으로 대응할 수 있는 방법은 비용을 줄이고 지출을 축소시키는 길뿐이다. 들어오는 돈이 적으면 나가는 돈을 줄여야 한다. 예를 들면, 사무실 임대료나 교통비, 통신비 등 덩치가 큰 비용을 줄인다. 필요하면 회사 차나 정기적으로 자동 지출되는 비용도 줄인다. 불필요한 경비나 비용을 줄이고 최소한의 비용으로 버티기 모드에 들어간다. 불황이 장기화되거나 구조적 문제인 경우 새로운 사업 아이템이나 업종 전환도 검토한다.

1인 기업의 온라인 비즈니스 강화하기

다음은 온라인 시장환경에서 고객에 대한 온라인 홍보나 마케팅을 강화한다. 블로그나 유튜브, 페이스북, 인스타그램과 같은 SNS상에 온라인 홍보나 마케팅 프로그램을 통해 고객접점을 넓혀간다. 아울러 온라인 홍보 및 마케팅을 통해 수익을 낼 수 있는 방법이면 더욱 좋다. 예를 들면 블로그나 다른 SNS에 글을 올리고 사보나 언론매체에 기고 요청 메일을 보낸다. 또는 자사 제품이나 서비스를 홍보할 수 있는 온라인 저작물을 많이 배포해서 고객 만남이나 접점을 활성화한다.

시장환경 변화에 따른 온라인 홍보나 마케팅이 자사 비즈니스 모델의 변화를 가져올 수 있다. 예를 들면 오프라인에서 유통 사업을 하시던 분이 온라인 시장이나 플랫폼에서 온라인 비즈니스를 하는 사업을 겸하는 방식도 고려할 수 있다. 또는 오프라인에서 행사를 기획하던 1인 기획사분이 온라인 전시나 행사에 대한 기획까지 확대할 수 있다.

온라인 홍보나 마케팅을 하려면 추가적 비용이 들어간다. 이러한 비용을 최소화하려면 자신이 직접 기획, 제작, 배포까지 진행하면 된다. 필자의 경우, 유튜브를 통해 비즈니스와 직장인 이슈에 대한 코칭 방법을 짧은 동영상으로 만들어서 배포하는 작업을 시도해 보았다. 약간의 반응이 있었으나 채널 방문자와 구독자가 많지 않아 확산에는 한계가 있었다. 제품이나 서비스를 제공하는 1인 기업가의 경우 네이버나 구글, 페이스북 등에 유료 광고 프로그램을 활용하는 것도 고려해 본다. 이러한 온라인 홍보나 마케팅도 성과관리에서 목표와 과제를 설정하고 목표 대비 달성도를 꼼꼼히 체크하여 그 효과성을 검증한다.

사업 현실을 있는 그대로 보기

1인 기업의 성과를 개선하기 위해 자신의 사업 현실과 직면하는 방법은 크게

2가지로 나눌 수 있다.

첫째, 성장과 성과 개선을 위한 자신과 비즈니스의 직면이다. 자신과 비즈니스의 직면은 자기 내면의 소리에 귀를 기울이는 자신과의 솔직한 대화다. 현재 비즈니스 상태에 대한 솔직한 직면을 통해 성과 문제를 구체화하고 원인과 해결안을 모색한다.

자신과 비즈니스의 직면 방법은 직접 성과분석을 통해 성과 문제에 대한 개선 필요점들을 도출한다. 이때 5Why나 로직트리와 같은 도구를 활용한다. 5Why는 비즈니스에서 문제가 발생한 원인에 대해 왜(Why)를 5번 질문해 봄으로써 근본 원인과 대안을 찾아간다.

두 번째 방법은 타인의 조력을 통한 비즈니스에 대한 직면이다. 타인의 조력은 자기 사업의 문제를 스스로 직면하기 쉽지 않을 때, 주변의 지인이나 전문가의 조력을 통해 비즈니스 문제의 대안을 찾는다. 그런데 자신의 문제를 드러내는 자체를 싫어할 수도 있고, 외부 전문가 네트워크가 없을 수 있다. 이러한 상황에서는 관련 분야 다양한 경험을 가진 전문가의 컨설팅이나 코칭을 통해 비즈니스 문제를 해결한다.

1인 기업가는 평상시 비즈니스 만남이나 업무수행을 통해 전문가 네트워크를 형성하기 위해 노력해야 한다. 사업을 하다 보면 다양한 비즈니스 문제에 직면한다. 그런데 1인 기업가는 자신 이외에는 문제에 대응할 사람이 없다. 그러한 상황에서 인적 네트워크는 타인의 조력을 얻는 효과적인 방법이다. 그 과정에서 스스로를 동기부여 하고 성공으로 가는 전환점을 찾는다.

GROWTH 성과관리 단계별 운영전략

5장

STEP 1. 도전적인 목표 수립

GROWTH 성과관리의 첫 단계는 목표 설정이다. 개인이나 조직의 목표 설정에 따라 성과가 달라진다. 성장중심(GROWH) 목표 설정을 위해 SMART 목표 설정 원칙, KPI에 OKR(Objective & Key Results)을 접목한 성과지표 운영 방안, 실행 과제의 중요성과 실천 방법 등을 알아본다. 또한 조직 구성원들과 합의된 성과목표를 공유함으로써 상호 업무 이해와 협업의 장을 마련한다. 개인별 성과목표의 공유는 성과평가와 보상과정에서 공정성과 객관성을 확보한다.

1. 목표는 성취해야 할 결과다

개발팀 박 팀장은 3명의 파트장과 함께 하반기 성과목표 수립 준비 미팅을 가졌다.

😀 박 팀장: 팀 성과목표 수립회의를 진행하기 전에 각 파트장과 함께 준비회의를 요청한 이유는 내년도 신제품 개발을 지금부터 준비하기 위함입니다. 현재의 불황을 돌파하기 위해서는 기존 제품 라인업으로는 한계가 있어요. 이제는 선풍기를 넘어서는 새로운 제품이 필요합니다. 저는 에어컨이라고 봅니다. 이에 대한 여러분들의 의견을 듣고자 합니다.

😀 소 매니저(소프트웨어): 선풍기나 에어컨에 들어가는 소프트웨어 기능은 크게 다르지 않습니다. 오히려 제어기술을 활용하는 측면에서 자사 기술력에 강점이 있습니다.

😀 도 매니저(디자인): 제품 디자인 측면에서는 선풍기나 에어컨은 다르지만 자사만의 차별화된 에어컨 디자인 구성에는 문제가 없습니다.

😀 강 매니저: 하드웨어 측면에서는 선풍기와 에어컨은 구성요소가 달라 다른 기술이 많습니다. 대표적으로 압축냉각기술, 열 배출방식, 제습기능, 공기청정 기능 등 다양한 기술을 적용합니다. 기술의 복잡도와 난이도가 훨씬 높은 제품이죠. 그러한 기술을 담당하기 위해서는 관련 기술력을 겸비한 인력 채용도 함께 고려해야 합니다.

😀 박 팀장: 외주 인력을 활용하면 어떤가요?

😀 강 매니저: 외주 인력 활용에도 한계가 있습니다. 전체 제품개발을 외주화 하지 않는 이상 임시직으로 인력을 채용하기에는 기술력을 장담하기 어렵습니다. 기존의 제품개발 실패 사례를 보면 대부분 외주 인력에서 발생하는 문제가 많았습니다.

😀 박 팀장: 기존 선풍기 시장에서 얻을 수 있는 부가가치는 한계가 있어요. 아무리 고가 선풍기를 만들어도 일단 선풍기 자체가 고가 제품이 아니죠. 동일한 투입비용 대비 효과는 에어컨 시장이 크죠.

😀 강 매니저: 지금까지 이야기를 종합하면 선풍기 시장에서 사업 매력도는 떨어지는 반면, 에어컨 시장의 매력도가 높다고 볼 수 있겠네요. 금액 면에서도 국내 선풍기 시장은 1천억 원대인 반면 에어컨은 대략 2조 원대로 예상됩니다.

🗨 도 매니저: 선풍기와 에어컨은 같은 계절가전이지만 유통채널이 다릅니다. 에어컨은 국내 메이저 업체가 시장의 80% 이상을 차지하고 있고, 유통채널 또한 대기업 유통망을 통해 주로 판매되고 있습니다. 더구나 선풍기에 없는 설치와 A/S 인력을 추가로 확보해야 합니다.

🗨 박 팀장: 좋은 지적입니다. 유통채널과 설치문제까지 차이가 크죠. 그렇다면 이야기를 좁혀서 '우리가 팔 수 있는 에어컨 타깃 고객과 시장은 어디인가?'로 좁혀 볼까요?

🗨 소 매니저: 저는 최근 늘어나고 있는 캠핑 인구나 차박 등 야외에서 사용할 수 있는 휴대용 에어컨은 성장성이 높다고 봅니다.

🗨 강 매니저: 에어컨이 무거워서 들고 다니기에 힘들지 않을까요?

🗨 소 매니저: 휴대용 제품에서는 무게와 사용가능 시간, 에너지 소모량이 중요한 요인이죠.

🗨 도 매니저: 차박의 경우는 들고 다니지 않기 때문에 무게에 대한 제약조건이 줄어들고요. 차량을 이용한 오토 캠핑의 경우는 무게에 대한 부담은 상대적으로 덜하다고 봅니다.

🗨 박 팀장: 모두 좋은 아이디어입니다. 토론 내용을 종합하면 휴대용 에어컨으로 목표 시장이 정해지는군요. 시장분석과 제품사양, 가격에 대해서는 영업마케팅팀과 공동으로 조사가 필요합니다. 오늘은 내년도 신제품 개발의 아이템으로 휴대용 에어컨 시장에 대한 진출 가능성을 보았다는 점입니다. 각 파트별로 목표 설정서의 목표와 추진계획에 포함해 주길 바랍니다.

탁월한 성과는 도전적 목표에서 나온다

성과관리에서 목표는 과제를 이끌어가며 사람들의 행동을 통제한다. 매년 성과목표를 세우고 실행하고 평가 피드백 하는 반복적 과정 속에서 방향을 잃어버리고 실적에 허우적거릴 때가 많다. 방향을 잃고 헤맬 때 목표는 가야 할 방향을 제시해 준다. ZUME PIZZA의 마케팅 책임자인 조지프 스즈키는 목표의 중요성에 대해 다음과 같이 말했다.

"거친 바다를 수영하다 보면 방향을 잃기 쉽다. 목표를 깊이 들여다본 덕분에 나침반을 계속해서 확인할 수 있었다."

탁월한 결과를 만들고 싶으면 도전적인 목표를 세워야 한다. 그러나 현실은 반대로 간다. 개인이나 조직이 성과관리에서 도전적인 목표를 세우지 못하는 이유는 무엇일까? 먼저 성과평가에서 좋은 평가를 얻으려면 달성 가능한 목표를 세워야 한다. 성과평가 앞에 도전적 목표는 무릎을 꿇는다. 그러나 미국의 구글이나 어도비, 마이크로소프트 같은 기업의 성과관리는 한계를 뛰어넘는 목표 설정을 장려한다. 이 회사들의 구성원들이 도전적인 목표를 세우는 것은, 실패를 용인하고, 도전성을 반영한 평가와 보상이 이뤄지기 때문이다.

두번째 실패 이유는 도전적인 목표를 장려하고 실천하는 조직문화가 형성되지 못했다. 천재가 회사에 들어오면 그는 어떻게 될까? 답은 보통 사람이 되거나 조직을 떠난다. 조직에 들어온 탁월한 인재는 상명하복의 수직적 조직문화 속에서 그의 도전적인 목표는 보통의 목표로 전락한다. 이러한 현실에 좌절한 천재는 회사를 떠나거나 목표 수준을 낮추어 현실에 안주한다. 보통 목표로도 충분히 잘했다는 칭찬과 보상이 따랐다. 그는 더 이상 도전적인 목표를 세워야 할 이유를 찾지 못한다.

아울러 도전적인 목표를 이끌어갈 성과관리 리더십이 부족하다. 많은 기업들이 안전 지향 혹은 현상유지의 정책을 펼치고 있다. 이것이 오늘날 기업의 현실이다. 도전적인 목표를 세우고 1~2년 동안 팀 활동을 해도 금방 성과가 나오지 않는다. 1년 2년이 지나 성과가 나오지 않으면 경영진에서는 프로젝트를 종결시키고 팀은 해체된다. 이러한 상황이 반복되면서 사람들은 도전적인 과제 수행의 의미를 잃어버린다.

무난히 할 수 있는 목표를 세우거나 주어진 과제를 잘하면 그만이다. 평가중심 성과관리는 그 모습에 너무나 익숙해져 있다. 이러한 현실을 어떻게 극복할 수 있을까? 어느 사회나 조직도 내부의 모순이 넘칠 때 스스로 변신하지 않으면 외부의 압력에 의해 무너진다. 그 사례는 너무나 많다. 노키아, 코닥, 모토로라, 엔론 등 세계 최고를 달리던 기업들이 기술과 시장의 변화로 한순간에 나락으로 떨어졌다.

과업중심 목표 vs. 결과중심 목표

목표에는 크게 과업중심 목표와 결과중심 목표가 있다. 과업중심 목표는 특정 행동이나 과업 수행에 초점을 맞추며 단기적 성취나 일의 진행 과정과 방법에 집중한다. 반면 결과중심 목표는 특정 성과나 결과에 초점을 맞추며 장기적 성취나 목표 달성 결과에 집중한다. 예를 들어 과업중심 목표는 '매일 아침 30분 동안 달리기'와 같이 행동 수행에 초점을 둔다. 결과중심 목표는 '3개월 동안에 10km 마라톤 완주'와 같은 최종 성취에 초점을 둔다.

〈성과목표 예시〉
- 과업중심 목표: 매일 아침 30분 동안 달리기
- 결과중심 목표: 3개월 동안에 10km 마라톤 완주

성과목표 설정에서 과업중심 목표와 결과중심 목표 중에서 어느 것이 효과적일까? 성과목표로는 결과중심 목표가 효과적이다. 과업중심 목표는 일의 진행 과정이나 방법을 나타내는 데는 효과적이지만 성취하고자 하는 결과가 달라질 수 있다. 3개월 동안 매일 아침 30분 운동을 하더라도 10km의 마라톤을 완주 못 할 수도 있다. 반면 결과중심 목표는 성취하고자 하는 결과를 구체적으로 표현한 것이다.

결과중심 목표가 갖는 효과는 다음과 같다. 첫째, 결과중심의 목표는 과업 수행의 목표 달성 효과 측정이 용이하다. 과업중심 목표는 단순한 일의 과정을 나타내지만, 결과중심 목표는 성과를 측정할 수 있는 대상과 기준을 제공한다. 둘

째, 결과중심의 목표는 개인이나 팀의 과업 수행이 조직의 전략적 목표와 한 방향 정렬하는 데 용이하다. 셋째, 결과중심 목표는 조직 구성원들이 달성해야 할 목표를 명확히 인식하고 결과에 대한 책임감을 갖게 한다.

팀별 목표 설정 사례

다음은 부서별로 과업중심 목표와 결과중심 목표에 관한 직무별 예시를 들어보자. 아래 예시를 통해 어느 목표가 더 효과적인 성과목표인지를 알 수 있다.

① 영업팀의 성과목표 예시

- 과업중심 목표: 매일 20건의 영업 전화 걸기
- 결과중심 목표: 분기별로 신규 고객 10명 확보하기

영업조직이라면 어떤 목표가 더 효과적일까? 매일 영업 전화를 부지런히 거는 직원이 성실해 보일 수도 있다. 그러나 중요한 것은 아무리 많은 영업 전화를 해도 신규 고객을 확보하지 못한다면 헛일이다. 이처럼 결과중심의 목표 설정을 통해 영업사원들은 고객을 대상으로 목표 달성과 고객 설득에 집중한다.

② 마케팅팀의 성과목표 예시

- 과업중심 목표: 매주 5개의 블로그 포스트 작성
- 결과중심 목표: 블로그를 통해 월간 웹사이트 트래픽 20% 증가

마케팅팀 구성원들은 결과중심 목표를 통해 단순히 블로그에 글을 작성하는 것보다 웹사이트 트래픽 증가가 더 중요함을 인식한다. 결과중심 목표는 직원들이 작성하는 블로그 포스트가 웹사이트 트래픽을 증가시키지 못했다면, 스스

로 증가시키는 방안을 고민하고 연구하는 자세를 갖게 한다.

③ 인사팀의 성과목표 예시

- 과업중심 목표: 월 1회 직원 품질교육 실시
- 결과중심 목표: 교육 후 6개월 내 직원 불량률 10% 감소

회사 내 지원조직의 경우 사업 실적과 직접 관계가 낮아 건수 위주의 과업중심 목표를 세우는 경우가 많다. 이러한 건수 위주의 과업중심 목표는 단순히 실시했다는 결과를 나타내는 데 만족할 수 있다. 그러나 그러한 특정 활동을 통해 품질이나 생산성 등의 질적 효과를 파악하는 데 어려움이 있다. 결과중심 목표는 조직 구성원들이 지향해야 할 성과목표를 명확히 하며 한 방향 정렬을 통해 비즈니스의 질적 성과를 달성하는 데 집중한다.

2. 본연 목표, 도전 목표, 협업 목표

영업마케팅 이 팀장은 3명의 파트장과 함께 하반기 성과목표 설정 미팅을 열었다.

😊 이 팀장: 상반기 매출액이 230억으로 목표 대비 70억 정도 부족했습니다. 올해 매출액 600억 원을 달성하려면 하반기 400억은 해야 합니다.

😊 황 매니저(국내영업): 상반기 실적도 어려운 환경에서 박박 긁어모았습니다. 하반기 400억은 불가능한 수준입니다.

😊 조 매니저(해외영업): 저도 황 매니저님 의견에 동의합니다. 반기 매출액 400억 원은 현재의 제품 라인업으로는 어렵다고 생각됩니다.

😊 이 팀장: 신 매니저는 어떻게 생각하나요?

😊 신 매니저(마케팅): 저도 아직 반기 매출액 400억 원 도전은 생각해 보지 못했습니다. 원래 하반기 300억 원이어서 300억 원 정도의 플랜만 짜봤습니다. 현재 상황으로는 300억도 어려운 상태입니다.

😊 이 팀장: 여기 계신 세 분은 우리 회사 영업과 마케팅을 이끌어가는 선임 매니저입니다. 저도 400억 원의 매출이 쉽다고 생각하지 않아요. 그렇지만 도전도 해보지 않고 불가능하다고 생각한다면 목표는 달성할 수 없습니다. 지금까지 우리 회사는 운이 좋았다고 봐요. 매년 매출 성장률 20% 이상씩 해온데는 여러분들의 헌신 덕분입니다. 그보다 더 중요한 것은 '한번 해보자'는 강력한 동기 의식이 그러한 성과를 만들었다고 봅니다. 내년은 올해보다 더 큰 시련이 예상됩니다. 우리 회사가 여기서 주저앉느냐, 아니면 새로운 도약을 맞느냐는 기로에 섰습니다.

😊 신 매니저: 그렇지 않아도 계절상품의 특성상 가을과 겨울로 접어드는 시기라 국내 매출은 줄어들 수밖에 없습니다. 해외 수출 시장을 두드려야 하는데 글로벌 경기도 안 좋아 더욱 어려운 실정이고요. 매출 목표도 중요하지만 각 시장별로 긁어올 수 있는 규모를 검토해 봐야 합니다.

😊 이 팀장: 성과목표 설정은 현재에서 미래를 예측하는 것이 아니라 미래 목표를 세우고 오늘을 준비하는 것입니다. 그럼 각 시장별로 매출 목표를 추정해 봅시다.

😊 황 매니저: 국내 하반기 시장은 최대 150억 정도는 올릴 수 있습니다.

◯ 이 매니저: 해외시장은 동남아 시장에서 50억 원, 미주와 중남미를 합해서 80억 원, 유럽 시장에서 20억 원 정도가 최대 매출입니다.

◯ 이 팀장: 그 매출액은 연초에 세웠던 목표와 비슷하네요. 다른 판로는 없을까요?

◯ 신 매니저: 자사 제품은 지금까지 B2C 시장의 일반 소비자 대상 판매에 주력해 왔습니다. 이번 기회에 B2B 시장이나 주문자상표부착생산(Original Equipment Manufacturer, OEM) 등 다양한 도전을 해볼 필요가 있습니다. 특히 상업용 냉방설비나 선풍기 시장은 도전할 가치가 있습니다.

◯ 황 매니저: 상업용 선풍기 시장은 그동안 몇 차례 도전해 보았지만 대기업의 냉난방설비에 밀렸던 결과가 있습니다. 상업용 선풍기는 별도의 제품개발이 필요합니다.

◯ 신 매니저: 맞습니다. 상업용 선풍기는 현재 제품 라인업에 없어서 개발팀과 생산팀의 공동 개발 및 제작이 필요합니다.

◯ 이 팀장: 신 매니저의 생각에 저도 동감합니다. 기존의 제품과 영업 방식으로는 300억 달성도 쉽지 않아요. B2B 시장이나 상업용 선풍기 시장에 도전해 볼 필요가 있어요. 개발팀과 생산팀과도 협력해서 과제를 수행한다면 불가능한 일은 아니에요. 신 매니저는 다음 주에 개발팀과 생산팀과의 공동 회의를 소집해 주세요.

효과적인 목표의 구성

일반적으로 직원들은 전사 차원의 목표 설정 가이드라인에 의거 목표를 세운다. 개인이나 조직의 성과목표는 개인과 팀의 기본 역할을 수행하는 본연 목표, 어렵고 높은 수준의 도전 목표, 동료나 다른 팀을 지원하는 협업 목표가 함께 구성되면 효과적인 목표라고 할 수 있다.

본연 목표는 개인이나 조직이 기본적으로 수행하는 역할로 중요하다고 판단되는 가치를 목표로 설정한다. 영업사원의 본연 목표 예시는 아래와 같다.

• 고객불만 사항 24시간 내 대응하기

본연 목표는 개인의 내적 동기와 직무 역할, 가치 등에서 비롯된다. 위 영업 사원의 본연 목표처럼 일상적으로 고객과 대면하면서 다양한 고객의 요구 사항과 불만 등을 24시간 이내에 접수하고 해결함으로써 개인의 업무 효율성을 높이고 조직의 성과 향상에 기여한다.

도전 목표는 개인이나 조직의 현재 능력이나 자원을 2배 이상 초과하는 목표를 말하며, 개인이나 조직의 성과를 극대화하고 발전을 촉진하는 목표이다. 이 목표는 개인이나 조직의 성장을 위해 의도적으로 어려운 목표를 설정하며 높은 동기부여와 창의적이고 혁신적인 접근이 필요하다. 영업사원의 도전 목표 예시는 아래와 같다.

• 상반기 내에 ○○ 제품 영업 매출 50% 향상

도전 목표는 현재의 수준보다 훨씬 높은 수준을 설정함으로써 높은 성과를 달성하기 위함이다. 이러한 도전을 통해 위기나 어려운 현실을 극복함으로써 성장과 성취감을 느낄 수 있다. 위 영업사원의 '상반기 내 영업 매출 50%를 향상'이라는 도전 목표를 달성하기 위해 창의적이면서 전략적 접근이 필요하다. 그러한 과정을 통해 개인의 성장과 조직의 성과 향상이라는 성취감을 느낄 수 있다.

협업 목표는 팀이나 조직 내 여러 사람이 공동으로 목표를 설정하여 공동으로 수행하거나 일부 역할을 맡아서 실행하는 목표를 말한다. 이 목표는 조직 차원의 목표나 다른 구성원들의 업무를 지원함으로써 개인보다 팀이나 조직 차원의 공동 성과를 중시한다. 성과 측정에서도 개인이나 팀의 기여도를 평가한다. 영업사원의 협업 목표 예시는 아래와 같다.

• 상반기 내에 신규 아이템 개발지원 2건 이상 참여하기

협업 목표는 팀이나 조직 차원의 협력을 통해 목표 달성을 장려한다. 협업 목표를 통해 성과관리가 개인 차원의 과업 수행을 넘어 조직 차원의 공동 목표를 달성하기 위한 협력과 공동 책임 의식을 강화한다. 위 영업사원의 '신규 아이템 개발지원 참여하기'는 영업팀을 넘어 마케팅팀 혹은 개발팀과 협업을 통해 신규 아이템 발굴에 참여함으로써, 조직 전체의 사업 목표 달성을 지원하고 상호 협력과 팀워크를 증진한다.

도전 목표 설정 방법

회사 입장에서는 직원들이 자발적으로 도전적인 목표를 세우고 과업을 수행해 주길 기대한다. 그렇지만 실패에 대한 위험을 안고서 도전에 나서는 직원은 많지 않다. 또한 조직 차원에서 도전 목표 설정을 강제할 수 없다. 개인과 조직 차원에서 구성원들의 도전 목표 설정을 어떻게 도와야 할까?

먼저 개인 차원에서 직원들이 도전 목표 달성을 실패했을 때 심리적·경제적 부담감을 최소화한다. 예를 들면 1:1 성과 미팅을 통해 직원이 고민하거나 염려하는 사항들을 함께 해결하기 위해 노력한다. 또한 도전적인 목표를 수행하는 데 필요한 인적·물적 자원을 지원해 주고, 진행 사항을 주기적으로 모니터링하면서 피드백을 제공한다. 이러한 점검과 지원을 통해 직원들이 부담감을 내려놓고 자발적으로 도전하는 분위기를 형성한다.

조직 차원에서는 도전 목표 설정을 장려하는 조직문화가 중요하다. 구글의 경우 도전적인 목표 설정을 장려하는 문샷싱킹(MoonShot Thinking)이 있다. 문샷싱킹은 달을 더 잘 보기 위해 망원경의 성능을 높이는 대신 달에 갈 수 있는 탐사선(moonshot)을 제작하는 과감한 사고체계이다. 이처럼 구글은 처음부터 10%의 개선보다는 10배 혁신을 하겠다는 과감한 도전을 장려한다. 그 과정에서 오늘날 구글의 많은 제품과 서비스가 나왔다. 조직 차원에서 도전을 장려하고 실패에 대한 부담을 최소화하는 문화가 형성될 때, 구성원들의 도전 목표 설정은 확산된다.

또한 도전 목표의 달성 수준에 따라 성과평가와 보상에 반영한다. 도전 목표의 결과와 무관하게 일정한 평가점수, 예를 들면 중간점수를 반영해 주거나 가점을 준다. 구글의 경우 OKR(Objective-Key Results) 시스템을 통해 도전적인 목표를 설정하고 달성한 수준에 따라 보너스, 스톡옵션, 승진과 같은 기회를 제공한다. 마이크로소프트의 경우 'Growth Mindset' 문화를 도입하면서 실패를 학습의 기회로 받아들이고 도전적인 성과목표를 달성한 직원에게 공개적인 인정이나 칭찬, 보너스와 승진의 기회를 제공한다.

협업 목표 설정 방법

조직 구성원 간의 협업을 장려하기 위해 성과관리제도에 반영한 대표적인 회사가 마이크로소프트이다. 마이크로소프트는 구성원들 간의 협업을 장려하기 위해 성과목표 설정에 협업지표를 반영한 성과관리제도를 운영하고 있다. 마이크로소프트는 새로운 성과관리제도를 통해 단순히 개인의 활동이 아니라 그 활동을 통해 비즈니스에 미치는 기여도는 무엇인지, 어떠한 결과를 가져왔는지를 평가하고 보상한다. 이를 위해 기존에는 성과를 의미하던 퍼포먼스(Performance)를 임팩트(Impact)라는 말로 바꿨다. 퍼포먼스가 당해 연도 목표와 결과 측면에서 어느 정도 달성했는지에 초점이 맞춰져 있다. 반면 임팩트는 단순히 개인의 활동이 아닌 그 활동이 비즈니스에 미치는 기여도와 영향도 측면에서 접근한다.

또한 기존의 조직 내부 구성원 간의 경쟁과 사일로를 없애기 위해 비즈니스 기여도로 성과목표를 설정하고 평가한다. 마이크로소프트에서 협업은 크게 2가지로 나뉜다.

- "다른 사람의 성공에 자신이 기여한 것은 무엇인가?"
- "나의 업무 성공을 위해 다른 사람의 의견이나 사례를 얼마나 받아들였는가?"

이 두 가지를 종합적으로 검토하여 평가하며, 타인과의 협업이 증명되지 않는다면 좋은 평가를 받을 수 없다. 또한 성과평가 시스템에서 협업의 성과를 평가하고 협업에 기여한 직원들을 보상한다. 이를 위해 성과평가에서 협업지표를 중요한 성과평가 요소로 반영한다. 또한 마이크로소프트의 'Teams'와 같은 협업 도구와 플랫폼을 제공하여 전사적인 협업에 활용한다.

3. 목표 설정 SMART하게 하자

생산지원팀 조 팀장은 하반기 성과목표 설정을 위해 개인별로 목표 수립을 위한 1:1 성과 미팅을 진행했다. 첫 순서로 전사 품질을 담당하는 최 매니저와 만났다.

- 🙂 조 팀장: 상반기는 신제품 불량 사고로 고생 많았어요. 하반기에는 품질 사고 가 나지 않도록 꼼꼼하게 품질관리 해봅시다. 하반기 성과목표는 어떻게 잡았나요?

- 🙂 최 매니저: 하반기 성과목표는 본연 목표 2개, 도전 목표 1개, 협업 목표 2개로 정했습니다. 본연 목표로 개인 차원에서 "품질관리사 자격증 획득하기", 업 무 차원에서 "전사 품질관리 교육 1회 이상 실시하기"입니다. 도전 목표는 "전사 제품 불량률 0.5% 수준 관리하기"로 잡았습니다. 협업 목표는 "팀별 품질 담당자와 월별 정기미팅 실시하기", "전사 공정별 품질관리 매뉴얼 개 정하기"입니다.

- 🙂 조 팀장: 목표 설정의 SMART 원칙에 의거 목표를 살펴봅시다. 먼저 "품질관리 사 자격증 획득하기"는 어떻게 보완하면 좋을까요?

- 🙂 최 매니저: 기한(Time-bound)이 누락되었네요. "올해 말까지 품질관리사 자격 증 획득하기"로 수정하면 좋을 듯합니다.

- 🙂 조 팀장: 좋아요. 구체적이고 측정 가능하며 달성 가능해 보이고, 전사 품질 목표와 연관이 있네요. 다음은 "전사 품질관리 교육 1회 이상 실시하기"는 어떤가요?

- 🙂 최 매니저: SMART 목표 설정 원칙에 맞다고 봅니다.

- 🙂 조 팀장: 저도 SMART 목표 설정 원칙에 부합한다고 생각해요. 다만 과업중심 목표로 기술되어 약간 아쉬움이 있는데, 상반기에도 품질교육을 실시했지만 외주제작 제품 불량 사고를 막지는 못했죠. 그렇다면 외주제작 업체에 대한 품질관리를 어떻게 해야 할지 검토가 필요하다고 봅니다.

- 🙂 최 매니저: 예, 알겠습니다. 전사 차원의 품질관리 방안에 대해 좀 더 고민해서 다음 성과목표 설정 팀 미팅 때에 보고하도록 하겠습니다.

- 🙂 조 팀장: 그렇게 합시다. 다음 도전 목표는 "전사 제품 불량률 0.5% 수준 관리하 기"는 어떤가요?

💬 최 매니저: 상반기에도 0.5% 수준에서 관리하기로 했는데, 제품 불량률 목표 수준을 훨씬 넘었습니다. 그래서 하반기에도 동일한 수준에서 목표를 잡았습니다.

💬 조 팀장: 올해 목표 수준 0.5%를 달성하려면 하반기는 0.1% 수준으로 관리해야 되지 않을까요?

💬 최 매니저: 0.1% 수준은 너무 타이트한 목표라고 생각됩니다. 그렇지만 좀 더 도전적으로 잡아보겠습니다. 이 목표는 도전 목표이면서 협업 목표이기도 하니 개발팀과 생산팀과 잘 협력해서 불량률 0.1% 목표 수준에 도전해 보겠습니다.

💬 조 팀장: 좋습니다. 어려운 수준이지만 그래야 도전 목표라 할 수 있죠. 앞으로 자사 품질수준을 더 높은 수준으로 끌어올릴 방법을 고민해 봐야 합니다. 그래야 A/S 비용도 절감할 수 있고요. 다음 협업 목표는 "팀별 품질 담당자와 월별 정기 미팅 실시하기"와 "전사 공정별 품질관리 매뉴얼 개정하기"는 어떤가요?

💬 최 매니저: 그동안 형식적으로 진행하던 품질 담당자 미팅을 정례화하고 좀 더 꼼꼼하게 챙기려고 합니다. 그리고 공정별 품질관리 매뉴얼은 상반기에 개정하기로 했는데, 품질사고 대응으로 진행하지 못한 목표를 하반기에 과제로 진행하려 합니다.

💬 조 팀장: 전사 품질 담당자 정기 미팅 건은 좋은 목표인데 자칫하면 형식적인 회의로 변질될 수 있어요. 매월 안건을 잘 정리해서 품질사고를 방지하는 예방 관리를 잘 해주길 바랍니다.

목표 설정의 SMT 원칙

성과목표 설정에서 가장 기본이 되는 원칙으로 'SMART 원칙'이 있다. SMART 원칙의 5가지는 목표가 구체적인(Specific), 측정 가능한(Measurable), 달성 가능한(Achievable), 상위/하위 목표와 관련된(Relevant), 목표 기한이 있게(Time-bound)이다. 이 SMART 원칙이 다소 복잡하므로 꼭 지켜야 할 핵심 3가지를 꼽으라면 SMT(Specific, Measurable, Time-bound)이다. 이 세 가지 목표 설정 원칙만이라도 제대로 준수해도 목표로서 충분한 기능을 한다.

SMT 목표 설정 원칙을 구체적으로 살펴보면, Specific은 목표를 구체적으로 설정하는 것을 말한다. 목표가 너무 광범위하거나 추상적이면 목표 달성 수준과 향후 평가기준에도 혼동을 줄 수 있다. 목표를 구체적으로 작성하는 것이 목표 설정의 출발점이다. Measurable은 "측정할 수 없으면 개선할 수 없다"라는 경구처럼 측정 가능한 목표라야 평가할 수 있고, 목표의 진척 상황을 확인할 수 있다. 측정 가능한 목표와 기준을 설정하면 다른 구성원들과 소통이 용이하며 목표 달성 경로를 명확히 한다. Time-bound는 목표에 기한을 설정해 둠으로써 목표의 시작과 끝 지점을 알 수 있다. 목표 기한을 설정해 둠으로써 목표가 전체 프로세스에서 다른 목표나 과제와의 연관성과 추적 가능성을 용이하게 한다. 목표에 달성 기한을 설정함으로써 주어진 기간까지 성취 가능한 목표인지, 진척 사항을 언제 어떻게 점검해야 할지를 결정할 수 있다.

성과목표 설정서 SMART하게 작성하기

성과목표를 설정하는 방식은 기업의 성과관리제도에 따라 달라진다. 아래 〈표 4. 성과목표 설정서 양식〉은 핵심성과지표(KPI) 중심에 목표–핵심결과(OKR)의 개념을 접목한 목표설정 양식이다. 이 양식을 토대로 성과목표 작성 방식을 알아본다.

첫째, 회사의 비전과 미션, 전략과제 그리고 소속 부서의 역할과 책임 등에서 '전략과제'를 도출한다. 전략과제는 핵심성공요인(Critical Success Factors, CSF)이라고 하는데 전사적으로 관리하거나 지향하는 과제 혹은 전략 방향과 연동한다. 팀원의 전략과제(CSF)는 팀의 전략과제 중에서 개인이 선택하거나 팀 차원에서 배분되기도 한다. 또는 전략과제를 도전적인 목표로 설정할 경우 OKR의 개념을 활용하여 목표(Objective)를 작성한다. 핵심 결과(Key-Results)는 '세부 실행과제' 란에 작성한다. KPI는 목표에 부합하는 KPI를 새로 만들거나 기존 KPI 사전을 활용한다.

〈표 4〉의 '구분'란은 전략과제의 성격이 도전 목표인지, 본연 목표인지, 협업 목표인지를 구분한다. 만약 BSC(균형성과표) 기반의 성과관리제도를 운영할 경우, 재무 관점, 고객 관점, 내부 프로세스 관점 그리고 혁신과 성장 관점으로 작성한다.

둘째, 전략과제 혹은 전략 방향이 정리되면 '핵심성과지표(KPI)'를 작성한다. 핵심성과지표는 성과목표 설정서에서 중요한 항목이다. 핵심성과지표는 목표 실행과 평가하는 기준이 된다. 또한 목표와 직접 연관이 되고 측정 가능한 지표로 구성된다. 성과지표는 팀이나 조직 차원에서 핵심성과지표(KPI) 사전을 만들어두면 필요한 성과지표를 공동으로 사용할 수 있다. 또한 핵심성과지표가 개인에 따라 달라지거나 오용 등을 방지할 수 있다. 예를 들면 '고객만족도' 지표는 어떤 기준으로 고객만족도를 평가하는지를 나타내며, 결과에 따라 동일한 평가를 받는다. 또한 〈표 4〉의 '비고'란에 평가척도는 핵심성과지표의 달성 정도를 평가하는 기준을 말한다. 평가척도 역시 핵심성과지표 사전에 기술된 내용을 토대로 작성한다.

만약 조직 내부에 핵심성과지표(KPI) 사전이 없을 경우, 팀 차원에서 20개 내외의 KPI를 사전에 정의해 두고 팀원들이 공동으로 활용하면, 별도의 성과지표를 개발하는 시간을 줄일 수 있다. 또한 팀 내부의 성과관리 커뮤니케이션에도 효과적이다. 팀 차원에서 개발한 핵심성과지표(KPI)를 전사 차원에 취합해서 보완 관리하면 효율적인 성과관리제도를 운영할 수 있다.

셋째, '목표수준'과 '가중치'를 설정한다. 목표수준은 앞서 학습한 목표설정의 SMT 원칙 중에서 측정 가능한(Measurable)에 근거한다. 목표 수준에서 기준치는 보통 전년도 목표 수준이 된다. 만약 전년도 기준이 없거나 기준치 설정이 어려울 경우 비워둔다. 여기서 중요한 것은 올해 목표를 어떻게 설정하느냐가 중요하다.

〈표 4〉 성과 목표 설정서 양식

■소속:　　　　　　■직위:　　　　　　■성명:

구분	전략과제 (CSF)	핵심성과지표 (KPI)	목표수준		가중치 (%)	세부 실행 과제 (내용, 기한, 수준)	실행기간				비고 (평가 척도)
			기준치	목표			1/4	2/4	3/4	4/4	
											S: A: B: C:
											S: A: B: C:
											S: A: B: C:
											S: A: B: C:
											S: A: B: C:

　　넷째, '세부 실행과제'와 '실행기간'을 작성한다. 실행과제는 전략과제와 핵심성과지표에 직접적으로 연관되며 그것을 달성하기 위한 활동이다. 목표설정 SMT 원칙 중에서 구체적이며(Specific), 시간 제한이 있는(Time-bound)에 근거하여 작성한다. 또한 전략과제나 핵심성과지표와 연관이 있고(Relevant), 달성 가능한(Archible) 과제여야 한다. 이러한 실행과제는 상부에서 톱다운(Top-down)으로 내려올 때도 있고, 개인들이 조직의 상부에 제안하는 보텀업(Bottom-up) 방식으로 작성할 수도 있다.

다섯째, 성과목표가 구체화되면 상사와 성과목표 설정서를 리뷰하면서 성과목표와 성과지표, 실행과제에 대한 조정과 합의를 이룬다. 이때 전략과제나 핵심성과지표, 실행과제가 조직 차원에서 누락되거나 중복되는 목표 혹은 과제가 없는지 확인한다. 필요한 경우 조정할 수도 있다. 성과목표 설정서가 합의되면 세부 성과계획서를 작성하거나 성과관리 시스템에 등록한다.

성과목표 설정서 작성과정에서 완벽한 목표를 설정하려 하거나 너무 많은 시간 투자는 낭비가 될 수 있다. 상황에 따라 전략과제에 딸린 실행과제가 변할 수도 있다. 이 과정에서 중요한 것은 개인의 목표는 조직의 목표와 긴밀히 연계하며, SMART 원칙에 의거 목표를 설정한다.

목표설정 면담은 동기부여의 장

목표 설정 면담은 1:1 코칭 방식으로 진행한다. 위 〈드림 컴퍼니〉 조 팀장과 최 매니저의 대화는 목표설정 면담의 한 단면을 보여준다. GROWTH 성과관리에서 목표설정 면담은 관리자가 직원의 목표 설정서를 검토하여 조직의 성과계획과 한 방향 정렬되도록 개선 및 보완하는 1:1 대화 과정이다. 목표 설정 면담은 직원 목표 설정서를 고도화할 뿐만 아니라, 목표 달성의 공감대를 형성하는 성과관리의 핵심 과정이다.

목표 설정 면담에 앞서 관리자가 준비할 사항은 사업환경 분석자료, 전사 혹은 사업부 사업계획서, 팀 성과목표 설정서, 이전 주기 성과평가 결과서 및 성과평가 면담 자료 등이다. 이 중에서 해당 직원의 이전 주기 성과평가 결과서는 꼭 검토하고 면담에 들어간다. 직원의 직무가 변동되지 않는 이상 동일한 업무를 수행하면서 유사한 목표와 과제를 설정할 확률이 높다. 사람은 동일한 잘못을 반복하곤 한다. 이러한 사항들을 일독한 후에 목표 설정 면담에 임한다.

관리자가 목표 설정 면담과정에서 유의할 점에 대해 살펴보자. 먼저, 직원의 목표 설정서와 전사/사업부/팀의 성과 계획과 한 방향 정렬되었는지를 검토한다. 특히 전사 과제나 팀의 전략적 과제가 직원들의 목표에 제대로 반영되었는지 확인한다. 직원이 높은 수준의 목표에 부담스러워할 경우, 일방적으로 몰아붙이기보다 해당 과제의 취지와 중요성에 대한 공감대를 형성하며, 직원 스스로 목표 수준을 결정할 수 있도록 지원한다.

조직과 개인의 목표가 한 방향으로 정렬되었다면, 각 전략과제별 성과지표와 목표 수준, 실행과제들이 잘 연결되었는지를 확인한다. 이 과정에서 앞에서 살펴본 목표 설정의 SMART 원칙을 활용하면 도움이 된다. 특히 각 목표들이 구체적인(Specific), 측정 가능한(Measurable), 시간 제한이 있는(Time-bound) 사항들을 꼼꼼히 살펴본다. 이 과정에서 오류가 발생하면, 관리자가 일방적으로 피드백하기보다는 직원이 스스로 보완하도록 대화를 통해 풀어간다. 그래야 다음 주기 목표 설정서 작성에서 유사한 오류를 반복하지 않는다.

끝으로 금번 목표 설정서의 과제 수행이 자신의 경력개발과 연계되는지에 관한 이야기를 나눈다. 대부분의 직원들은 각 과제들의 수행과 자신의 경력개발과의 연계성을 보지 못하는 경향이 있다. 모든 사람은 자신의 일 속에서 성장한다. 현재의 일이 자신의 성장에 아무런 관련이 없다면 그 일을 오랫동안 지속하기는 어렵다. 관리자는 직원들에게 과제 수행이 경력개발 과정임을 주지시켜 스스로 과업에 몰입하도록 대화한다. 목표 설정 면담은 직원들이 스스로 목표를 설정하고 실천을 다짐하는 동기부여의 장이다.

4. 핵심성과지표(KPI)는 성공 잣대다

생산팀 최 팀장은 하반기 목표 설정 회의를 진행했다. 회의에는 생산관리 박 매니저와 생산1조장 김 매니저, 생산2조장 이 매니저가 참석했다.

⊙ 최 팀장: 올해 상반기 사업실적이 좋지 않다는 소식은 모두 들었을 것입니다. 특히 신제품 불량으로 다량의 반품 사태와 A/S 비용 증대로 엄청난 영업손실을 낳았어요. 우리 팀과 관련된 사안인지라 하반기 목표 설정은 이런 문제들을 고려해서 목표 설정합시다. 먼저 우리 팀 상반기 실적에 대해 살펴볼까요?

⊙ 박 매니저: 우리 팀의 핵심성과지표(KPI) 5가지별 상반기 실적을 보면, 생산 목표 달성률은 상반기 목표 대비 90%이고, 설비 가동률은 목표 80% 대비 85%를 달성했습니다. 생산제품 불량률은 0.1% 목표 대비 0.5%로 높아졌습니다. 직원 이직률은 목표 10% 대비 8%이고, 근무만족도는 4.0 목표 대비 3.6으로 다소 낮아졌습니다.

⊙ 김 매니저: 세부 내용을 보면 상반기 생산 목표 달성률이 떨어졌던 것은 원부자재를 제때 공급받지 못해 생산물량을 채우지 못한 영향이 컸습니다. 제일 큰 문제는 제품 불량이 3배 이상 큰 폭으로 증가했는데, 외주제작 품질 문제를 잡지 않으면 재발할 여지가 높습니다.

⊙ 박 매니저: 나머지 설비가동률이나 이직률은 달성 가능한 수준이라고 봅니다. 그리고 근무만족도는 목표 수준이 너무 높아서 달성하기 어렵다고 생각됩니다. 목표 조정이 필요하다고 봅니다.

⊙ 이 매니저: 우리 팀의 핵심 과제는 생산 목표 달성률과 품질 불량률인데 두 성과지표 간에는 트레이드오프(trade-off) 관계를 보입니다. 생산 목표를 달성하기 위해서는 외주제작을 적극 활용하면 좋지만 품질이나 납기 문제가 상존합니다.

⊙ 최 팀장: 생산팀의 성과목표는 최근 3년 동안 5가지 핵심성과지표를 계속 관리해 왔습니다. 문제는 이 핵심성과지표의 목표 수준을 계속 달성하지 못했다는 점입니다. 생산 목표 달성률은 최근 80~90% 수준을 맴돌고 있어요. 불량률 1% 달성은 3년 전이고, 계속 2~3% 수준을 보이고요. 이직률은 다소 안정화되었지만 직원 만족도가 3.6 수준에서 정체되어 개선이 필요합니다.

○ 박 매니저: 올 하반기부터 생산 목표 달성률 100%를 목표 수준으로 잡아야 한다고 봅니다. 생산 목표를 100% 수준을 A(우수)로 잡고, 110% 이상 달성하면 S(매우 우수)로 잡습니다. 이렇게 해야 생산팀 모두가 목표 100%를 달성하기 위해 고민하고 노력하리라 생각됩니다.

○ 김 매니저: 박 매니저님은 우리 회사의 생산 일정이 얼마나 타이트한지 아시잖아요? 그리고 원부자재 조달이 원활하지 못해 공장 라인이 서는 날도 한 달에 3~4일은 됩니다. 현재 공장 가동률이 80%에 육박합니다.

○ 이 매니저: 저도 김 매니저 말에 동의합니다. 생산 목표 100% 달성하려면 현재의 생산 방식과는 획기적으로 달라져야 합니다. 예를 들면 원부자재 공급물량에 대한 예측 시뮬레이션을 더욱 정교하게 해서 선발주 물량의 정확도를 높이고, 외주 제작업체들과의 공급망관리시스템(Supply Chain Management, SCM)을 구축해야 합니다. 외주제작업체들도 제때에 발주정보를 받지 못해 원부자재 구매에 어려움을 호소하고 있고요.

○ 최 팀장: 이 매니저의 지적이 의미가 있다고 봅니다. 개발팀과 협력해서 원부자재 물량 예측 시뮬레이션 프로그램 개선 방안을 검토 바랍니다. 그리고 자사와 외주 업체의 공급망 공유 프로그램을 개발해 봅시다. 이를 개선할 공급망관리시스템(SCM) 개발 방안을 검토해 봅시다.

○ 김 매니저: 개발팀과 원부자재 예측 물량 시스템 개선은 내부 시스템이라 개선에 큰 어려움은 없지만, 외주 제작업체들과 공급망 관리 시스템 구축은 비용이 많이 들어가는 사업입니다.

○ 박 매니저: 저도 우리 회사가 매출액 1,000억 가는 기업이 되기 위해서는 외주업체와의 공급망관리시스템 필요성에 동의합니다.

○ 최 팀장: 모두 우리 회사 앞에 놓인 문제점과 대책을 잘 제안했다고 봅니다. 생산 목표 100% 달성률과 공장 가동률 90% 수준으로 목표 수준을 상향합시다. 그런 도전을 거치면서 다소 미흡한 결과가 나오더라도 전사 목표 달성에 기여하는 게 올바른 목표 설정입니다. 그럼 다음 목표의 핵심성과지표(KPI) 구체화로 넘어갑시다.

핵심성과지표는 성과관리의 핵심 요소

핵심성과지표(Key Performance Indicator, KPI)는 조직 목표를 달성하기 위해 핵심적으로 관리하는 성과지표를 말한다. 또한 미래 성과에 영향을 주는 핵심 요인들의 평가 기준이다. 핵심성과지표를 사용하는 궁극적인 목적은 기업이 원하는 방향으로 조직 구성원들을 한 방향 정렬하는 데 있다. KPI의 구성에 따라 조직 구성원들은 사고하고 행동한다. 만약 잘못된 방향으로 핵심성과지표가 설정되면 구성원들의 과업 수행 방향이 달라지고 조직 전체의 성과는 저하된다.

핵심성과지표(KPI)는 재무적 지표와 비재무적 지표로 나뉜다. 재무적 지표는 조직이 수행한 재무적 성과를 평가하는 지표로 매출액, 영업이익, 순이익, 매출총이익률, 부채비율 등이다. 비재무적 성과에는 고객만족, 직원 업무만족, 조직 구성원들의 역량, 제도와 시스템의 효율성 등 다양한 요인들이 있다. 이러한 비재무적 요인들을 성과지표화 한 것이 비재무적 지표이다. 재무적 지표와 비재무적 지표 중에서 사업 성과에 가장 핵심적으로 영향을 미치는 요인을 선정하여 조직 차원에서 관리하는 것이 핵심성과지표(KPI)이다.

성과관리는 핵심성과지표(KPI)를 선정해서 관리하는 게 핵심이다. KPI 중심의 성과관리는 사업 목표와 연계된 성과지표의 선정과 운영이 중요하다. 그런데 사업에서 달성해야 할 목표와 연관성을 고려하지 않고 달성하기 쉬운 핵심성과지표를 선정하는 것은 문제다. 목표 달성 여부에 구성원들의 생각과 행동이 치우치다 보면, 어려운 과업에 도전하지 않으려 한다. 결국 조직은 하향 평준화되거나 도태된다. 조직의 성장이 지체되고 구성원들이 안전 지향 행동이 늘어난다면 조직의 위기를 알리는 신호다.

핵심성과지표는 정성적 지표와 정량적 지표로 나뉜다. 정량적 지표는 숫자나 통계 데이터로 표현되는 지표이고 객관적이고 측정 가능하며 구체적인 값을 제공한다. 예를 들면 매출액, 시장 점유율, 불량률과 같이 숫자로 표현된다. 반면 정성적 지표는 주관적이고 질적인 데이터를 기반으로 하는 지표이다. 정성적 지표로는 고객만족도, 직원만족도, 브랜드 인지도 등이며 객관적으로 측정하기 어렵다. 기업에서는 정량적으로 측정이 가능한 지표를 우선적으로 사용하며, 정성적 지표도 숫자로 전환해서 활용한다. 제품에 대한 고객만족도는 중요한 성과지표이지만, 객관적인 비교와 평가에는 한계가 있다. 이러한 주관적 분석과 평가가 핵심성과지표 운영에 어려움을 낳는다.

KPI와 OKR을 결합한 성과관리

OKR은 목표(Objective)와 핵심 결과(Key Results)의 합성어다. OKR은 미국의 인텔사에서 시작한 MBO(Management by Objective and Self Control) 시스템을 구글을 비롯한 실리콘밸리의 기업들이 사용하면서 성과관리 프로그램으로 확산되었다. OKR은 도전적인 목표 설정을 장려하며 조직의 성장과 혁신을 촉진한다. 또한 개인과 조직의 목표 정렬(Alignment)을 중시하며, 조직의 가장 중요한 목표를 타깃으로 조직의 힘을 집중시킨다. OKR은 직원들의 목표 달성 의욕을 향상시켜 빠른 속도로 과업을 추진하는 프레임워크다.

OKR 목표 설정에는 FAST 원칙이 있다. 첫째, 집중(Focus)이다. 많은 목표가 아닌 3~5개의 주요 목표에 집중한다. 이러한 핵심 목표에 전 구성원들의 목표가 연결되고 그 일에 전념한다. 둘째, 개인과 조직의 목표가 한 방향으로 정렬(Alignment)한다. 자신의 목표가 기업 전략과 연결되어 다른 구성원이나 팀과의 협력에도 용이하다. 또한 전 구성원들의 목표를 투명하게 공개함으로써 참여와 협력을 촉진한다. 셋째, 최고를 향해 도전(Stretch)한다. 자신의 한계를 실험하고 실패할 자유를 허용함으로써 개인의 성취동기를 자극한다. 이 과정을 통해 관리자는 직원들이 생각하는 것보다 훨씬 더 많은 것을 성취하도록 격려한다. 넷째, 상황을 추적(Trac)하여 문제를 해결한다. 정기 점검이나 성과평가 과정에서 조직에 활기를 불어넣는다. 이 과정에서 달성이 어려운 핵심 결과(Key Results)는 수정하거나 다른 항목으로 대체한다.

성과관리에 대한 철학과 방식이 다른 OKR과 KPI를 하나로 통합하는 데 한계가 있다. OKR은 개인의 자율과 도전을 중시하는 Y이론을 기반으로 한다. 반면 KPI는 과업 수행과정에서 지시와 통제를 중시하는 X이론을 바탕으로 한다. KPI 관리와 OKR을 접목한 성과관리를 하려면, 둘 중에 하나를 기본 관리 방법으로 정하고 다른 방법의 장점을 부분적으로 도입하는 게 효과적이다.

KPI 중심 성과관리는 도전보다는 안정적인 평가관리에 치중한다. 따라서 KPI 중심 성과관리에서 도전과 창의가 필요한 목표에 OKR 관리 방식과 철학을 활용한다. 예를 들어 전체 성과지표의 20%를 도전적인 목표로 설정한다. 이 목표들은 실패를 허용하며 다양한 도전과제를 진행한다. OKR은 조직 구성원들이 높은 목표에 도전하도록 동기부여 하며 상향식 의사결정을 지원한다.

또한 OKR 방식에서 핵심 결과(Key-Results, KR)를 KPI와 실행과제로 분리하여 KPI 관리에 적용한다. 모든 목표(Objective, O)에 KPI를 적용할 수도 있고, 필요한 목표에 KPI 관리방식을 채택할 수도 있다. KPI에 OKR 방식을 접목함으로써 목표(O)와 핵심 결과(KR)를 성과지표와 연결을 강화하고, 결과중심 과제수행을 촉진한다. 아울러 목표(O)를 KPI에 연결시킴으로써 핵심 결과(KR)의 성과평가와 보상과의 연계도 용이하다.

KPI 사전 만들기

조직마다 핵심성과지표(KPI) 사전을 만들어 놓으면 구성원들과 의사소통, 목표의 한 방향 정렬에 편리하다. 조직마다 차이는 있지만 일반적으로 KPI 사전을 만드는 방법은 다음과 같다.

첫째, 팀이 달성해야 할 목표를 정의한다. 이때 팀의 목표는 조직의 비전과 미션, 혹은 팀의 사명과 역할에서 도출한다. 목표별로 성과지표가 한 개이거나 그 이상일 수도 있다.

둘째, 핵심성과지표(KPI)를 선정한다. 핵심성과지표는 조직의 목표 달성을 위해 중요한 성과지표를 핵심성과지표(KPI)로 선정한다.

셋째, 핵심성과지표(KPI)의 정의와 산출방식을 구체화한다. 각 KPI가 무엇을 측정하는지 개념을 정의한다.

넷째, 각 KPI의 산출방식과 측정방법을 구체화한다. 조직에 따라서는 평가척도나 목푯값을 설정하기도 한다. 이때 평가척도나 목푯값은 도전적인 수준으로 설정한다.

다섯째, 핵심성과지표(KPI) 내용을 문서화한다. 구성원들이 활용하도록 쉽게 하며 필요하면 수정보완도 가능하다.

이렇게 작성한 KPI 사전을 전사적으로 공유하며, 다른 부서 구성원들도 활용한다. 핵심성과지표(KPI) 사전의 예시는 〈표 5〉와 같다.

〈표 5〉 핵심성과지표(KPI) 사전 예시

성과지표명	지표 정의	산출식	측정 방법
매출액 달성도(%)	목표 매출액 중에서 실제 달성한 매출액 비율	당해 (실제 매출액/목표매출액) x 100	경영회계 시스템에서 집계
영업이익률(%)	매출액 대비 세전이익 금액 비율	당해 (영업이익/매출총액) x 100	경영회계 시스템에서 집계
신규 고객 매출률(%)	신규고객 매출액이 전체 매출에서 차지하는 비율	(신규고객 매출액/총매출액) x 100	경영회계 시스템에서 집계
신제품 매출 증가율(%)	특정 기간 신제품 매출이 이전 기간에 비해 얼마나 증가했는지 나타내는 비율	(현재 기간 신제품 매출액-이전 기간 신제품 매출액)/이전기간 신제품 매출액 x 100	경영회계 시스템에서 집계
제품 불량률(%)	연간 전체 제품 중에서 불량품의 비율	연간 (불량품 개수/총 생산품 개수) x 100	생산관리 시스템에서 집계
고객 만족도	제품 및 서비스에 대한 평균 고객 만족도 점수(%)	(고객이 부여한 총점수/최대가능점수) x 100	고객 설문조사 집계 (5점 척도)
직원 이직률	조직에서 일정 기간 동안 이직하는 직원의 비율	연간 (이직 직원 수/평균 직원 수) x 100	인력현황 자료 집계

5. 목표 달성은 실행과제에 달렸다

개발팀 박 팀장은 하반기 성과목표 수립 준비 미팅을 이어갔다. 이 미팅에는 하드웨어 파트장 강 매니저, 소프트웨어 파트장 소 매니저 그리고 디자인 파트장 도 매니저가 참석했다.

- 박 팀장: 앞 시간에 차년도 전략과제인 신제품 개발 아이템으로 휴대용 에어컨 개발을 잠정 결정했습니다. 그럼 이에 대한 세부 실행과제를 구체화합시다.

- 강 매니저: 신제품인 휴대용 에어컨 개발을 위한 시장조사와 고객조사, 제품사양 등 개발에 필요한 기초적인 데이터부터 꼼꼼히 챙겨야 합니다.

- 도 매니저: 세부 내용은 영업마케팅팀과 협업을 통해 별도의 TFT(Task Force Team)를 꾸려서 세부적인 논의가 필요합니다. 우선은 성과목표 설정서에 기입할 내용 중심으로 논의하였으면 합니다.

- 박 팀장: 저도 도매니저 의견에 동의합니다. 우선 성과목표설정서에 신제품 개발 전략에 대한 실행과제 중심으로 이야기합시다.

- 소 매니저: 먼저 고객 및 시장조사를 동시에 진행합니다. 내년 5월까지 출시를 목표로 한다면 개발기간이 짧아서 시장조사와 사용자 경험 분석 시간을 앞당겨서 진행해야 합니다. 그다음 제품 콘셉트를 확정합니다. 큰 이변이 없는 한 휴대용 에어컨 제품 개발로 가지만, 만약 시기상조라는 판단이 서면 빨리 다른 제품으로 변경해야 합니다. 그리고 제품 디자인과 사양을 확정합시다. 그다음은 제품 개발과 테스트를 진행합니다.

- 박 팀장: 소매니저가 신제품 개발에 대한 세부 실행과제를 잘 정리했다고 봅니다. 혹시 누락되거나 보완할 과제가 있요?

- 강 매니저: 추가로 제안드리고 싶은 것은 신제품 개발 TFT에 생산팀도 참여가 필요합니다. 기존 신제품 개발의 문제점이라면 제품개발자가 제품시험까지 담당하다 보니, 자신이 개발한 제품의 예상되는 문제점을 제대로 파악하지 못했습니다.

- 소 매니저: 지금까지 생산팀에서 신제품개발 TFT에 참여한 적이 없는데 괜찮을까요? 그리고 그쪽도 제품생산과 외주업체 관리로 바쁠 텐데…….

😊 박 팀장: 저도 강 매니저 의견에 동의합니다. 시간이 걸리더라도 신제품의 품질 문제가 없는지 꼼꼼히 테스트할 필요가 있어요. 실행과제에서도 제품 개발과 제품 테스트를 분리해서 별도의 단계로 진행합시다. 또 다른 실행과제에 대한 의견이 있나요?

😊 이 매니저: 빠른 실행과 신제품 개발 준비를 위해서 이번 하반기 성과목표 설정서에 신제품 개발계획서 요약본을 첨부하면 좋을 듯합니다. 영업마케팅팀이나 생산팀에서도 문의가 많이 오면, 요약본을 공유하면 상호 협의에 도움이 될 듯합니다.

😊 박 팀장: 좋은 의견입니다. 사장님과 다른 팀장님들도 초미의 관심사이니 그분들의 질문과 준비에 도움이 될 겁니다. 그럼 전체 성과목표 설정서는 강 매니저가 정리해 주시고, 신제품개발 계획서는 도매니저가 전체 콘셉트를 정리 바랍니다. 오늘 수고 많았습니다.

목표 설정에서 실행과제의 중요성

성과목표 설정과정에서 많이 발생하는 실수는 전략과제와 핵심성과지표가 설정되면 목표 설정이 끝난 것처럼 생각한다. 전략과제와 핵심성과지표를 잘 설정하는 것은 목표 설정의 절반에 지나지 않는다. 실제 목표를 달성할 수 있는 핵심은 실행과제에 달려 있다. 목표를 달성하기 위해 무엇을 어떻게 해야 할지에 대한 구체적인 계획이 없다면, 아직 목표 설정은 완료되지 않았다.

성과목표 설정단계에서 실행과제는 목표 달성의 각 단계별로 무엇을 해야 하는지 명확하게 정의하며, 그 결과를 측정 가능하게 한다. 또한 실행과제는 전략과제(Critical Success Factor, 핵심성공요인)를 실천하기 위한 세부 과제다. 전략과제가 전체적인 방향과 거시적인 목표라면, 실행과제는 목표를 실현하기 위한 구체적이고 전술적인 활동이다. 또한 단기적이고 실질적인 시각에서 행동계획을 세우는 데 기여한다. 만약 '해외시장 진출'이라는 전략과제(CFS)를 목표로 잡았다면, 실행과제로는 '해외시장 조사', '해외 파트너 발굴', '해외진출 국가 법규 및 인증 준비', '해외 홍보 및 바이어 미팅 실시' 등과 같이 설정할 수 있다.

실행과제를 작성했을 때의 장점은 목표 달성에 대한 명확한 행동 지침을 제공한다. 목표나 전략과제는 추상적이거나 막연할 수 있다. 실행과제를 설정함으로써 목표를 구체적으로 인식하고 어디서부터 어떻게 실행해야 할지에 대한 일련의 세부 행동단계를 알려준다. 또한 목표를 이루기 위해 필요한 투입 인력이나 자원, 시간 등에 대한 필요 사항을 알려주며 관리를 용이하게 한다. 이를 통해 불필요한 낭비를 줄이고 효율적인 목표 달성을 가능하게 한다. 아울러 목표 달성 과정에서 진척 사항을 쉽게 모니터링하고 리스크 관리에 도움을 준다.

실행과제 도출 3단계

실행과제는 목표를 향해 나아가는 각 단계마다 무엇을 해야 하는지에 대한 정의이다. 실행과제 도출은 3단계로 나뉜다. 첫째, 설정한 목표나 전략과제를 달성하는 데 필요한 세부적인 단계를 나눈다. 큰 목표를 작은 단위로 나눠 각각을 실행과제로 정의한다. 예를 들어 '신규고객유치 20% 증대'라는 목표를 설정했다면, 신규고객유치 활동으로 신규고객 조사, 신규고객 방문, 신규고객 홍보 등의 순으로 나눠볼 수 있다.

둘째, 세분화된 과제를 구체적 행동으로 정의한다. 이때에도 SMART 목표 설정 원칙에 의거하여 작성하면 효과적이다. 세분화된 과제를 구체적 행동으로 정의하면, '신규고객 시장조사 월 1회 진행', '신규고객 방문 월 10명', '신제품 홍보 캠페인 월 1회 이상 실시'로 구체화한다. 구체적 행동 정의는 달성해야 할 각 세부 목표의 표현이다.

실행과제 작성의 마지막은 시간 계획과 담당자를 지정한다. 세부 실행과제를 언제까지 누가 할지에 관한 계획이다. 실행과제마다 시작과 종료 계획을 명시하고 각 과제의 담당자를 둔다. 실행과제를 도출하는 데 효과적인 방법에는 브레인스토밍과 ERRC 방법을 활용하면 도움이 된다.

브레인스토밍은 회의 참석자들이 자유롭게 실행과제를 제안하는 방법으로 아이디어의 질보다 양을 추구한다. 또한 다른 사람의 아이디어에 편승하여 과제를 제안할 수 있다. 브레인스토밍에서 유의할 점은 타인의 아이디어를 비판하는 행위는 바람직하지 못하다. 동료 직원들이 자유롭게 자신의 의견을 개진하는 분위기가 중요하다. 브레인스토밍 참가자들의 다양한 아이디어를 모으기 위해 제안한 모든 아이디어를 화이트보드에 적거나, 개인별로 포스트잇에 작성하여 취합한다.

ERRC 기법은 블루오션 전략의 핵심 도구 중 하나이다. ERRC는 제거(Eliminate), 축소(Reduce), 증가(Raise), 창조(Create)의 약자이다. 제거(Eliminate) 실행과제는 목표 달성을 위해 현재 수행하는 일에 가치가 없거나 불필요한 요소를 제거하는 과제다. 축소(Reduce) 실행과제는 현재 제공되는 일에 과도하거나 가치가 낮은 부분은 축소하는 과제다. 증가(Raise) 실행과제는 목표 달성을 위해 증가해야 할 과제이다. 창조(Create) 실행과제는 목표 달성을 위해 새롭게 해야 하는 과제를 의미한다. 이 4가지 요인에 따라 실행과제를 도출하면 효과적이다. ERRC를 활용한 실행과제 도출 양식은 〈그림 7〉과 같다.

실행과제 도출에서 유의할 점

성과목표의 실행과제 도출에서 유의할 점은, 먼저 목표와 실행과제의 연관성이 중요하다. 실행과제가 목표와 한 방향 정렬(Alignment)되지 못하면 아무리 많은 노력과 자원이 투입되어도 지향하는 목표 달성은 요원할 수 있다. 둘째, 실행과제는 목표를 달성하기 위해 필요한 인적·물적 자원과 시간 등의 제약조건을 고려해야 한다. 셋째, 실행과제의 담당자를 정해서 역할 분담과 책임을 명확히 한다. 여러 명이 한 팀을 구성하여 진행할 경우, 책임과 역할을 명확히 해야

목표 / 전략과제	

제거(Eliminate) 과제	축소(Reduce) 과제

실행과제

증가(Raise) 과제	창조(Create) 과제

〈그림 7〉 ERRC 활용한 실행과제 도출 양식

갈등과 문제를 사전에 예방할 수 있다. 넷째, 실행과정에서 지속적인 커뮤니케이션과 모니터링을 한다. 과제 수행 및 점검을 위해 상호 간에 지속적인 대화가 필요하다. 목표 설정 단계에서 실행과제는 목표 달성의 세부적인 이정표와 같은 역할을 한다. 각 이정표를 잘 마무리할 때, 성과목표에 한 걸음 가까이 갈 수 있다.

6. 성과목표를 구성원들과 공유하라

생산지원팀 조 팀장은 팀 내 하반기 성과목표 공유회를 실시했다. 이 공유회는 생산지원팀 4명의 매니저가 각자 작성한 성과목표 설정서를 발표하고 질의 응답하는 시간을 가졌다.

☺ 조 팀장: 그동안 개별적으로 면담한 성과목표 설정서를 전 팀원과 함께 공유하는 이유는 각자 성과목표에 대한 책임감과 협력을 강화하는 데 있습니다. 각자 발표를 마치면 궁금한 사항은 물어보고, 좋은 제안도 해주세요. 그럼 품질 담당인 최 매니저부터 성과목표 설정서를 공유해 주기 바랍니다.

☺ 최 매니저: 저는 본연 목표 2개와 도전 목표 1개, 협업 목표 2개로 하반기 성과목표 설정서를 작성하였습니다. 본연 목표는 '올해 말까지 품질경영산업기사 자격증 획득하기'입니다. 전사 품질관리 담당자로서 품질관리에 대한 전문성이 부족한 듯하여, 올해는 꼭 품질경영산업기사 자격증을 따겠습니다. 그리고 전사 품질관리 역량 강화를 위해, '조직별 품질관리 컨설팅 월 1회 이상 실시하기'로 정했습니다. 지금까지 전사 품질관리 역량을 강화하기 위해 실행 과제로 '팀별 품질관리 애로 사항 접수 창구 개설'과 '품질관리 문제해결 분임조 운영하기'로 잡아 보았습니다.

☺ 박 매니저(자재관리담당): '조직별 품질관리 컨설팅 실시'는 저도 필요하다고 봅니다. 그런데 앞서 '품질경영산업기사 자격증 따기'로 목표를 잡았듯이 아직 품질관리 전문성이 떨어지는데, 다른 팀을 컨설팅 할 수 있을까요? 그리고 솔루션을 제공할 수 있는지도 궁금하네요.

☺ 최 매니저: 먼저 좋은 질문 감사합니다. 말씀하신 대로 제가 아직 품질관리에 대한 전문성이 부족합니다. 그래서 '품질관리 문제해결 분임조' 운영은 제가 문제를 해결하는 게 아니고, 각 팀이 품질문제해결 분임조 활동을 조직화하고 지원합니다.

☺ 조 팀장: 전사 품질관리 담당자는 최 매니저이지만 공동으로 품질관리 문제를 풀어가고, 필요하면 저나 다른 사람들의 지원을 받는 것도 좋습니다.

○ 최 매니저: 다음 도전 목표는 '제품불량률 0.1% 수준으로 관리하기'입니다. 이를 달성하기 위한 실행과제로 '팀별 품질담당자 선임 및 자주관리'와 '외주 제작업체 품질관리 제도 개선 및 매뉴얼 제작하기'로 잡았습니다. 이것은 협업 목표인 '팀별 품질담당자 월별 정기미팅 실시하기'와 '전사 공정별 품질관리 매뉴얼 11월까지 개정하기'와 병행하여 진행할 예정입니다.

○ 주 매니저(구매담당): 팀별 품질관리 담당자 선임은 현업 부서에서 인력 선발에 대한 지원을 해줘야 할 텐데 사전에 협의는 되었나요?

○ 최 매니저: 다른 팀과 아직 구체적인 협의는 못 했지만 지난번 신제품 품질사고 해결 방안으로 팀별 품질관리 담당자 선임 및 모임 운영에 대해서는 제안했는데, 모두 긍정적 반응이었습니다.

○ 이 매니저(고객지원): 외주 제작업체 품질관리 제도 개선과 매뉴얼 제작도 실행과제로는 적합하다고 생각됩니다. 어려운 과제들인데 잘 진행된다면 불량률을 최소화하고 제품 품질을 높일 수 있는 계기가 될 것 같아요.

○ 조 팀장: 좋습니다. 이제 최 매니저가 하반기 성과목표를 잘 실행할 수 있도록 모두 격려의 박수를 보내 줍시다. 다음은 구매담당 주 매니저의 성과목표 설정서 공유 바랍니다.

구성원 목표 공유의 장점

우리나라에서 개인들의 성과목표를 조직 차원에서 공유하는 회사는 드물다. 그 이유는 개인 성과목표의 공유 필요성을 느끼지 못하기 때문이다. 그런데 구글 직원들은 반기마다 자신의 성과목표를 회사 내부 시스템에 입력하면 다른 직원들이 OKR시스템을 통해 열람한다. 마이크로소프트의 경우 협업중심의 OKR시스템을 도입하여 운영 중인데, 직원 개인들의 목표와 성과를 자사의 OneNote나 Teams를 활용하여 공유하고 있다. 또한 분기 성과관리 미팅을 통해 전 팀원이 참여하여 의견을 제안하고 협력 방안을 모색한다.

아마존은 목표관리제(MBO)를 사용하는데, 회사의 전략적 목표를 부서와 개인들이 톱다운(Top-down, 하향식)으로 전개하여 운영한다. 아마존도 회사 내부 포털을 이용해 목표와 성과를 기록하고 공유한다. 이를 통해 모든 직원이 자신의 목표와 조직의 목표를 명확히 이해하고 실행한다.

이처럼 개인별 목표를 전체 구성원들과 공유하면 어떤 이점이 있을까? 먼저 구성원들의 성과목표 공유를 통해 개인과 조직의 목표가 한 방향 정렬되었는지 자율적으로 검증할 수 있다. 물론 조직 차원에서 구성원들의 모든 성과목표서를 검증할 수 있다. 그러나 시간과 자원이 많이 소요되고, 완전한 검증은 불가능하다. 구성원들 간의 자율적 공유는 개미가 한 방향으로 줄지어 가는 모습과 흡사하다. 개미는 앞과 옆의 개미들을 보면서 한 방향으로 정렬하듯 갈 길을 찾는다. 조직 구성원들 간의 공유는 성과목표의 자율적인 한 방향 정렬을 가져온다.

또한 성과목표 공유는 성과목표 달성을 위해 최선을 다하는 긍정적 동기를 부여한다. 하버드비즈니스리뷰(HBR)의 연구결과에 따르면, '주변 동료가 자신의 목표를 알 수 있을 때 더 열심히 일하게 된다'고 응답한 비율이 92%에 달했다. 구성원들 간의 성과목표 공유는 직원들의 목표와 실행을 조정하고 통제하여 더 나은 결과를 만든다. 특히 어렵고 힘든 과제를 수행하는 직원들을 구성원들이 함께 응원해 준다면, 당사자들의 헌신은 기대 이상의 결과를 가져오기도 한다. 공유는 단순히 전체가 같이 보는 것을 넘어 전체가 응원하는 긍정적 동기를 부여한다.

성과목표의 공유는 자연스러운 조직 내 업무 조정과 협업을 강화한다. 도전적인 목표는 개인이나 팀 차원에서 단독으로 진행하기 어렵다. 도전적 목표는 다양한 전문가들이 자연스럽게 참여해야 하고 서로가 도와주고 밀어주는 협력이 필요하다. 또한 목표 공유는 도전적 실행과제를 공동으로 수행할 수 있는 파트너를 구할 수 있는 협업의 장이다.

구성원들과 목표를 공유하는 방법

성과목표를 공유하는 방법은 크게 2가지로 나눌 수 있다. 하나는 팀 전체 미팅에서 개인의 목표를 발표하고 질의/응답하는 방식이다. 위 〈드림 컴퍼니〉의 팀 성과목표 공유회와 같은 방식이다. 보통 이 방식은 전사 혹은 사업부 혹은 팀 내 팀원 목표를 공유할 때도 범용적으로 활용할 수 있다. 실제로 KPI 기반 성과관리를 진행하는 일부 조직들도 조직 차원의 성과목표 공유회를 진행한다.

또 다른 하나는 온라인상에서 성과목표를 공유한다. 이 방법은 구글이나 마이크로소프트, 아마존과 같은 기업들이 사내 인트라넷을 활용하여 공유하는 방식이다. 개인들이 각자의 목표를 올리고 실적을 업그레이드하면서 자연스럽게 진행 상황을 공유한다. 국내에서도 자사에 맞는 성과관리 시스템을 구축하여 회사 내부에서 공유하는 조직들도 있다. 자사만의 온라인 시스템을 구축하기 어려운 경우에는 외부의 온라인 성과관리 시스템을 공동으로 사용하는 방법이다. 온라인 성과관리 플랫폼 중 하나가 레몬베이스다. 레몬베이스는 회원사들이 자사 구성원들이 사용할 수 있는 계정에 접속해서 각자의 목표도 올리고, 실적도 관리하면서 평가까지 수행하는 기능을 가지고 있다.

목표 공유 시 유의할 점

조직의 성과관리 방식이 KPI 기반 성과관리제도나 OKR(목표-핵심결과) 시스템, 목표관리제(MBO), 혹은 균형성과표(BSC) 중에 어떤 성과관리 방식을 채택하더라도, 조직 구성원 간 성과목표 공유는 가능하다. 다만 하지 않거나 필요성을 느끼지 못하고 있다. 이 말은 성과목표를 공유하지 않아도 성과창출에 문제가 없다는 인식이 바탕에 깔려 있다.

또는 개인의 목표를 비밀로 하는 경향이 있었다. 관리자 중심의 공유나 대화로 충분하다고 생각한다. 과거에는 하향식(Top-Down) 성과관리에서 주어진 역할과 책임을 수행하는 데 역점을 두었다. 그러나 새로운 것을 개척해 가는 지식 창조경제에서 개인들의 창의적 사고와 행동이 중요해졌다. 이제는 하향식(Top-Down)과 상향식(Bottom-Up) 목표 설정이 동시에 진행되고 있다. 성과목표를 전 사원이 공유할 때 공정과 협력의 성과관리가 활성화된다.

조직 구성원들 간 목표를 공유할 때 유의해야 할 점은 다음과 같다. 제일 중요한 점은 보안 문제이다. 개인의 성과목표 설정서에는 팀이나 조직의 중요한 사업정보가 포함되어 있다. 이러한 것들이 회사 외부로 유출되거나 경쟁사로 흘러 들어가게 되면 회사에 큰 손실을 입힐 수 있다. 많은 기업들이 사업정보의 유출을 극도로 꺼린다. 만약 외부 유출이 우려되는 과제는 세부 내용을 비밀로 처리하거나 허락된 사람만이 열람하는 방식으로 처리한다.

또 다른 문제는 개인의 성과목표에 대한 부정정인 피드백이나 갈등 유발이다. 개인의 성과목표에 댓글을 달아 응원을 하거나 좋은 아이디어를 제안하는 순기능을 한다면 더할 나위 없이 좋은 일이다. 만약 일부 직원들이 부정적인 피드백이나 거짓 정보를 올린다면, 당사자에게 분노와 좌절을 안겨줄 수 있다. 이러한 문제를 방지하기 위해서는 작성자의 성명을 공개로 설정하거나 성과관리 교육을 통해 바람직한 댓글 쓰기 방법을 교육한다. 필요하면 온라인 성과관리 시스템을 주관 부서에서 부정적이거나 잘못된 댓글은 삭제하는 필터링 기능을 운영한다.

끝으로 개인들의 성과목표를 전사적으로 공유하기 위해 온라인 성과관리 시스템을 운영한다. 회사는 성과관리 전산시스템이나 엑셀 프로그램을 활용하여 성과관리를 진행한다. 엑셀을 활용한 성과관리 시스템은 규모가 작은 중소기업이나 직원 수가 50인 미만인 기업들에서 활용 가능하다. 이러한 성과관리 시스템에 목표 공유 이외에 또 다른 기능을 넣을 수 있다. 예를 들면 실적관리, 진척도 관리, 성과평가 및 피드백 등 다양한 기능을 포함할 수 있다. 처음부터 많은 기능을 넣으려면 개발 시간과 비용도 많이 들어간다. 때로 적은 것이 더 효율적이다.

6장

STEP 2. 효과적인 과업 수행

GROWTH 성과관리의 두 번째 단계는 과업 수행이다. 조직의 성과는 과업 수행의 결과에 따라 결정된다. 먼저 과업 수행 과정에서 바람직한 관리자와 팀원의 역할을 이해한다. 효과적인 과업 수행을 위한 GROWTH 성과관리 방법으로, 팀 전원이 함께 하는 월간 성과관리 미팅, 주기적으로 직원과 면담하는 1:1 성과 미팅, 돌발 상황에서 수시 코칭, 그리고 직원의 실행력을 향상시키는 권한위임의 종류와 방법들을 제안한다.

1. 성과는 실행에서 나온다

개발팀 박 팀장은 신제품 개발을 위한 테스크포스팀(Task-Forced Team, TFT)의 첫 미팅을 했다. TFT 멤버로는 개발팀 하드웨어 강 매니저, 소프트웨어 소 매니저, 디자인 도 매니저, 영업마케팅팀 마케팅 신 매니저, 그리고 생산팀 생산기술 박 매니저가 참석했다.

☺ 박 팀장: 내년도 출시할 신제품 개발 멤버로 오신 것을 환영합니다. 올해부터는 제품개발 단계에서 상품기획과 양산을 동시에 고려하면서 개발하려 합니다. 우리가 개발할 신제품은 휴대용 에어컨입니다. 오늘은 제품개발 방향과 각자 역할, 그리고 향후 일정을 중심으로 협의합니다. 먼저 궁금한 사항 있으면 이 야기하시죠.

☺ 박 매니저: 저는 제품개발에 대한 경험이 없는데, 초기부터 참여해도 괜찮을까요?

☺ 박 팀장: 박 매니저가 생산기술 전문가이지만 이번 프로젝트에서 역할이 많아요. 초기 콘셉트 단계에는 고객 관점에서 사용자 역할, 기능 및 성능 구현에서도 의견 주는 역할이 필요해요. 각 진행과정에서 가능한 수준의 필요 역할을 요 청할 테니 너무 걱정 말아요.

☺ 신 매니저: 제일 걱정되는 게 기존 팀에서 역할과 책임이 있는데, 이번 TFT에 어 느 정도의 시간을 투입해야 하는지요?

☺ 박 팀장: 지난번 사장님 보고에서도 설명했듯이, 초기에는 일주일에 절반은 본 팀에서 일하고 절반은 TFT에서 일하는 것을 원칙으로 했습니다. 물론 일이 라는 게 딱 잘라서 구분하기 어렵지만, 전체 시간의 절반 정도는 투입해 주길 바랍니다. 바쁠 땐 100% 투입해야겠죠. 다른 질문 없으면 제품 개발 방향에 대해 이야기해 볼까요?

☺ 박 매니저: 저도 휴대용 에어컨 개발이라는 이야기를 듣고 가슴이 설레었습니다. 그렇지만 현재 선풍기 개발 경험과 기술밖에 없는데 우리 기술로 에어컨 개 발이 가능한지요?

☺ 강 매니저: 선풍기와 에어컨은 기술원리부터 다릅니다. 그래서 기존 제품의 기술 과 경험을 토대로 신기술과 시장 특성을 학습해 가면서 진행할 것입니다.

○ 신 매니저: 일단 휴대용 에어컨을 검토하지만, 전체 시장과 기존 에어컨 제품들을 검토하면서 변경될 수 있습니다. 신제품 아이템은 열어놓고 종합적으로 검토하였으면 합니다.

○ 박 팀장: 그럼 각자 역할과 초기 단계에서 활동에 대해 이야기해 볼까요?

○ 신 매니저: 일단 한 달 동안은 제품 콘셉트 선정에 집중했으면 합니다. 휴대용 에어컨 시장의 규모, 성장성, 고객의 요구 사항 등에 집중했으면 합니다.

○ 박 팀장: 좋습니다. 역할 분장을 해보면, 제품개발의 전체 스케줄링은 강 매니저가 잡아주길 바랍니다. 신 매니저와 박 매니저가 시장과 고객 분석에 집중해 주세요. 그리고 박 매니저는 제품의 원가분석도 맡아주길 바랍니다. 경쟁사 제품 분석과 제품 콘셉트에는 강 매니저와 소 매니저 그리고 도 매니저가 함께 진행해 주세요. 특히 도 매니저는 제품의 콘셉트별로 디자인에 대해 선행 연구 바랍니다. 소 매니저는 제품의 S/W 운영시스템도 분석해 주길 바랍니다. 혹시 역할과 활동에 대한 질문이나 의견 있나요?

○ 강 매니저: 아무래도 다른 일을 하면서 제품개발을 하는 데는 어려움이 많습니다. 초기 한 달은 전적으로 시간을 투입하는 집중 운영을 제안합니다.

○ 박 팀장: 좋은 의견이에요. 내부적으로 서로 잘 협조해서 진행합시다. 만약 내부 자원으로 한계가 있다면 다른 팀이나 인원 충원, 외주 개발도 검토하겠습니다. 어려운 여건이지만 좋은 제품 만들어 봅시다.

과업 실행 단계에서 관리자의 핵심 역할

한 대기업의 임원 팀장 코칭을 위해 관리자 성과관리와 코칭에 대한 사전 직원 인터뷰를 실시했을 때다. 당시 몇몇 팀원들이 팀장 성과관리 문제점에 대해 다음과 같이 말했다.

"우리 팀장님은 내가 무슨 일을 하는지도 모를 겁니다. 연초 성과목표 설정서에 사인하고 중간에 실적만 챙겨요. 목표를 달성하지 못하면 닦달할 뿐, 정작 진행과정에서는 관심도 없어요."

성과목표를 설정하면 성과관리 첫 단계가 완료된다. 관리자와 조직 구성원들은 성과평가 시즌이 올 때까지 성과관리를 잊을 때가 많다. 이것을 방지하기 위해 중간 단계마다 성과 실행 점검과 피드백의 시간을 갖는다. 그러나 많은 관리자들이 약식으로 평가하거나 중간 점검 단계를 건너뛰는 경우도 있다. 이 과정에서 실행에 대한 점검과 피드백은 형식적으로 운영되고 있다.

성과관리제도를 운영하는 HR 담당자들이 가장 고민하는 단계가 바로 '과업 실행 단계'다. 이 과정에서 실제 성과가 만들어지고 개선이 이뤄진다. 그러나 성과관리 미팅이나 제도는 제대로 굴러가지 않는다. 현업의 관리자들과 직원들에게 독려 메시지를 보내고 강제해 보지만, 실제 운영은 미흡하다. 과업 실행 과정에서 이러한 문제가 일어나는 것은 관리자들이 이 단계에서 역할을 제대로 이해해지 못했기 때문이다.

과업 실행 단계에서 관리자들이 챙겨야 할 핵심 역할은, 먼저 팀원들에게 목표 달성을 위한 역할과 책임을 명확히 인식시키기다. 많은 관리자들이 자주 범하는 오류가 직원들에게 세부적인 실행 방법까지 알려주려고 한다. 그런데 직원은 세세한 지적을 간섭처럼 여긴다. 업무를 지시할 때 세부 사항이 아니라 이 일을 왜 하는지, 어떤 효과가 있는지, 기대결과가 무엇인지 등 기본 목적을 명확하게 이야기해야 한다. 세부적인 방법은 직원들의 몫이다.

둘째, 팀원들의 문제해결 활동을 지원하고 소통한다. 실무 담당자는 자기 업무에 대한 문제해결의 전문성을 가지고 있다. 직원들이 과업을 수행하면서 어려움을 겪는 이유는 다양하다. 그 문제가 시스템이나 설비의 문제일 수도 있고, 제도나 업무 프로세스 혹은 사람의 문제일 수 있다. 관리자는 문제의 원인이 어디에 있는지 무엇을 지원해 줘야 할지를 담당 직원과 대화를 통해 풀어가야 한다.

셋째, 목표 달성을 위한 동기부여와 피드백이다. 앞 대기업 인터뷰 사례는 관리자에게 직원들의 과업 수행에 대한 적절한 관심과 지원의 중요성을 일깨워준다. 과업 수행 과정에서 팀원들은 어려움에 봉착하거나 좌절을 경험한다. 이러한 상황이 발생하지 않도록 예방하는 게 최선이다. 위기에 봉착한 직원은 상사와 정기적인 코칭과 피드백으로 위기돌파 방안을 마련한다.

넷째, 팀원들의 과업 진도를 관리하고 성과를 측정한다. 중간 점검 단계에서 과업의 진척도를 평가하는 게 아니라, 점검하고 피드백을 해야 한다. 실행 단계에서 잦은 평가는 성과관리에 대한 부담감과 과도한 시간이 소요된다. 이 단계는 과업 실행 과정의 문제를 해결하고 개선하는 데 집중해야 한다.

공식적 vs. 비공식적 커뮤니케이션

비즈니스 목표는 실행을 통해 달성되고, 실행은 커뮤니케이션으로 이뤄진다. 과업 수행 과정에서 커뮤니케이션 역량은 개인이나 조직에 따라 다르다. 과업 실행 단계에서 발생하는 대표적인 커뮤니케이션 문제점은 과업 실행 상황이 정확하게 공유되지 않거나, 상사의 지시 사항을 부하 직원이 제대로 이해하지 못하거나, 팀 내 혹은 팀 간 쌍방향 소통이 원활하지 못해 정보가 단절되거나 왜곡되는 경우 등이 있다. 이러한 조직 내 문제해결을 위한 효과적인 커뮤니케이션 방법은 크게 공식적 커뮤니케이션과 비공식적 커뮤니케이션으로 나뉜다.

공식적 커뮤니케이션에는 정기 회의나 공식적 면담, 문서, 전화나 이메일, 회사 메신저 등을 통해 이뤄진다. 성과관리 과정에서 이뤄지는 공식적 커뮤니케이션 활동으로 팀 성과관리 미팅, 직원과 상사 간의 1:1 성과 미팅 등이 있다. 과업 실행 단계에서 공식적 커뮤니케이션은 명확한 정보 제공과 구성원들의 책임과 역할 수행에 효과적이다.

비공식적 커뮤니케이션은 업무 외 시간에 조직 구성원 간의 자유로운 대화를 통해 팀원 간의 관계를 강화하고, 보다 유연한 의사소통 환경을 조성한다. 비공식적 소통의 대표적인 예는 식사나 휴식 시간, 친목 모임 등에서 이뤄지는 대화이다. 또는 성과관리 과업 수행 과정에서 비정기적으로 이뤄지는 수시 코칭이 있다. 비공식적 커뮤니케이션은 과업 실행단계에서 구성원 간 협력을 증진하고 어려운 문제해결에 유용하다. 또한 공식적 커뮤니케이션과 균형을 이뤄

구성원들의 동기부여와 목표 달성에도 기여한다.

과업 실행과정에서 유의할 점

성과관리에서 가장 많은 시간을 보내는 단계가 과업 실행이다. 또한 과업 실행은 성과관리에서 결과를 만드는 과정이다. 이 단계는 관리자가 성과관리 역량을 발휘하는 핵심 단계이다. 이러한 과업 실행 단계에서 관리자들이 특별히 유의할 점이 있다.

성과관리의 핵심은 개인과 조직의 성장과 성과 개선을 위한 목표의 달성이다. 많은 관리자들이 과업 수행에서 범하기 쉬운 오류는 목표 달성에만 치우치는 경향이다. 특히 과업 수행과정에서 문제해결에 경도된 나머지 직원의 문제해결을 가로막거나, 감정을 상하게 하기도 한다. 문제 발생이 직원들이 일을 잘못 수행해서 발생할 수도 있고, 시스템이나 환경적인 요인에서 발생할 수도 있다. 직원에게 스스로 문제를 해결하도록 기회를 주지 않는다면, 그 직원의 성장은 요원하다.

직원들과 과업수행 면담이나 대화에서 목표 달성과 함께 직원 동기부여의 중요성을 잊지 말아야 한다. 탁월한 성과는 해당 직원이 과업 수행에 필요한 역량과 강력한 의지를 가질 때 이뤄진다. 업무를 수행하는 직원들의 사기가 떨어지거나 갈등을 겪을 때, 유심히 살펴볼 점은 직원들의 일에 임하는 자세와 의지다. 직원들이 일에 대한 의지가 높지 않다면, 업무성과를 지적하기에 앞서, 의지가 낮은 원인을 찾아서 해결해야 한다. 그래야 성공적인 과업 수행이 가능하다.

또한 과업 수행 과정에서 지속적인 학습과 개선을 추진해야 한다. 일을 하다 보면 일 속에 매몰되어 일을 통한 학습을 간과하는 경우가 종종 있다. 업무는 성과를 냈지만, 직원들은 번아웃이 되었거나 갈등이 더 심해질 수 있다. 특히 일을 잘하는 고성과자들의 경우 '힘들다'는 말을 잘 하지 않는다. 현장 관리자는 직원들의 업무 가중과 과로에 대해 수시로 점검하고 피드백 해야 한다.

특히 신입사원이거나 업무가 미숙한 직원의 경우 일을 수행하는 데 필요한 역량을 스스로 개발하고 학습하도록 지도해야 한다. 무엇이 부족하고 어떻게 일을 수행해야 하는지 일을 통한 학습과 개선을 끊임없이 추구해야 한다. 필요하면 정기적인 1:1 성과 미팅을 통해 일을 통한 학습과 자기계발을 점검한다.

2. 1:1 성과 미팅은 개인 성장을 촉진한다

영업마케팅팀 이 팀장은 하반기 성과목표 설정을 마친 뒤, 마케팅 담당 신 매니저와 1:1 성과 미팅을 진행했다.

- 이 팀장: 오늘은 첫 1:1 성과 미팅이니 간략하게 과제 진행현황과 애로 사항에 대해 이야기해 봅시다.

- 신 매니저: 요즘 제일 큰 일은 신제품 개발 TFT(Task Force Team) 활동입니다. 지난주 TFT 활동에 대해 전사 성과관리 회의에서 보고했듯이 시장분석과 사용자 경험조사로 많이 바빴습니다. 생산팀의 박 매니저가 많이 도와줘서 시장분석에 큰 힘이 되었습니다.

- 이 팀장: 그렇지 않아도 우리 팀의 제품 홍보와 마케팅도 바쁜데 신제품개발 TFT 활동도 잘 진행해 줘서 고마워요. TFT 활동에서 애로 사항이나 협의할 사항은 없나요?

- 신 매니저: TFT 활동은 제가 하면 되는 일이라 큰 문제가 없는데, 기존 홍보와 마케팅 업무에서 경험이 적은 우 매니저와 주 매니저 두 사람이 하기엔 약간 벅찰 듯합니다. 특히 해외 제품 전시회 관련해서는 기존 해외영업 멤버들이 주도적으로 추진했으면 합니다.

- 이 팀장: 이번 유럽 전시회는 새로운 시장 개척의 중요한 미션을 가지고, 한쪽에서는 제품 전시와 홍보를 하고, 다른 쪽에서는 바이어 미팅을 병행할 예정입니다. 영업팀원 2명이 가지만 전시 업무 보조는 마케팅 파트의 우 매니저가 함께 했으면 합니다.

- 신 매니저: 우 매니저가 유럽 전시회 주관을 할 수 있지만, 주 매니저 혼자서 블로그와 페이스북, 인스타그램 등 SNS 마케팅을 진행하기엔 무리가 따릅니다.

- 이 팀장: 그러면 이번 유럽 전시회 기간 동안만이라도 국내영업 파트에서 지원이 가능한지 확인해 볼게요.

- 신 매니저: 감사합니다. 팀장님!

- 이 팀장: 내년도 신제품 콘셉트는 휴대용 에어컨으로 결정이 되었는데, 현재 기술역량으로 제품개발에 문제가 없을까요?

○ 신 매니저: 시장분석 결과를 보면 이제 휴대용 에어컨 시장의 규모도 계속 성장하고 있습니다. 또한 저희 휴대용 에어컨은 5평 내외의 실내에서도 냉난방이 가능해 실내와 야외 활동을 겸해서 사용할 수 있어 경쟁력이 있다고 판단됩니다.

○ 이 팀장: 다행입니다. 처음부터 모든 기술력을 확보할 수 없겠죠. 어차피 도전하면서 기술력을 흡수해야겠죠. 또 다른 하나는 생산능력인데, 자사에서 제작은 어렵지 않을까요?

○ 신 매니저: 이번에는 초도 물량부터 부품 공급이 완료되면 자체적으로 제작과 검사를 진행하는 것을 목표로 추진 중입니다. 이를 위해 생산라인 일부를 에어컨 제조라인으로 변경하는 작업을 동시에 추진 중입니다. 생산팀 박 대리가 제조공정라인 설계와 설비도입도 함께 검토 중입니다.

○ 이 팀장: 아직 에어컨에 대한 브랜드 인지도도 미흡하고 기술 역량도 부족한데, 처음부터 너무 무리하게 진행하는 게 아닌가요?

○ 신 매니저: TFT 내부적으로 초기 물량부터 자체 제작으로 가는 것에 의견차가 있었는데 사장님이 회의에서 처음부터 에어컨 품질과 기술력 확보를 위해서 자체생산으로 결론을 내렸습니다. 지난번 휴대용 손 선풍기의 품질결함 사고가 큰 배경이 된 듯합니다.

○ 이 팀장: 그래요. 하여튼 수고해 주시고, 프로젝트 잘 마무리 바랍니다.

1:1 성과 미팅 진행 방법

과업실행 단계에서 관리자의 주요 활동은 1:1 성과 미팅과 수시 코칭, 그리고 월간 팀 성과관리 미팅이 있다. 여기서는 1:1 성과 미팅에 대해 알아보자. 1:1 성과 미팅은 직속 상사와 부하 직원 사이에 이뤄지는 일대일 면담이다. 업무관련 진행 상황을 공유하고 관련된 문제나 이슈 사항에 대해 해결 방안을 모색하는 토론의 장이다. 부하 직원의 문제에 대해 상사는 기술이나 노하우를 전수해 주고 문제해결의 아이디어를 제안한다. 부하 직원은 업무관련 진행 사항이나 세부 정보를 제공함으로써 문제 발생을 예방한다. 또한 부하 직원이 가지고 있는 업무나 개인적인 고민 사항에 대해서도 함께 대화를 통해 해결 방안을 도출한다.

1:1 성과 미팅의 진행은 3단계로 진행된다. 1단계는 1:1 미팅 전에 대화의 주제를 설정해서 사전에 준비한다. 1:1 성과 미팅은 보통 1시간 내외 동안 진행하기에 많은 대화를 나눌 수는 없다. 일반적인 1:1 성과 미팅의 주제는 목표 과업의 진행 상황 및 문제점, 지원 사항 등을 중심으로 이야기한다. 1:1 성과 미팅 주제는 관리자가 제시할 수도 있고, 팀원이 제안할 수도 있다. 1:1 성과 미팅의 상사와 직원이 함께 주제를 준비하고 논의하면 더욱 효과적이다.

2단계는 1:1 성과 미팅의 진행이다. 성과 미팅은 코칭 대화 방식으로 진행한다. 기존의 상명하복의 문화에 익숙한 직원들에게 성과 면담은 일방적인 훈계나 업무 피드백의 장으로 여길 수 있다. 코칭 대화는 직원 성장과 성과 개선을 위해 직원의 잠재력을 이끌어 내는 수평적 커뮤니케이션 방식이다. 수평적 커뮤니케이션이란 직원과의 파트너십과 신뢰에 기반한 대화다. 1:1 성과 미팅의 진행은 직원의 업무 성숙도에 따라 직원이 할 수도 있고, 관리자가 진행할 수도 있다. 또는 팀원이 많을 경우에는 전체 팀원에게 진행을 위임할 수도 있다.

1:1 성과 미팅의 실시 주기는 부하 직원의 업무 성숙도에 따라 달라진다. 업무 성숙도가 높은 직원일 경우 월 1회 정도 진행하지만, 업무 성숙도가 낮은 직원일 경우 2회 이상을 권장한다. 현실적으로 매주 만나는 것은 어렵지만, 월 1~2회 정도의 1:1 성과 미팅을 통해 업무 수행을 점검 및 지원한다.

1:1 성과 미팅의 장소는 같은 사무실 내에 근무한다면 사무실 주변 회의실이나 휴게실 등을 활용한다. 만약 사무실이 떨어져 있거나 현장에서 일을 할 경우, 직접 방문해서 미팅을 진행하면 효과적이다. 물리적 제약이 클 경우에는 온라인 미팅이나 화상회의 등을 활용한다. 부하 직원이 근무하는 장소에서 같이 이야기를 나눌 때, 직원의 현재 상황을 더 잘 이해할 수 있다.

1:1 성과 미팅의 시간은 보통 1시간을 기준으로 하며 짧게는 30분 이상 90분을 넘지 않는다. 대화는 편안한 분위기에서 진행하며, 대화 과정에서 상사는 직

원에게 인정과 격려, 칭찬을 통해 동기부여 한다.

3단계는 1:1 성과 미팅을 마무리하여 미팅 결과를 회의록으로 정리하고, 성과관리 시스템에 등록 및 상호 공유한다. 미팅의 결과를 공유하는 이유는 1:1 성과 미팅은 정기적 미팅이고 차기 성과 미팅에서 전기 성과 미팅의 결정 사항에 대해 지속적으로 점검하고, 차기 성과 미팅에 반영한다. 회의록 작성은 상사가 간략하게 작성하여 시스템에 등록하기를 권장한다. 한편 팀원이 1:1 성과 미팅을 진행하면 팀원이 회의록을 작성한다. 이 경우에는 관리자가 반드시 확인하고 부서해야 한다.

1:1 성과 미팅을 마무리하면서 차기 미팅 날짜를 잡는다. 정기적으로 진행하는 미팅이므로 전체 연간 일정을 미리 잡아두면 좋다. 그러면 일정 변경을 최소화할 수 있고 사전 준비에 도움이 된다. 마무리 미팅에서 이슈 사항에 대한 세부 실행과제를 결정했다면, 그 과제의 진척도를 주기적으로 점검하고 스스로 평가하는 방안도 마련한다.

1:1 성과 미팅에서 관리자의 역할

1:1 성과 미팅은 팀원들의 업무 진행 상황을 파악하고 문제를 해결하며 성과 피드백을 통해 목표 달성과 직원의 성장을 도모한다. 또한 관리자는 직원의 문제나 고민을 함께 이야기 나눔으로써 직원과 공감대를 형성하고 문제해결을 지원한다.

1:1 성과 미팅에서 관리자의 역할은 먼저, 1:1 미팅에서 팀원의 이야기를 경청함으로써 편안한 대화 분위기 형성이 중요하다. 일반적으로 성과 면담은 관리자나 직원 모두에게 부담스러운 자리이다. 반면 1:1 성과 미팅은 성과를 평가하고 피드백 하는 자리가 아니다. 1:1 성과 미팅에서 팀원이 부담을 느끼지 않으면서 자신의 업무나 문제를 이야기하고 대화 분위기를 만드는 관리자의 커뮤

니케이션 역량이 중요하다.

또한 관리자는 팀원의 애로 사항이나 문제해결을 위해 노력한다. 1시간 이상의 대화를 통해 업무상 고민이나 문제를 해결하지 못한다면, 1:1 성과 미팅의 효용성과 관리자에 대한 신뢰가 떨어진다. 따라서 사전에 대화의 주제를 정하고 해결안을 준비하면 효과적인 1:1 성과 미팅을 진행할 수 있다. 그러나 많은 직원들이 상사와의 대화에서 자신의 문제나 애로 사항을 이야기하기 꺼린다. 문제가 없다는 직원에게 억지로 문제를 이야기하라고 할 수는 없다. 그때는 다음의 질문을 하면 효과적이다.

- "끝으로 이번 미팅에서 말하지 못한 것이나 제안하고 싶은 것이 있나요?"

만약 고민이 있거나 관리자에게 말하고 싶었던 내용을 제대로 말하지 못하는 경우도 있다. 이런 경우를 대비해서 관리자는 1:1 성과 미팅을 마치기 전에 다시 위 질문을 한 번 더 던져 직원의 막힌 말문을 여는 데 도와준다.

1:1 성과 미팅을 성공적으로 운영하기 위해 관리자는 직원들의 고민 사항이나 문제들에 해결책을 제시해 줘야 한다는 압박에서 벗어날 필요가 있다. 사실 문제의 답은 직원 스스로가 더 잘 알고 있다. 또는 문제의 원인이 개인에게 있지 않고 외부 환경이나 시스템의 문제는 관리자가 해결할 수 없는 경우도 있다. 1:1 성과 미팅의 대화는 직원들의 애로 사항이나 문제를 들어주고 함께 해결 방안을 찾는 것이지, 관리자가 일방적으로 대안을 제시하지 않는다. 관리자도 답을 제시해야 한다는 부담을 내려놓을 때, 좀 더 편안한 분위기에서 대화를 진행할 수 있다.

관리자는 1:1 성과 미팅에서 진솔한 대화를 통해 상호 신뢰를 형성하고 성과 향상을 돕는다. 어떤 관리자는 직원과의 면담과정에서 감정을 참지 못하고 화를 내는 경우도 있다. 이것은 관리자의 커뮤니케이션 스킬의 문제도 있지만, 1:1

성과 미팅의 목적과 취지를 이해하지 못해 발생한다. 1:1 성과 미팅이 직원의 성장과 목표 달성 지원에 있음을 잊지 말아야 한다.

1:1 성과 미팅에서 팀원의 역할

1:1 성과 미팅은 성과목표 달성을 위한 관리자와 팀원 간의 정기적인 쌍방향 소통 과정이다. 그러나 기존의 성과 면담은 관리자의 일방적인 주장이나 강압적인 의사결정이 횡행했다. 성과 면담의 주도권이 상사에게 있는 이상 팀원의 입장에서는 수동적으로 대응할 수밖에 없었다. 이러한 1:1 성과 면담은 관리자나 팀원 모두에게 도움이 되지 않는다. 1:1 성과 미팅이 효과적으로 진행되기 위해 팀원의 관점에서 역할을 살펴본다.

우선 성과목표별 실행과제의 진행 상황을 정확하게 파악한다. 1:1 성과 미팅에 앞서 관리자가 여러 자료를 사전에 읽고 검토하듯이, 팀원도 성과목표 설정서의 실행과제 진행 상황을 확인하여 잘된 점과 미흡한 점을 사전에 파악해야 한다. 관리자들이 1:1 성과 미팅에서 아쉬운 대목은 팀원들이 자신의 업무 진행 상황을 제대로 파악하지 못하는 경우다. 자신의 업무 진행 상황을 객관적으로 파악하는 것이 첫번째 역할이다.

다음은 성과목표별 실행과제 수행에서 문제점이나 이슈 사항을 솔직하게 공유하고 관리자의 조언이나 지원을 구한다. 1:1 성과 미팅의 목적은 잘 진행되는 과업은 인정이나 칭찬을 하고, 잘 진행되지 못하거나 문제가 예상되는 과업은 솔직하게 공유하고 조언을 구한다. 그런데 대부분의 직원들은 실제 문제가 예상되지만, 당장은 업무 성과가 좋고 문제가 없다고 말한다. 이렇게 말하는 이유는 크게 2가지다. 하나는 업무 과제에서 예상되는 문제를 모르거나, 또 다른 하나는 예상되는 문제를 알고도 숨긴다. 전자는 문제를 파악할 역량의 부족이고, 후자는 문제에 대한 책임 회피다.

문제를 파악할 역량이 부족한 직원은 교육과 업무 경험을 통해 관련 전문성을 쌓으면 된다. 진짜 문제는 과업 수행에서 책임을 회피하는 직원이다. 목표 미달성을 자신의 업무 수행보다는 외부 환경이나 관련 팀이나 협력사, 시설이나 장비의 탓으로 돌리는 경우다. 이처럼 자신이 아닌 다른 요인에 의해 문제가 발생하더라도 최종 책임은 자신에게 있다. 1:1 성과 미팅에서 팀원은 관리자에게 과업 수행의 문제점이나 자신의 역량에 대한 솔직한 피드백을 구하고 경청해야 한다. 상사의 입장에서는 스스로 자신의 문제나 부족함을 알고 싶어 하는 직원에게서 성장의 가능성을 본다. 진짜 문제는 자신의 문제가 무엇인지조차 모르고 알려고 하지 않는 직원이다.

1:1 성과 미팅에서 직원이 해야 할 또 다른 역할은 성과 미팅 과정에서 관리자의 부적절한 처신이나 업무 태만에 대해 인사팀이나 다면평가를 통해 피드백한다. 모든 일은 성실한 준비와 실행 없이는 좋은 결과를 얻을 수 없다. 1:1 성과 미팅에서 상사의 부적절한 처신은 대화 과정에서 막말이나 모욕적인 언행, 업무나 역량개발과 관련 없는 대화나 불성실한 태도 등을 말한다. 업무 태만은 1:1 성과 미팅을 하지 않거나 졸속으로 진행할 경우를 말한다. 이런 행동을 하는 관리자는 거의 없겠지만, 자신의 권한을 남용하는 행위에 대해서는 회사에 알려야 한다. 우리나라 정서상 상사의 잘못을 타인에게 말하는 것을 꺼리는 풍토가 있다. 여기서 피드백은 고자질이 아니라 조직 전체를 위한 제언이다. 관리자의 잘못된 행동은 팀원의 과실보다 10배 이상의 문제를 낳는다. 직원들의 불성실한 면담 태도뿐만 아니라, 관리자의 잘못된 언행에 대해서도 인사팀이나 다면평가를 통해 있는 그대로 피드백 하고 개선하도록 한다.

3. 팀 성과관리 미팅은 성과 개선 활동이다

개발팀 박 팀장은 전체 팀원과 함께 팀 성과관리 미팅을 진행했다. 해외 출장과 제품 A/S건으로 출장을 간 2명을 제외한 총 9명이 참석했다.

○ 박 팀장: 모두 바쁜데 하반기 첫 팀 성과관리 미팅에 참석해 줘서 감사합니다. 날도 더운데 건강 잘 챙기면서 업무 완수 바랍니다. 먼저 신제품 개발 TFT에서 연일 밤새우고 있는 우리 개발팀의 3인방 H/W 강 매니저, S/W 소 매니저, 디자인 도 매니저에게 격려의 박수를 보내줍시다. 세부 과제별 리뷰에 앞서 이번 달 생일자 축하의 시간을 먼저 가지겠습니다.

○ 도 매니저(디자인): 자, 그럼 모두 생일 축하 노래를 부르도록 하겠습니다. (일동 생일 축하 노래 합창) 그리고 생일 축하 선물은 도서상품권 5만 원을 전달 드립니다.

○ 박 팀장: 생일자 축하에 이어서 우리 팀 성과목표 진척관리표를 보면서 하나씩 챙겨보도록 합시다. 성과관리 결과 보고는 선임 매니저인 강 매니저가 진행합니다.

○ 강 매니저: 먼저 '신제품 매출액 향상'에 대해 도 매니저님이 보고하겠습니다.

○ 도 매니저: 신제품 매출액 향상에는 3개 실행과제가 있는데, 신제품 개발 TFT는 팀장님 포함해서 저희 4명과 마케팅 1명, 생산기술 1명 해서 총 6명이 진행 중입니다. 휴대용 에어컨 관련 기술이나 정보를 가지신 분들의 협조 부탁드립니다.

○ 이 매니저(H/W): 제가 대학에서 연구과제 수행할 때 K전자의 에어컨 협동 연구를 진행한 경험이 있습니다. 관련 연구결과를 공유토록 하겠습니다.

○ 도 매니저: 정보 공유 감사합니다. 다음으로 '동시설계 추진과 신제품 품질 및 고장 대응'의 과제가 있는데 둘 다 계획대로 진행되고 있습니다. 초기 휴대용 손 선풍기 품질 불량으로 문제가 되었는데, 보완 후에 매출이 급상승해서 지난달 말까지 매출액 50억을 달성했다고 합니다. 그래서 신제품 매출액 향상은 '양호' 상태로 판단됩니다.

○ 강 매니저: 이어서 '설계원가절감' 과제도 도 매니저님이 발표하겠습니다.

☺ 도 매니저: 설계원가 절감은 이번 새롭게 추진하는 '휴대용 에어컨'의 원가절감 인데 목표 액수 5억 중에서 현재 1억 원을 절감했습니다. 제품 제작비용에서 2억 원을 절감하면 약간 빠듯한 실정인데 가급적 이 금액 안에 맞추도록 노력하겠습니다.

☺ 강 매니저: 다음은 본연 목표에 대해 소 매니저님이 보고하겠습니다.

☺ 소 매니저: 본연 목표는 3가지인데 먼저 '제품 품질요건 충족'은 올해 휴대용 손 선풍기의 불량사태로 손실이 컸지만, 지금은 품질 안정으로 매출증대에 효자 상품으로 떠오르고 있습니다. 그리고 '인당교육시간'은 팀 평균 30시간으로 현재 달성한 상태이고, 연말까지는 50시간은 가능하리라 예상됩니다. 그런데 문제는 '특허 등록 수'인데, 올해 목표가 4건인데 현재 출원건수가 3건이고 등록이 1건입니다. 이 추세라면 목표 달성이 어려울 것으로 예상됩니다.

☺ 박 팀장: 모두 아시겠지만 특허 등록 KPI는 특허 출원 수로 진행해 왔다가 작년 부터 바뀐 부분입니다. 일단 특허 출원이라도 이번 달 말까지 내야 하지 않을까요?

☺ 도 매니저: 준비도 안 된 상태에서 일단 특허부터 출원하는 것은 목표를 위한 과제수행이 아니라 형식적 과제수행이라고 봅니다. 특허 등록을 KPI로 맡은 분들이 빨리 서두르셔야 합니다.

☺ 박 팀장: 특허 출원과 스피드한 등록도 함께 신경을 써주시기 바랍니다.

☺ 강 매니저: 다음 협업 목표에 대해서는 제가 보고드리겠습니다. '생산 현장 지원 강화'인데 목표 10건에 현재 7건이 진행되었고, 최근 생산팀과 영업팀 협업 건수가 늘어나 달성에는 문제가 없을 듯합니다. 이상으로 우리 팀 월간 성과 보고를 마칩니다.

☺ 박 팀장: 모두 수고한 덕택에 이번 달에도 성과목표 달성 과제들을 잘 수행하고 있어 감사합니다. 한 가지 보완 사항은 다른 목표들에 비해 본연 목표 과제들 이 보통이거나 약간 미흡해 보입니다. 바쁘지만 성과목표에 모두 신경을 써 주길 바랍니다. 모두 수고했습니다.

팀 성과관리 미팅의 운영 방법

팀 성과관리 미팅은 팀의 성과목표 달성을 위해 주기적으로 모여 사업의 성과 를 검토하고 문제를 해결하며 성과를 개선하는 활동이다. 이 미팅을 통해 팀의 목표 달성, 업무 효율성 증진 및 팀원 간의 협력을 촉진한다. 이처럼 팀 성과관리 미팅은 일반 회의와 달리, 정보 공유와 문제해결의 양 측면을 동시에 가진다.

팀 성과관리 미팅의 운영 초점은 팀의 성과목표 실행과제의 진척 사항과 실행성과를 공유한다. 이 과정에서 팀원들의 목표 달성을 위한 의미 있는 도전과 성과를 격려하고 축하한다. 또한 성과목표와 과업을 수행하면서 문제나 장애요인이 발생할 경우, 이것을 해결하기 위한 토론과 협의를 통해 해결안을 도출한다. 도입이나 마무리 부분에서 월간 이슈나 이벤트를 공유하여 상호 소통을 촉진하며 긍정적인 분위기 형성을 돕는다. 이 과정을 그림으로 나타내면, 〈그림 8. 팀 성과관리 미팅 프로세스〉와 같다.

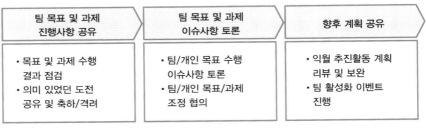

〈그림 8〉 팀 성과관리 미팅 프로세스

팀 성과관리는 팀의 목표와 과제에 대한 수행 결과 검토와 문제해결에 초점을 둔다. 또한 조직의 목표나 과제와 관련된 경우 개인의 성과나 이슈도 다룬다. 팀 성과 미팅의 주기는 월간 진행이 효과적이지만 상황에 따라 분기별로 진행할 수 있다. 팀 성과관리 미팅은 소속 부서의 성과를 공유하는 자리이므로 팀원이 가장 쉽게 모일 수 있는 공간을 활용한다. 만약 지리적으로 떨어진 팀원이 있을 경우 화상회의 형식으로 참여하거나, 컨퍼런스 콜과 같은 전화나 온라인 매체를 활용할 수 있다. 팀원들이 함께 팀의 성과를 리뷰함으로써 팀 목표별 과제의 진행 상황을 이해하고 개선을 촉진한다.

팀 성과관리 미팅에서 팀장의 역할

팀장은 팀 성과관리의 효과적인 진행을 위해 회의 전체를 주관하며 총괄한다. 팀장이 회의를 진행하기보다는 팀원 중에서 상급자를 진행자로 선임하여 운영한다. 그 이유는 팀장이 회의 진행까지 맡을 경우 팀원들의 참여와 대화를 가로막을 수 있다. 팀 성과관리 미팅 진행자는 사전에 팀 실적을 취합하고 발표자를 정해 둔다. 팀 성과목표나 전략과제별로 담당자를 선임해 두면 그 사람이 해당 목표를 책임지고 진행하는 효과가 있다. 위 〈드림 컴퍼니〉의 개발팀의 팀 성과관리 미팅은 이러한 미팅 원칙을 따른 사례이다.

◆ 팀명 :
◆ 금월 목표 수행과정에서 의미 있었던 도전

◆ 금월 목표-전략과제 진척사항

전략과제	세부 실행과제	진행 사항	지원 요청 사항

◆ 익월 성과관리 세부 실행 아이템

〈그림 9〉 팀 성과목표 실행 점검표

팀 성과관리 미팅을 진행하면서 팀장은 크게 3가지 역할을 수행한다. 첫째, 팀 성과관리 미팅 전체를 주관한다. 팀 성과관리 미팅 진행자가 미팅에 대한 안내를 하고 실적을 취합한다. 관리자는 취합된 자료를 사전에 분석하면서 금번 목표 수행과정에서 의미 있었던 도전을 정리한다. 이를 통해 각 목표-전략과제별 세부 실행 사항을 점검하고 전체 팀원에게 지원요청 사항을 정리한다.

둘째, 팀 성과관리 미팅까지 실행할 세부 실행 아이템을 선정한다. 이 세부 실행 아이템은 세부 실행과제를 보완하거나 하위 과제를 의미한다. 팀 성과관리 미팅을 진행하면서 세부 내용은 보완될 수 있다. 이와 관련된 양식은 〈그림 9. 팀 성과목표 실행 점검표〉를 참고한다.

셋째, 성과목표별 실행결과를 검토한 뒤 피드백 한다. 발표는 각 성과목표 담당자들이 실행결과를 발표한다. 팀원들 간에 실행결과에 대한 질의응답이 이어진다. 이 과정에서 잘된 목표도 있고 미흡한 실행결과도 있다. 이러한 차이가 어디에서 발생했는지, 향후 어떻게 보완할지에 대해 팀원들의 의견을 모은다. 이때 팀장은 직원들의 의견을 수렴해서 최종 결정을 내린다. 필요하면 익월 실행 아이템으로 구체화하여 실행한다. 팀 성과관리 미팅에서 이 부분이 중요하다. 잘한 것은 잘한 원인을, 못한 것은 안 된 원인을 팀원들의 자유토론을 통해 수렴한다.

팀 성과관리 미팅에서 팀장의 역할은 성과목표 수행에서 팀원들을 동기부여 하고 격려한다. 위 〈드림 컴퍼니〉 박 팀장은 팀 성과관리 미팅에서 신제품 개발에 애쓰는 TFT 멤버들을 박수로 격려했다. 팀 성과관리 미팅에서 팀장과 진행자를 분리한 이유도 여기에 있다. 팀장이 진행자의 역할을 겸할 때 과제수행에 대한 팀원들을 격려하거나 동기부여 하기 어렵다. 격려와 동기부여가 물질적인 보상은 아니지만, 과업을 수행하는 직원들의 노력과 고통을 함께하는 의미가 있다. 아울러 물질적 보상이나 포상, 휴가와 같은 방법들을 병행하면 효과적이다.

팀 성과관리 미팅에서 팀원의 역할

팀 성과관리 미팅에서도 팀원들은 핵심적 역할을 한다. 성공하는 성과관리가 되기 위해서는 팀원들이 주도적으로 참여하고 기업가 정신을 발휘해야 한다. 기업가 정신은 주인 정신의 21세기 버전이다. 조직에서 직원들은 자신의 능력 중에서 40% 남짓 활용한다고 한다. 관리자는 성과목표 달성과 과제 수행을 위해 잠자는 직원들의 능력 향상과 동기부여를 촉진한다. 팀원들은 팀 성과관리 미팅에서 주도적으로 참여하기 위해서는 어떻게 해야 할까?

먼저 팀원들은 자신의 의견이나 아이디어를 맘껏 자유롭게 개진한다. 형식적인 실적 리뷰가 아니라, 각 목표와 실행과제에서 무엇을 잘했고, 무엇이 부족했는지를 자신의 언어로 말한다. 성과관리가 양식이나 시스템에 묻힌다면 죽은 성과관리가 된다. 사람은 자신의 생각을 말이나 행동으로 표현할 때, 자기 일의 주인이 된다.

다음은 스스로 한 일과 역할을 정리하고 돌아본다. 반추(Reflection)는 '자신의 잘한 점과 부족한 점'을 스스로 되짚어 본다. 관리자는 팀 성과관리 미팅의 마지막 부분에 이 질문을 던진다. 팀원 한 사람씩 돌아가며 '잘한 점과 부족한 점'을 이야기하도록 한다. 여기서 나온 짧은 한마디가 자신을 성장시키고 조직을 일깨운다.

4. 돌발 상황에는 수시 코칭하라

오랜만에 박 팀장은 신제품개발 TFT 멤버들과 저녁 식사를 했다. 신제품 개발 콘셉트를 잡느라 매일 늦게까지 일하다 보니 제대로 친목을 도모하는 시간을 갖지 못했다. 술기운이 오른 강 매니저가 박 팀장에게 물었다.

💬 강 매니저(H/W): 팀장님은 사장님과 함께 회사를 설립한 창업 멤버라고 들었습니다. 대기업에 다니다 어떻게 사장님과 같이 회사 창업을 하게 된 거예요?

💬 박 팀장: 〈드림 컴퍼니〉를 창업한 지도 벌써 7년이 지났네. 오랜만에 창업 비화를 이야기해 볼까? 예전에 사장님과 나는 이전 회사에서 선임 과장과 대리로 일을 할 때였지. 그때도 오늘처럼 일을 마치고 늦은 저녁으로 소주와 삼겹살을 먹으며 제품개발에 대한 푸념을 했었지. 그러다 갑자기 '창업이나 할까?' 하고 이야기가 번졌어. 마음속에 있던 작은 열망을 꺼내서 창업에 뛰어들었지.

💬 소 매니저(S/W): K전자 개발팀이면 모두가 알아주는 회사잖아요. 그런 회사를 나와서 창업을 하면 리스크도 클 텐데, 주변에서 말리지 않았나요?

💬 박 팀장: 물론 가족들이 말리긴 했지만 내 결정을 존중해 주셨지. 문제는 김 사장님이셨지. 그때 결혼한 지 5년 차에 애가 둘이 있었거든. 김 사장님은 회사에서도 향후 임원감으로 보고 키웠던 분이지.

💬 도 매니저(디자인): 그럼 회사서도 인정받고 잘나갔는데 왜 창업을 하셨어요?

💬 박 팀장: 회사에서도 여러 아이템 개발을 맡아 진행했지만, 결국은 자기 사업을 하고 싶어 하셨지. 처음 3년 동안은 실패도 많았어. 그러다 선풍기 제품을 만들면서 매출도 늘어나고 브랜드도 조금씩 알려졌지. 처음부터 국내보다는 해외 수출에 주력했던 게 성공의 계기가 됐었지.

💬 박 매니저(생산기술): 김 사장님은 본인이 창업을 하고 싶어 했다지만, 박 팀장님은 합류하기가 쉽지는 않았을 텐데요?

💬 박 팀장: 이리저리 고민도 했지만 김 사장님에 대한 신뢰가 컸었지. 처음에 입사해서 4년 동안 많이 배우기도 했고, '이 사람이면 인생을 함께해도 좋겠구나'라고 생각했지.

💬 박 매니저: 지금 후회는 안 하세요?

😊 박 팀장: 난 인생에서 후회는 의미가 없다고 생각해. 삶은 살아가는 그때마다 의미가 있지. 비록 어떤 결정이 잘못된 결과를 만들어도, 그 자체로는 의미가 있지. 자신이 하고 싶어 하는 일을 해보는 것, 사람들에게 행복을 줄 수 있다는 것, 그것만으로도 인생에 의미가 있지 않을까?

😊 도 매니저: 우리 팀장님도 로맨티스트구나. 그런 순진한 생각을 다 하시고.

😊 박 매니저: 이번 신제품에서 한 가지 걱정이 있어요. 휴대용 에어컨이 야외 캠핑용도 되고 가정용이 되는 것은 장점이기도 하지만, 둘 다의 편의성을 제공하다 보면 둘 다를 만족시키지 못할 수도 있어요.

😊 박 팀장: 어떤 점에서 그런가요?

😊 박 매니저: 야외 캠핑용은 무게가 관건이라고 봐요. 사이즈를 줄이면 출력을 줄여야 하는데, 가정용은 무게보다는 소음이나 출력이 중요하잖아요! 이 두 관계 사이의 균형점을 잡는다고 해도 둘 다를 만족시킬 수는 없다고 봅니다.

😊 강 매니저: 저도 그 점이 걱정이 되었지만, 현재 가정용으로 사용되는 이동형 에어컨이나 창문형 에어컨 역시 냉방에서 만족도는 높지 않아요. 특히 일체형의 경우 소음 문제가 크죠. 크기도 크고요. 5평 미만의 방에서 냉방 온도를 생활에 편리한 온도인 20도 수준이라고 보면, 출력보다는 소음과 사이즈에 좀 더 집중할 필요가 있다고 봐요. 그리고 방의 형태에 따라 창문형도 되고 이동형도 되고 야외용으로도 사용할 수 있다면 일석삼조라고 봅니다.

😊 박 매니저: 그게 우리 기술력으로 가능할까요? 에어컨을 처음 만드는 회사가 다른 대기업도 하지 못한 것을 우리가 가능할까요?

😊 박 팀장: 우리 모두 박 매니저나 강 매니저와 같은 고민을 하고 있다고 봐요. 너무 걱정만 하거나 안 된다는 부정적 생각보다 우리가 할 수 있는 최선을 다하는 것이 중요해요. 자, 다시 모두 잔을 채우고 성공을 기원하는 건배를 할까요? 드림 컴퍼니 성공을 위하여!

수시 코칭은 비정기적인 수평적 대화

관리자가 조직 구성원들과 1:1 성과 미팅이나 팀 성과관리 미팅만으로는 모든 정보교환과 문제해결을 할 수 없다. 비즈니스 수행과정에서 문제는 예상하지 못한 상황에서 발생한다. 그때마다 회의를 하고 1:1 미팅을 할 수도 없다. 일상적인 업무 상황이나 개인적인 문제 상황에서 수시 커뮤니케이션을 통해 문제를 해결하는 대화 방식이 수시 코칭이다. 수시 코칭은 상사가 팀원들을 대상으로 회의, 보고, 면담 등 일상 상황에서 업무나 개인 행동을 지도 및 조언하는 수평적 커뮤니케이션이다. 또한 다양한 업무 상황이나 장소에서 이뤄지는 비공식적 커뮤니케이션이다.

그런데 왜 수시 코칭인가? 상사와 부하 직원 간의 수시 대화면 되지 않을까? 조직에서 상사와 부하 직원 간의 일상적 대화는 대부분 지시나 보고와 같은 수직적 커뮤니케이션이다. 수직적 대화 방식에서 부하 직원은 문제 상황을 보고하면 상사는 지시를 한다. 조직 내 수직적 대화는 명령과 통제가 따른다.

조직에서 문제는 개인을 넘어 조직이나 시스템에 걸친 문제가 많다. 이러한 상황에서 대화가 지시나 명령으로 이뤄질 경우, 직원은 자신의 생각보다는 상사가 시키는 방법을 먼저 따르게 된다. 문제 상황을 정확하게 파악하지 못한 상사가 문제에 대한 최적의 처방을 내리기는 힘들다. 이때 상사는 직원의 생각과 방법을 이끌어 내고, 최선의 대안을 만드는 것이 더욱 중요하다. 이처럼 타인의 생각이나 잠재력을 효과적으로 발휘하도록 돕는 대화 방식이 코칭 대화이다.

코칭은 수평적 커뮤니케이션을 기반으로 한다. 상명하복의 수직적 문화에 익숙한 직원들이 자신의 생각이나 의도를 공개하고 원활하게 소통하기 위해서는 의도적인 수평적 대화 방식이 필요하다. 수평적 커뮤니케이션이란 동료들 간 또는 업무상 협조를 필요로 하는 사람들이나 부서 간의 자유롭고 협력적인 대화를 말한다. 수시 코칭은 조직 내 돌발 상황에서 상사와 직원 간 혹은 동료 간의 문제해결을 돕는 수평적 커뮤니케이션이다.

그렇다면 수시 코칭과 1:1 성과 미팅과는 어떤 차이점이 있을까? 1:1 성과 미팅은 부하 직원의 성과목표 수행 과정에서 발생한 정보나 문제를 공유하거나 해결하기 위한 정기적이며 공식적인 대화 과정이다. 반면 수시 코칭은 비즈니스 일상에서 발생한 문제나 정보를 비정기적이며 비공식적인 방식으로 나누는 대화이다. 1:1 성과 미팅은 성과목표 달성을 위한 업무상 정보공유나 문제해결을 목적으로 한다면, 수시 코칭은 일상적인 비즈니스 현장에서 일어나는 일들에 대한 정보 공유와 피드백이다.

수시 코칭 커뮤니케이션 스킬

수시 코칭은 경청, 질문, 피드백의 코칭 커뮤니케이션 스킬을 활용한다. 경청은 타인과의 대화에서 가장 기본이며, 언어적 소통 이외에 비언어적 표현까지 이해하려고 노력한다. 비즈니스 일상 상황에서 경청을 잘하기 위해서 관리자는 먼저 자신의 관점이나 선입견을 내려놓아야 한다. 자신의 일에 관심이 쏠려 있는 상황에서 직원의 말이 귀에 들어오지 않는다. 이와 같은 돌발 상황은 고객 중심의 사고와 수시 코칭으로 문제를 풀어가야 한다.

효과적인 수시 코칭을 위한 또 다른 방법은 질문이다. 경청이 상대방의 마음을 여는 방법이라면 질문은 상대방의 생각을 돕는 스킬이다. 상사가 직원의 고민이나 문제에 일방적인 대안을 제시하기보다는 직원이 고민하는 문제에 스스로 답을 찾을 수 있도록 아래와 같은 열린 질문이 효과적이다.

- "그 문제 해결의 핵심은 무엇이라고 생각하나요?"
- "내가 무엇을 도와주면 좋을까?"
- "그 일을 처음부터 다시 한다면 어떻게 하고 싶은가요?"

팀원이 자신의 고민이나 문제에 대한 대안을 고민할 때, 상사의 적절한 피드백이 필요하다. 상대방이 원하지 않을 때 하는 말은 조언이 아니라 잔소리다. 예를 들어 팀원의 보고서를 보고 무엇을 피드백 해야 할까? 이때 보고서의 오타만 지적하지 말고, 보고서의 전반적인 구성과 들어가야 할 내용, 보고의 목적과 내용의 일치성, 보고 받는 사람이 중요하게 생각하는 포인트 등 전반을 고르게 피드백 한다. 특히 상대방의 질문이나 행동에 대한 피드백은 문제의 핵심을 짚으면서 상대방의 감정을 상하지 않도록 조심한다. 효과적인 수시 코칭은 상황에 맞는 경청과 질문, 피드백의 커뮤니케이션 스킬을 적절히 활용한다.

수시 코칭 프로세스

수시 코칭의 기본 프로세스는 상황 이해, 대안 탐색, 실행지원의 순으로 진행한다. 먼저 상황 이해는 팀원의 문제 상황, 고민에 대한 공감적 경청과 열린 질문을 통해 상황을 파악한다. 수시 코칭은 공식적인 보고 형식이 아니므로 전체적인 내용을 파악하기 어려울 수 있다. 여기서는 문제의 핵심을 파악하고 전체 상황을 통찰하는 게 중요하다.

문제 상황을 충분히 파악했다면, 대안에 대해 이야기를 나눈다. 수시 코칭에서 상사의 역할은 대안을 제기하거나 지시하기보다는 팀원이 스스로 대안을 찾도록 돕는 게 중요하다. 상대방에게 시간과 기회를 주었음에도 스스로 대안을 찾지 못한다면, 그때 관리자가 대안이나 문제에 대한 의견을 제시해도 좋다.

수시 코칭의 마지막 단계는 문제에 대한 해결안을 실행하는데 상사가 지원해 줘야 할 것은 없는지 확인한다. 예를 들면 다음과 같은 실행지원 질문이다.

- "그 일을 하는데 내가 도와줘야 할 것은 무엇인가요?"
- "그 일을 하면서 고민되거나 예상되는 문제는 무엇인가요?"

상황별 수시 코칭 질문 Tip

바람직한 수시 코칭은 문제가 발생했거나 혹은 예상될 때, 부하 직원이 부담 없이 찾아와 상사와 대화하는 분위기 형성이 중요하다. 상사 역시 직원들이 언제든지 찾아와도 반겨주고 대화할 수 있는 마음의 준비와 대화 스킬이 필요하다. 만약 수시 코칭으로 충분한 대화가 어렵다면, 1:1 성과 미팅이나 별도의 공식 면담으로 전환해서 진행한다. 짧고 비정기적인 수시 코칭이 1:1 성과 미팅, 팀 성과관리 미팅과 같은 공식 대화의 빈틈을 채워준다. 다음은 다양한 상황별 수시 코칭 예시다.

① 문제 상황에서 직원이 머뭇거려서 상사가 먼저 다가갈 때

수시 코칭은 문제가 있는 팀원이 관리자를 찾아오거나, 돌발 상황에서 상사가 팀원에게 미팅을 요청하면서 진행한다. 그런데 문제가 있는 직원이 상사를 찾지 않거나 직원의 성향에 따라 상사와 대화를 꺼리는 직원들도 있다. 이처럼 문제 상황에서 직원이 상사를 찾아오는 데 머뭇거릴 때, 상사가 먼저 다가가서 확인하는 방법도 좋다. 이럴 때 활용하면 좋은 질문은 다음과 같다.

- "요즘 ○○프로젝트 진행은 어떻게 되어 가나요?"
- "현재 하고 있는 일 중에서 애로 사항이 있다면 무엇인가요?"
- "현재 업무 중에서 가장 큰 도전과제는 무엇인가요?"

② 직원을 인정, 칭찬, 격려하면서 문제나 이슈를 확인할 때

성과목표나 과제 수행에 대해 인정이나 칭찬, 격려의 목적으로 수시 코칭을 활용할 수 있다. 전체 보고 석상이나 공식 회의, 미팅에서 만난 직원에게 현재 수행하는 일에 대해 다음과 같이 인정이나 칭찬 격려를 하면서 이슈나 문제에 대해 질문한다.

- "지난번 ○○제품 고객행사를 잘 준비하고 진행하느라 고생이 많았습니다. 추가로 지원이 필요한 사항은 없나요?"
- "오늘 경영회의에서 보고를 잘했습니다. 특히 사업부장님이 중요하게 생각하는 포인트를 잘 반영했어요. 혹시 이번 프로젝트 진행관련 고민되거나 문제점은 없나요?"

③ 문제를 개선하거나 부정적인 피드백을 할 때

직원의 업무와 관련된 행동에서 문제점을 지적할 때도 수시 코칭은 효과적
이다. 이때 직원의 문제 행동에 대한 피드백이 직원의 입장에서는 갈등이나 오
해를 불러올 수 있다. 이러한 상황에서는 직원이 문제 행동에 대해 공감할 수
있는 표현과 스스로 문제점을 인식할 수 있도록 수시 코칭을 한다. 문제를 개선
하거나 부정적인 이야기를 할 때 피드백은 구체적이면서 스스로 판단할 수 있
도록 한다. 이와 같은 질문 예시는 다음과 같다.

- "본부장님이 오늘 보고를 승인하지 않았는데, 그 원인이 어디에 있다고 생각합
  니까?"
- "이 문제를 해결하기 위해서는 어디서부터 시작해야 할까요?"

5. 실행력은 권한위임에 달렸다

생산지원팀은 증가하는 고객 A/S 문의에 업무가 마비될 지경이다. 이 건으로 고객지원 이 매니저가 힘들어서 그만두겠다고 사직 면담까지 요청했다. 이에 팀 회의를 개최하고 대응 방안 마련에 들어갔다.

💬 조 팀장: 지난달 고객 A/S 대처로 모두 고생 많았습니다. 그런데 지금처럼 임시 방편으로 업무를 처리하기에는 고객지원 업무가 너무 많아져서 당분간 신규 인력 채용할 때까지 업무 조정을 했으면 합니다. 현재 이 매니저가 수행하기 어려운 일과 애로 사항이 있다면 무엇인가요?

💬 이 매니저: 제 업무는 '고객들의 A/S 문의 대응'입니다. 대표적인 문의가 전화 문의인데, 하루에 많을 때는 50통도 넘게 옵니다. 전화 문의는 제품 사용상의 문제, 고장 수리나 반품문의가 가장 많아요. 고장이나 반품은 일단 제품을 택배로 보내고 수리나 환불 조치로 가면 심플합니다. 그런데 문제는 사용상의 문제입니다. 교체나 수리를 요청하는 고객 대응이 제일 힘들어요.

💬 조 팀장: 알겠습니다. 업무 중에서 분리해서 이양을 했으면 하는 업무는 무엇인가요?

💬 이 매니저: 반품되어서 수리 요청이 들어오는 제품 대응입니다. 하루에 적게는 10여 건에서 많게는 30~40건까지 들어옵니다. 반품되는 제품을 수리할 것인지, 다른 제품으로 교체해 줄 것인지를 판단해서 생산팀에 수리요청 넣는 업무를 다른 분이 해주셨으면 합니다.

💬 조 팀장: 제 생각에는 A/S 반품처리 업무를 이 매니저의 업무에서 분리해서 자재담당인 박매니저가 진행해 주었으면 합니다.

💬 박 매니저: 제가 반품처리 업무를 맡아야 한다면 하겠습니다. 그렇지만 반품처리에서 제 권한이 어디까지인지는 결정해 주셨으면 합니다.

💬 조 팀장: 어떤 권한을 말하는 것인가요?

💬 박 매니저: 반품 들어오는 제품 중에서 생산팀에 수리 요청을 보내면 그쪽에서는 바쁘다고 수리불가 통보를 남발할 때가 많습니다. 저희가 봤을 때는 수리가 가능한데 바빠서 못 한다는 게 이해가 되지 않습니다. 생산팀과 관련한 업무 규정을 만들었으면 합니다.

💬 조 팀장: 문제는 당장 규정 만들기에는 시간이 없어요. 지금은 기존의 규정을 활용하고 차후에 개정하는 것은 어떨까요?

　　💬 박 매니저: 지금도 반품이나 교체에 대한 간단한 규정은 있습니다. 근데 그것을 판정하는 게 담당자인데, 생산팀이나 우리 팀에서 보는 기준이 달라서 문제입니다. 결정권한이 우리 팀으로 권한위임이 되어야 시간과 인력 투입을 최소화할 수 있습니다.

　　💬 조 팀장: 알겠습니다. 먼저 최 매니저가 수리와 제품교체에 대한 규정을 금주 내로 보완해 주길 바랍니다. 다들 바쁠 텐데 이 매니저의 고객지원 A/S 업무분담을 해줘서 고마워요. 신규 담당자를 뽑을 때까지 박 매니저가 잘 좀 진행해 주세요.

- -

권한위임이 어려운 이유

　오늘날 조직경영에서 권한위임이 중요한 이유는 기존의 상명하복과 위계 중심의 수직적 조직에서 자율과 분권화의 수평적 조직으로 전환하고 있다. 단순하고 정형화된 업무를 수행하는 조직은 지시와 명령 중심의 수직적 조직구조가 효과적일 수 있다. 그러나 불확실성과 복잡성이 높아진 상황에서는 팀이나 개인들은 개별 상황에 맞게 자율과 책임을 기반으로 행동해야 한다. 수평적 조직구조는 각 구성원들의 자율과 책임으로 운영되는 수평적인 조직문화를 기반으로 한다. 이때 개인에게 업무 책임과 동시에 권한이 주어져야 한다.

　또 다른 이유는 MZ세대를 비롯한 신세대 직원들의 등장이다. 이들은 전통조직의 상명하복과 위계 중심의 조직운영을 거부한다. 대신 개인의 자율과 상호 존중을 중시한다. 또한 자기 업무에 대한 책임과 권한을 중시하며 그 속에서 인정받고 싶어 한다. 우수한 신세대 직원들을 선발하고 유지하려면 개인의 자율과 책임, 권한이 주어지는 수평적 조직문화가 필요하다.

　이처럼 권한위임이 필요함에도 불구하고 직원에게 권한위임을 못 하는 이유는 무엇 때문일까? 가장 큰 이유는 직원을 믿지 못하는 신뢰의 부족이다. 직원을 믿지 못하는 데는 여러 이유가 있다. 직원들의 역량이 부족할 수도 있고, 과업 실패에 대한 부담도 있다. 이 두 가지는 관리자 자신의 완벽주의나 자신의 현재 권력을 유지하려는 성향에서 기인한다. 이러한 성향을 극복하기 위해서는 자신의 리더십에 문제가 있음을 자각하고 작은 것부터 위임하는 사고의 전환이 필요하다.

또는 이미 직원들이 많은 일을 하고 있어 위임을 못 하는 경우도 있다. 이미 업무가 과중한데 추가 업무를 받으면 직원들이 더욱 힘들어질 수 있다. 이러한 경우는 먼저 직원들의 실제 업무량을 파악해 보고, 직원들 스스로 추가 과업 수행 여력에 대한 의사를 들어본다. 이때 관리자는 직원들에게 불필요하거나 중요하지 않은 일은 제거하거나 줄여준다. 또한 새로운 업무에 대한 부담감이나 역량이 부족한 경우 코칭이나 교육을 통해 역량을 강화한다. 그런데 직원들이 수행해야 할 업무까지 관리자가 껴안고 가는 것은 관리자 자신과 직원 모두를 망치는 지름길이다.

과업수행에서 권한위임 방법

관리자는 권한위임을 통해 직원들의 역량 개발과 성장의 기회를 제공해야 한다. 〈그림 10〉은 과업의 중요성과 직원 준비도에 의한 직원 권한위임 사분도이다.

이 사분도는 직원들에게 효과적으로 권한을 위임하기 위해서는 '과업의 중요성' 다른 의미로 책임, '직원 준비도' 다른 의미로 역량과 의지의 2가지 축으로 이뤄졌다. 여기서 과업의 중요성은 과업이 성과에 미치는 영향과 직원에게 부여된 책임의 강도를 의미한다. 직원 준비도는 그 과업을 수행하는 데 필요한 직원의 역량과 의지 수준을 의미한다. 직원의 역량은 높은데 위임 사무 수행의 의지가 없다면 직원의 준비도는 낮다. 반대로 직원의 의지는 높지만 위임 사무와

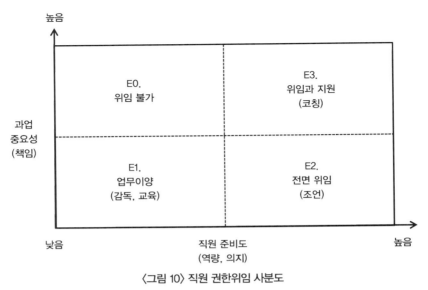

〈그림 10〉 직원 권한위임 사분도

※ 본 사분도 안의 영문 'E'는 Empowerment 권한위임을 의미하며, E 아래의 단어는 위임의 방식을, ( ) 안의 글자는 리더의 직원에 대한 업무지원 방식을 의미한다.

관련된 전문성이 떨어진다면 직원의 준비도는 낮다. 직원의 준비도를 높이려면 위임 사무에 업무 전문성과 실행 의지 모두 높아야 한다.

과업의 중요성과 직원 준비도에 따른 사분도를 살펴보면, 먼저 과업의 중요성과 책임은 상대적으로 높은데, 직원의 역량과 의지 수준인 준비도가 낮으면 E0로 '위임 불가'다. 여기서 E는 권한위임(Empowerment)의 약자다. 조직이 중요한 업무를 역량도 의지도 낮은 직원에게 위임할 상사는 없다. 이때는 위임을 하지 않고 관리자가 직접 수행해야 한다. 이러한 상황에서 관리자가 직원에게 취할 수 있는 조치는 필요한 자료 수집이나 가공에 대한 기초 업무를 맡기는 정도다.

다음 과업의 중요성과 책임이 낮고, 직원의 역량과 의지도 부족한 낮은 준비 상태를 E1. '업무이양'으로 정의한다. 이양(Delegation)은 위임과 다르다. 가장 큰 차이점은 업무를 넘기는 것은 동일하지만 일에 대한 의사결정 권한 유무에 따라 다르다. 업무를 이양 받은 직원은 업무 수행에 대한 책임은 있지만 언제까지 어떤 산출물을 제공하는지는 상사의 지시를 따른다. E1에 속하는 대표적인 직원은 낮은 직급의 사원이거나 경력사원이다. 이들에게 책임이 낮은 업무를 넘겨줌으로써 업무에 대한 경험과 전문성을 향상시킬 수 있다. 이 과정을 거치면서 준비도도 높아져 간다.

E1 사분면의 직원들에 대해 관리자의 업무 지원방식은 사분도 괄호 안의 표현처럼 감독과 교육이다. 감독이란 업무를 지시하고 진행 사항에 대해 경과 보고를 받고 문제 사항을 조치하는 등 업무 전반을 관리하는 활동이다. 또한 직원의 업무 전문성 향상을 위해 외부 교육을 보내거나 자기계발 기회를 제공한다. 그러한 과정을 통해 직원의 업무 준비도는 향상되며 권한위임 사무를 수행할 기본적인 준비상태를 갖추게 된다.

세 번째는 과업의 중요성과 책임은 낮거나 보통인 편인데, 직원의 업무 관련 역량과 의지가 높은 편이라면 E2, '전면 위임'할 수 있다. 여기서 직원의 업무 준비도에 비해 과업 중요성과 난이도 등이 현저히 떨어지는 단순 반복 업무를 의미하지 않는다. 이 사분면의 업무는 중급 수준의 과업 중요성과 책임이 따른다. 일반적으로 E2 사분면에 속하는 직원은 대리 이상 초급 관리자다.

E2 사분의 직원들을 지원하는 방식은 크게 조언이 있다. 조언은 직원이 위임 사무의 전반을 관장하면서 부족한 부분이나 확인이 필요한 사안에 대해 관리자의 조언을 청해 들을 수 있다. 관리자의 조언을 따를지는 위임 받은 직원이 결정한다. 이처럼 전권을 위임받아 업무의 시작과 끝을 책임지면서 자신의 역량과 업무 전문성을 강화하여 E3의 단계로 나아간다.

E3는 과업의 중요성과 책임도 높으면서, 직원의 업무관련 역량과 의지가 높은 직원 준비도를 갖춘 상태에서 '권한위임과 지원'을 의미한다. E3의 권한위임은 일부 위임과 전면 위임 둘 다 가능하다. 직원의 준비도가 높은 수준이며 위임 받는 직원이 업무를 책임 있게 수행할 수 있다고 판단되면 전면 위임을 하고, 그렇지 않다면 위임을 하되 지속적인 지원을 제공한다. 여기서 위임과 함께

지원을 명기한 이유는 권한을 위임했다고 해서 상사의 역할이 없어지지 않는다는 의미다.

E3 직원에 대한 관리자의 대표적인 지원 방법은 코칭이다. 여기서 코칭은 정해진 기간이나 시간의 코칭이기보다는 상황에 따른 수시 코칭의 성격을 가진다. 위임을 한 이상 정기적인 보고나 지시 관계는 바람직하지 않다. 관리자는 직원이 고민이나 문제가 발생할 경우, 코칭을 통해 스스로 문제를 해결할 수 있도록 대화와 피드백을 제공한다. 권한위임은 조직의 자율과 도전, 유연성을 강화시킨다.

7장

STEP 3. 체계적인 성과평가와 피드백

GROWTH 성과관리의 마지막 단계는 성과평가다. 올바른 성과평가는 직원들의 사기를 증진시키고 업무 생산성을 높인다. 성과평가의 핵심인 공정성과 객관성을 확보하기 위해, 성과분석과 다면평가, 평가오류 최소화 방법들을 알아본다. 직원의 성장과 성과 개선을 위해서는 성과평가 결과에 대해 함께 되돌아보고 점검하는 성과평가 면담이 중요하다. 이를 위해 효과적인 성과평가 면담의 방법과 동기부여 방안을 알아본다.

1. 잘못된 성과분석은 실패를 부른다

생산팀 최 팀장은 연말 성과평가에 앞서 3명의 선임 매니저들과 팀 성과분석 미팅을 진행했다.

Q 최 팀장: 올 한 해도 고생 많았어요. 아직 올해가 마무리되지 않았지만 끝까지 최선을 다해 주길 바랍니다. 그럼 전체 성과보고를 박 매니저가 해줄까요?

Q 박 매니저(생산관리): 네, 그럼 올해 성과목표 추진결과를 말씀드리겠습니다. 먼저 생산목표 달성률은 목표 계획 대비 95%의 실적을 보였습니다.

Q 최 팀장: 생산목표 달성률이 약간 부족했던 이유는 무엇인가요?

Q 박 매니저: 자체 공장 제작은 100% 달성을 했는데, 외주제작에서 물량을 맞추지 못한 것과 상반기 원부자재 조달문제로 생산하지 못했던 게 핵심 원인으로 파악됩니다.

Q 최 팀장: 생산기술팀 구매담당과의 원부자재 전략구매 2인 과제는 어떻게 되고 있나요?

Q 박 매니저: 구매담당 주 매니저와 2인 프로젝트는 신제품 개발 TFT에 밀려 시작이 좀 늦어졌지만 이번 달 내로 원인분석과 대안 수립까지 완료할 예정입니다. 설비 가동률은 80% 목표 대비 초과 달성하여 85%를 보였습니다. 그리고 생산제품 불량률은 목표 0.1% 대비 실적이 0.3%까지 올랐습니다.

Q 최 팀장: 0.3% 수준이면 평가기준으로 볼 때 'C' 등급이에요. 내년에는 좀 더 개선할 수 있도록 품질향상에 신경을 많이 씁시다. 다른 성과목표 대비 실적은 어떤가요?

Q 박 매니저: 직원이직률 10% 목표 대비 실적은 15%까지 치솟았습니다. 연간 1.5명이 목표인데 2명이 퇴사하면서 이직률 지표가 올라갔습니다. 그리고 근무만족도는 목표 4.0 대비 3.6으로 만족도가 떨어졌습니다.

Q 최 팀장: 올해 2명의 퇴사자가 어느 파트에서 나왔지요?

Q 김 조장(생산1조): 예, 저희 생산1조에서 상반기 1명 하반기 1명으로 2명이 퇴사했습니다.

Q 최 팀장: 퇴직사유가 진학은 말릴 수 없지만, 타사로 가는 직원은 어떤 이유였나요?

김 조장: 타사 이직사유는 급여와 출퇴근 문제로 파악되었습니다. 급여 수준은 우리 회사가 동종업계에서 중간 정도 수준입니다. 문제는 그 직원 집이 서울인데 우리 회사가 화성에 있어 출퇴근을 힘들어했습니다.

최 팀장: 서울에서 화성까지 차로 2시간 넘게 걸리는데 매일 출퇴근은 쉽지가 않겠죠. 여기서 눈여겨볼 점은 생산팀원들의 근무만족도가 전사에서 낮은 편에 속한다는 점입니다. 근무만족도가 떨어진 근본적 이유는 무엇일까요?

이 조장(생산2조): 근무 만족도가 떨어진 것은 공장 내 작업환경이 상대적으로 열악한 편입니다. 그래도 이 정도 수준이면 공장치고는 높은 편에 속한다고······.

최 팀장: 이 조장, 이 정도 수준이 높은 편이라면, 제가 허튼 이야기를 한다는 말인가요?

이 조장: 제 말은 그런 뜻이 아니라 크게 걱정하지 않아도 된다는 뜻이었습니다.

최 팀장: 그래도 그런 말은 생산2조장님이 할 말이 아니라고 생각합니다. 위기의식을 갖고 사전에 대비하지 못하면 결국은 사람도 잃고 사업도 잃습니다. 내년 도전 과제로 이직과 근무 만족도 해결에 도전해 보는 것은 어떤가요?

박 매니저: 저도 공장근무환경 개선을 통한 인력유지 방안은 중요한 과제라고 생각합니다.

최 팀장: 그럼 내년도 과제로 '이직 방지와 근무 만족도 향상 TFT'를 진행해 봅시다. 이번 기회에 이직률도 줄이고 직원 만족도를 높이는 계기로 만듭시다.

성과분석은 성과 개선의 첫걸음

성과분석은 조직의 목표 달성을 위해 과업 수행 결과 데이터를 수집, 정리, 해석하여 목표 대비 결과 차이를 분석하는 과정이다. 이를 통해 조직의 강점과 약점을 파악하고 개선이 필요한 영역을 도출한다. 이러한 성과분석은 성과 개선을 위한 필수 과정이다. 그런데 개인이나 조직에서 성과분석이 제대로 이뤄지지 않는 이유는 첫째, 성과분석을 하려면 구체적인 실적 데이터가 있어야 한다. 둘째, 성과분석을 하려면 다양하고 복잡한 분석기법 활용능력이 필요하다. 셋째, 성과분석을 통해 개인이나 조직의 잘못이 드러나 책임지는 것을 두려워한다. 이러한 이유가 성과분석을 어렵게 한다. 그렇다면 성과분석을 하는 간편하면서도 실용적인 방법은 무엇일까?

기본적인 성과분석 방법은 연간 실적 분석이다. 연초에 세웠던 성과목표와 핵심성과지표(KPI)를 기준으로 수행 결과를 분석한다. 여기서 주의할 점은 핵심성과지표(KPI)의 가중치가 높은 항목의 달성도가 중요하다. 매년 목표가 잘 달성되는 것과 그렇지 못한 것을 분리해서 분석한다. 여기서 지속적으로 달성하지 못하는 항목을 우선적으로 개선한다.

성과분석의 대상은 내부 역량과 외부 환경이다. 역량분석은 공통역량과 전문역량 분석으로 나눌 수 있다. 일반적으로 공통역량 분석은 조직의 모든 구성원이 공통적으로 요구되는 지식이나 기술, 태도 및 행동방식 등을 평가한다. 공통역량 분석 방법에는 설문조사나 인터뷰 조사, 목표 대비 현 수준 차이 분석 등이 있다. 전문역량 분석은 특정 직무나 역할에서 필요한 전문 지식이나 기술, 능력을 평가한다. 전문역량 분석 방법에는 직무분석, 직무역량분석, 직무 관련 성과지표 분석 등이 있다.

성과평가 단계에서 외부 환경분석은 성과에 영향을 미친 외부 요인을 평가하고, 이를 통해 성과평가의 공정성을 확보한다. 목표 설정 단계에서 외부 환경분석은 예측과 계획에 중점을 두며 외부 환경을 분석한다. 반면, 성과평가 단계에서 외부 환경분석은 성과 맥락 이해에 초점을 두며, 이미 발생한 외부 환경의 변화가 실제 성과에 어떤 영향을 미쳤는지를 분석한다. 분석 결과는 공정한 평가와 피드백의 핵심이며, 다음 주기 목표 설정과 성과 개선에 반영한다.

성과분석 결과를 토대로 차년도 목표 설정에 필요한 목표 또는 과제를 도출한다. 위 〈드림 컴퍼니〉의 경우, '직원 이직 상승에 따른 이직 방지'와 '근무 만족도 향상' 과제가 여기에 해당한다. 성과분석을 통해 도출된 차년도 목표나 과제는 조직의 근본 문제를 해결하고 성과를 개선하는 징검다리와 같다.

체계적인 성과분석 4단계

성과분석은 개인 및 조직의 성과를 평가하고 향상시키기 위한 체계적인 과정이다. 〈그림 11. 성과분석 4단계〉에서 체계적인 성과분석 방법에 대해 알아보자. 먼저 성과지표별 데이터를 수집한다. 데이터에는 숫자로 표현할 수 있는 정량적 데이터가 있고, 숫자로 표기하기 어려운 정성적 데이터가 있다. 성과 실적 자료원으로 정량적 데이터의 경우는 사내 ERP(Enterprise Resource Planning) 시스템, CRM(Customer Relationship Management) 시스템, 성과관리 시스템 등에 입력된 자료를 활용한다. 정성적 데이터의 경우 설문조사나 인터뷰 등을 통해 수집한 자료들을 활용한다. 데이터 수집과정에서 유의할 점은 성과가 우수한 자료 취합은 문제가 없지만, 성과가 좋지 않은 데이터는 꾸미거나 허위로 조작하려는 유혹에서 벗어나 있는 그대로의 사실적 자료를 취합한다.

성과지표별 데이터가 수집되면 2단계는 데이터 분석에 들어간다. 데이터 분석에는 기초통계를 활용하거나 다양한 분석을 할 수도 있다. 예를 들어 비교 분석은 목표 대비 실적을 비교하거나, 성과지표별 비교, 동종 업종별 비교, 조직간의 비교 등을 한다. 원인 분석은 문제의 원인을 통계적 방법으로 파악하기 위해 상관분석, 회귀분석, 인과분석 등을 사용한다. 예측 분석은 과거 데이터를 기반으로 미래의 성과를 예측하는 데 사용된다. 최근에는 인공지능 기술의 발달에 따라 다양한 예측모델을 활용할 수도 있다.

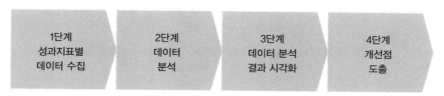

| 1단계 성과지표별 데이터 수집 | 2단계 데이터 분석 | 3단계 데이터 분석 결과 시각화 | 4단계 개선점 도출 |

〈그림 11〉 성과분석 4단계

3번째 단계는 성과지표별 데이터 분석 결과를 시각화한다. 분석 결과를 상사 보고용이나 성과결과 보고서 입력용 자료를 작성한다. 시각화 방법에는 그래 프나 차트, 대시보드 등을 사용한다. 여기서 중요한 것은 각 성과지표의 변화를 시각적으로 표현하여 성과의 변동성을 알기 쉽게 보여주는 데 있다. 다만 자료 작성에 너무 많은 시간이나 자원을 투입하지 않도록 분량을 제한한다.

마지막 4번째 단계는 개선점 도출이다. 성과지표별 분석 결과를 바탕으로 성 과 개선 방안을 도출하고 다음 주기 성과 계획에 반영한다. 팀 차원의 성과 개 선 방안 수립을 위해 전체 팀원이 모여 브레인스토밍을 통한 성과 개선 아이디 어를 도출한다. 팀원들이 창의적이고 도전적인 개선 아이디어를 낼 수 있도록 자율과 협력의 팀 분위기를 조성한다.

개인 차원의 성과분석 방법

성과분석은 개인과 조직의 성장과 성과 개선을 위해 필수적인 과정이다. 다 만 분석의 초점과 방법에서 차이가 있다. 개인 차원에서는 개인의 역량개발 및 목표 달성이 목적이라면, 조직 차원에서는 전체적인 운영 효율성 증대와 전략 적 목표 달성이 중요하다.

개인 차원에서는 성과분석 없이 목표 대비 실적을 중심으로 평가하고 피드 백 하는 경우가 많다. 성과 분석과 평가를 동시에 진행하면서 평가 면담용 피드 백 사항까지 한 번에 작성하면 시간 소모를 줄일 수 있다. 이처럼 효율적인 개 인용 성과분석 시트는 〈그림 12. 개인 성과분석표〉와 같다. 이 분석표는 직원 개인의 성과목표나 과제를 긍정적 결과를 낸 것과 부정적인 결과를 낸 것을 분 리한다. 관리자는 직원이 작성한 긍정 및 부정적 평가분석을 토대로 목표 대비 수행 결과에 대해 잘된 이유와 잘못 수행한 원인의 피드백 메시지를 작성한다.

개인별 목표 대비 달성 결과가 차이가 나는 이유는 크게 3가지로 나눌 수 있다. 첫째는 개인의 역량이다. 업무 관련 전문성이나 개인의 태도나 마인드, 일하는 방식 등이 포함된다. 일반적으로 목표 대비 성과의 30~50%가 개인의 역량에서 결정된다. 이때 관리자는 개인의 과업 수행과정에서 역량에 대한 수시 점검과 행동 평가를 기록하여 성과평가 및 분석에 활용한다.

두 번째는 업무 관련 시스템에서 기인한다. 시스템에는 업무 관련 제도나 매뉴얼, 프로세스, 장비나 도구 등이 포함된다. 직원이 업무를 수행하는 데 필요한 자원이나 도구가 없어 제대로 수행하지 못했는지를 관찰 및 점검한다. 한 예로 품질 불량률이 높아진 이유가 개인의 문제일 수도 있지만, 품질검사 도구나 프로세스가 제대로 구축되지 못했을 수도 있다. 성과목표를 달성하지 못하는 일반적인 원인 중에서 30~40%는 업무 시스템에서 기인한다.

긍정적 평가			
과제(KPI)	목표	실적	성과 분석

부정적 평가			
과제(KPI)	목표	실적	성과 분석

피드백 메시지

〈그림 12〉 개인 성과분석표

세 번째는 업무를 둘러싼 외부 환경에서 기인하는 경우다. 대표적인 예가 코로나19나 전쟁, 기후환경 변화, 재난, 경제 위기나 경기침체 등 사회 및 자연 환경에서 기인한 문제를 말한다. 외부 환경에 경쟁사를 포함하는 경우도 있고 별도로 다루기도 한다. 이러한 외부 환경요인에 기인한 경우가 일반적으로 성과 원인의 10~30%는 차지한다.

　이처럼 관리자는 직원들의 성과 달성 여부가 어떤 요인에 기인한 것인지를 파악하고 적합하게 피드백 한다. 매출 실적이 좋았던 이유가 개인의 역량보다 경기나 전쟁 등 특수한 환경에 기인한 것은 아닌지를 분석하고 객관적으로 평가한다. 반대로 외부 환경이 좋지 않아 아무리 노력해도 실적을 올리지 못한 경우도 있다. 평가 면담에서 이런 사항을 피드백 해준다면 직원들의 신뢰를 얻는 데 효과적이다. 다만 외부적 요인에 의해 실적이 악화되었더라도 목표 달성의 궁극적 책임은 개인에게 있다.

2. 다면평가는 효과적인가?

개발팀 강 매니저는 다면평가의 결과를 받아보고 고민에 빠졌다. 이에 직속 상사인 개발팀 박 팀장에게 면담을 요청했다.

- 강 매니저: 팀장님 이번 다면평가 보고서를 보고 충격에 빠졌습니다. 작년에는 평이한 피드백이 많았는데 올해는 날카로운 피드백뿐만 아니라 저의 문제점을 지적하는 피드백도 많았습니다. 원래 다면평가가 냉혹한 평가인가요?

- 박 팀장: 강 매니저가 많이 놀란 모양입니다. 모든 평가는 객관적이고 엄격하지요. 개인에게는 냉혹하게 받아들여질 때도 있죠.

- 강 매니저: 필시 우리 팀원보다는 다른 팀 분들이 좋지 않게 피드백을 한 것이라고 봅니다.

- 박 팀장: 어떤 피드백이기에 그렇게 생각하나요?

- 강 매니저: 리더십 항목에서 팀워크와 의사결정 점수가 낮게 나왔어요. 피드백 예시로 '타 팀에 업무협조를 요청할 때 다른 팀의 상황을 고려하지 않고 일방적으로 통보하거나, 자기 팀 일정 중심으로 업무를 강요하는 경향이 있다'는 피드백이 있었어요. 의사결정에 대해 '자신이 결정해야 할 일을 미루거나 책임을 지지 않으려 한다'는 피드백도 받았습니다.

- 박 팀장: 본인이 생각하기에 다른 사람들이 팀워크와 의사결정에 대해 그렇게 생각하는 이유가 무엇이라고 생각하나요?

- 강 매니저: 올 상반기에 휴대용 손 선풍기를 만들면서 일정이 촉박하고 시제품 제작이 늦어져 싫은 소리를 몇 번 했습니다. 일을 잘해 보자고 그런 이야기를 했는데, 그것을 가지고 다면평가에 낮게 평가할 줄은 몰랐습니다.

- 박 팀장: 우선 업무 수행과 평가는 분리할 수 없어요. 중요한 것은 타인의 동의와 참여를 이끌어낼 수 있는 리더십이 중요하죠. 좋은 결과를 함께 만들기 위해 서로에 대한 배려와 격려, 혹은 충고가 이뤄져야 한다는 거죠.

- 강 매니저: 너무 어려운 말씀이세요. 일을 마무리하기 위해서는 때로는 강하게 끌고 가야 하는데 그럼 싫은 소리를 하게 되고요. 어떻게 해야 할지 갈피가 잡히지 않습니다.

💬 박 팀장: 제 말은 상대방과 협력하기 위해서는 타인의 입장에서 배려하고, 스스로 참여할 수 있도록 공감을 불러일으켜야 해요!

💬 강 매니저: 구체적으로 어떻게 해야죠?

💬 박 팀장: 예를 들면 납기 일정이 촉박한 경우, 사전에 일정 조정을 알리고, 애로사항이 없는지 먼저 파악하는 것이죠. 문제가 발생한 다음에 해결하려고 하면 싫은 소리를 하게 되죠. 먼저 문제를 예방하는 차원에서 대안을 마련하는 습관이 중요해요. 그리고 다른 직원들의 피드백을 겸허하게 받아들이는 마인드 컨트롤도 필요해요. 때로는 나의 의도와는 무관하게 상대방의 감정을 상하게 할 수도 있어요. 문제는 그런 일들이 '상대방의 마음을 상하게 했구나' 하는 자각이 중요해요.

💬 강 매니저: 예, 알겠습니다. 제가 좀 흥분한 모양입니다. 제 딴에는 잘해보자고 한 행동인데 상대방의 마음을 상하게 할 줄은 몰랐습니다. 좀 더 배려하고 준비하도록 하겠습니다.

💬 박 팀장: 좋아요. 강 매니저는 역량도 좋고 우수한 관리자의 자질을 가지고 있어요. 날이 선 데가 있지만 본인이 노력하면 점차로 나아질 겁니다.

왜 다면평가인가?

2023년 10월 원주시는 지난 8년 동안 시행해 오던 다면평가제도를 폐지하기로 결정했다. 다면평가제도 폐지의 이유는 업무능력 평가보다는 학연, 지연, 인맥 중심 평가로 인해 각종 부작용이 발생함에 따라 폐지를 결정했다. 이에 대해 원주시 공무원 노조는 원주시장과 인사위 등을 직무유기로 경찰에 고소하였다. 이 사태로 원주시와 공무원 노조 간의 갈등이 격화되고 있다. 인사평가제도는 개인이나 조직에 미치는 영향이 크기 때문에 개인이나 계층 간, 조직 간의 갈등을 발생시키기도 한다.

다면평가는 1990년대 후반에 우리나라에 도입되어 오늘날 많은 기업들에서 운영하고 있다. 다면평가 이전에는 상사가 직원을 평가하는 상사평가가 주를 이루었다. 상사평가는 기존 전통적 조직에서 인사고과권을 가진 상사에 의한 일방향적 평가 방식이다. 그러나 수평적 조직문화가 확산되고 평가의 객관성과 공정성을 확보하기 위해 조직 구성원들의 다양한 의견을 수렴하는 다면평가제도를 도입했다.

다면평가란 기존의 상급자 중심의 일방적이고 하향적인 상사평가에서 벗어나 부하, 동료, 상사, 본인 등 다양화함으로써 피평가자가 입체적으로 평가하는 방식이며, 360도 평가라고도 부른다. 다면평가의 장점은 다양한 구성원들의 평가 피드백을 통해 평가의 객관성을 높이고 피평가자의 수용도를 높일 수 있다. 상사평가의 경우 직원들의 업무수행 과정에서 역량이나 태도, 행동에 대해 세부적인 사항을 모를 수 있다. 이때 관련 일을 함께했던 동료나 부하 직원이 직접 평가에 참여함으로써 평가의 객관성을 높이고 다양한 의견을 받아볼 수 있다.

다면평가는 상사평가에서 발생할 수 있는 평가오류를 최소화하며 평가의 공정성을 높인다. 개인에 대해 상사나 동료, 고객 및 부하 직원들이 다면적으로 평가하므로 상사평가가 가지는 후광효과나 중심화 경향과 같은 평가오류를 최소화한다. 또한 다면평가자의 편차를 줄이기 위해서는 가장 높은 점수와 낮은 점수를 제외한 평균으로 평가점수를 산정해서 평가의 공정성을 기한다.

다면평가의 또 다른 장점은 다각적인 평가 피드백을 통해 자신의 문제를 보다 객관적으로 인식하고 역량개발과 행동 개선에 활용한다. 상사평가와 같은 단면평가에서 피평가자들은 평가자의 일방적인 피드백에 반감을 드러내거나 수용하지 못하는 경우도 있다. 반면 다면평가는 개인이 아닌 다수의 사람들에 대한 피드백으로 자신의 문제에 대한 깊은 자각과 수용도를 높일 수 있다. 따라서 다면평가는 업적평가보다는 리더십이나 역량 평가에 효과적이다.

한편 다면평가에도 단점이 있다. 다면평가는 운영 측면에서 시간과 자원이 많이 투입된다. 보통 한 명의 피평가에 4~7명가량의 평가자가 필요하다. 피평가자가 많을수록 조직 내에 많은 사람이 참여하고 그만큼의 시간을 투입해야 한다. 그래서 다면평가는 전 사원보다는 관리자 이상의 직급을 대상으로 하는 경우가 많다. 다면평가 시간을 최소화하기 위해 평가 문항을 10문항 이내로 하거나 자유기술식을 포함한 종합적인 피드백 방식을 활용한다. 또 다른 문제점은 동료나 하급자가 상급자를 평가할 때, 인기투표나 상호 협조식 평가, 혹은 친근 정도에 의한 인물 평가로 흐를 수 있다. 이를 방지하기 위해 평가자 선정에 신중을 기하고 평가자 교육을 통해 오류 발생을 최소화한다.

종합해 볼 때 다면평가가 상사평가보다 효과적인가? 제도는 조직이 처한 상황과 조직문화를 바탕으로 한다. 상사평가도 제대로만 운영한다면 시간적 소모나 갈등을 줄일 수 있다. 다면평가는 시간과 비용, 자원이 많이 투입되지만, 상사평가의 공정성과 객관성 문제를 극복하는 효과적인 대안으로 활용할 수 있다.

다면평가의 활용 목적

다면평가는 활용 목적에 따라 제도 구성이 달라진다. 다면평가의 활용 목적은 크게 보상연계, 육성연계, 그리고 보상과 육성 혼용 방법이 있다. 먼저 보상연계 방안은 다면평가 결과를 연봉, 승진이나 선발과 연계를 목적으로 한다. 보상에 연계할 경우 객관적인 평가를 위해 등급형 항목으로 구성하고, 상대 혹은 절대 평가를 통해 피평가자의 업적과 역량을 평가한다. 다면평가를 보상이나 다른 인사제도와 연동할 경우, 다면평가의 중요성과 평가자의 역할이 커진다.

다면평가를 개인의 리더십이나 역량 개발을 목적으로 할 경우, 구성원의 강점과 약점 파악에 초점을 둔다. 이때 다면평가 문항은 객관식 문항 이외에 다양한 의견이나 피드백을 기술하는 서술형 문항을 구성하며, 주로 절대평가 방식을 사용한다. 육성 목적의 다면평가는 보상과 직접 연계되지 않아 직원들의 평가 부담이 덜하지만, 서술형 평가 방식은 객관적인 성과 측정에 어려움이 있다.

우리나라 기업들은 대체로 다면평가를 리더십이나 역량개발을 위한 육성 용도로 많이 사용한다. 주로 인사고과의 보조적 수단으로 활용하며, 자사의 핵심 가치와 리더십 및 전문 역량을 평가한다. 특히, 평가문항 구성에서도 객관식 문항에 평정 척도를 많이 사용하여 피평가자들 간의 비교를 목적으로 하는 경우도 있다.

다면평가를 보상과 육성 둘 다를 목적으로 추진하는 경우 보상과 육성을 동시에 연계하는 장점이 있다. 이때는 다면평가의 범위와 중요성이 동시에 높아지므로 평가자의 평가 공정성과 객관성이 더욱 요구된다. 반면 평가의 객관성이나 공정한 평가가 이뤄지지 않을 경우, 다면평가에 대한 불만으로 조직 구성원들 간의 갈등이 높아지거나 팀워크를 해칠 수 있다. 이러한 혼합형 다면평가 제도를 잘 활용하는 기업이 마이크로소프트다.

마이크로소프트는 다면평가를 활용하여 조직기여도를 평가하고 이를 보상과 연계하는 체계를 가지고 있다. 주요 평가항목은 주어진 목표와 과제의 효과적 달성도를 평가하는 성과평가, 팀 내 혹은 팀 간 협업과 커뮤니케이션 능력을 평가하는 협업평가, 리더십 역량평가와 새로운 아이디어를 제안하고 실행하는 혁신평가로 구성된다. 이러한 다면평가 결과는 연봉이나 성과급, 승진에 중요한 기준이 될 뿐만 아니라, 직원 맞춤형 역량개발 계획에 기반한 교육 및 코칭 프로그램에 활용된다.

효과적인 다면평가 운영법

모든 제도의 성공은 운영의 묘에 달렸다. 비즈니스 현장에서 다면평가를 효과적으로 운영하는 방법은 다음 〈그림 13. 다면평가 운영 프로세스〉와 같다. 첫 단계는 다면평가 진행을 위한 대상자를 선정한다. 평가 항목과 기준 등이 평가 대상자와 적합한지도 검토한다. 평가자는 피평가자와 업무 관련성이 있는 사람을 고려하여 선정한다. 평가자 결정은 업무 시스템상에서 무작위로 할 수도 있고, 인사팀에서 배정하는 방식, 피평가자의 상사가 선정하는 방식 등이 있다. 여기서 중요한 점은 평가자 선정이 외부로 유출되지 않도록 비밀 보장에 주의한다.

두 번째 단계는 다면평가를 진행한다. 우선 다면평가 진행에 대한 전체 일정을 평가자와 피평가자들에게 공지한다. 구체적인 일정을 공지하여 평가자와 피평가자가 착오 없이 평가를 진행한다. 또한 평가 가이드나 양식도 제공한다. 이때 서면보다는 온라인 평가로 진행하는 것이 수정이나 잘못 입력하는 오류를 줄일 수 있다. 다면평가 진행은 무작위로 할 수도 있고 순서별로 진행할 수도 있다. 이때 다른 평가자의 평가 내용이 공유되지 않는 편이 좋다. 다른 평가자의 평가 내용이 공유될 때 평가에 부정적인 영향을 미칠 수 있다. 평가를 마치면 평가 결과를 취합한다. 서면으로 진행할 경우에는 개별 평가를 모아서 종합 다면평가 보고서를 작성한다.

S1. 대상 선정	S2. 평가 진행	S3. 평가 보정	S4. 결과 피드백
• 평가 항목 및 기준 확정 • 피평가자 결정 • 평가자 선정 　－ 상사, 동료, 후배 　　직원, 고객 등	• 평가 일정 안내 • 평가 기준 및 양식 송부 • 평가자 대상 통보 • 평가 진행 　－ 셀프/동료/하향/ 　　상향 평가 결과 취합	• 평가결과 확인 　－ 특이사항 확인 　　평가등급 보정을 　　위한 위원회 운영	• 평가 결과 통보 • 평가 면담 및 피드백 　－ 향후 개선방안

〈그림 13〉 다면평가 운영 프로세스

세 번째 단계는 다면평가 결과를 확인하고 보정(Calibration)한다. 다면평가를 한 뒤 개별적으로 특이 사항이 없는지 확인한다. 다면평가 결과를 그대로 취합해서 활용하기보다는 보정작업을 거쳐 최종 평가를 하는 게 평가관련 오류나 문제를 최소화한다. 평가 점수는 최하 점수나 최고 점수를 제외하고 나머지 점수를 평균으로 매긴다. 다면평가 결과를 보상이나 승진에 반영할 경우, 인사팀이 전체적인 보정작업을 해서 평가의 오류나 문제를 점검한 후에 활용한다.

마지막 단계는 다면평가 결과를 개인에게 통보하고 평가 면담을 진행한다.

평가결과를 통보하는 데에서 그치지 말고 업적평가와 함께 다면평가 결과에 대해 평가 면담을 진행한다. 평가 면담을 통해 피평가자의 자발적인 역량개발과 행동 개선이 이뤄지도록 한다. 특히 다면평가 내용이 본인이 예상하지 못한 부정적인 피드백이 포함되었을 경우, 개인이 받는 충격은 예상보다 클 수 있다. 심지어는 평가자들에 대한 불신이나 갈등으로 다른 문제를 야기하기도 한다. 피평가자의 상사는 그러한 사항이 없는지 점검하고 면담을 통해 이슈를 해소한다. 다면평가를 통해 도출된 다양한 의견들을 평가 면담을 통해 공유하면, 피평가자의 행동개선에 용이하다.

3. 성과평가의 오류 극복하기

드림 컴퍼니 성과평가 방법은 연초 세운 성과목표 설정서에 대한 업적평가와 성과 기여도 및 협력평가, 조직가치와 리더십 역량에 대한 다면평가를 혼합하여 운영하고 있다. 경영지원팀 인사담당 이 매니저는 연말 성과평가 결과에 대해 정 팀장에게 보고했다.

- 이 매니저: 팀장님 올해 업적평가와 다면평가 결과를 정리한 내용을 보고드립니다.

- 정 팀장: 특이 사항이 있나요?

- 이 매니저: 이제 변경된 성과관리제도에 조금씩 익숙해져 가는 중입니다. 다면평가에서 평가자 선정과 성과평가 결과를 시스템에 입력하는 문제에 대해 일부 문의가 있었지만, 작년보다 많이 줄었습니다. 그리고 평가자들 간의 편차도 많이 줄었습니다.

- 정 팀장: 올해 성과평가 과정에서 문제 되는 사항이나 특징이 있나요?

- 이 매니저: 올해 평가과정에서 나타난 문제는 업적평가에서 연공오류와 관대화 경향이 여전히 나타났습니다. 특히 승진예정자들에 대한 인사고과 올리기는 다수의 부서에서 나타났습니다. 전년도 대비 평가등급이 1칸은 기본이고 B에서 S로 2칸이나 수직 상승한 직원도 3명이나 있었습니다.

- 정 팀장: 그런 경우에 대해서는 각 팀장에게 재검토 안내했나요?

- 이 매니저: 예, 재검토 안내 연락을 드렸는데, 모두 합당한 이유가 있다는 회신이 왔습니다. 나중에 보정위원회에서 최종 점검을 해야 할 듯합니다.

- 정 팀장: 알겠습니다. 그러한 사람들 명단을 별도로 명기 바랍니다. 그리고 관대화 경향은 어떤 일이 있었나요?

- 이 매니저: 관대화 경향은 전년도에 C를 받았던 직원들이 올해 A등급을 받은 직원이 5명이 있었습니다. 이에 대해서도 재검토 안내를 드려 2명은 B로 수정되었지만 3명은 그래도 A로 평가하였습니다.

- 정 팀장: 2개 이상 등급 상승자들에게 대해서는 구체적인 상승 사유를 명기토록 합시다. 또 어떤 일이 있었나요?

💬 이 매니저: 일부 평가자들이 다면평가 문항들의 평가기준이 모호하다는 피드백이 몇 건 있었습니다. 피평가자들의 조직 기여도를 묻는 질문 문항에 여러 업무가 있는데 '잘하는 업무와 미흡한 업무 중에서 어느 것을 기준으로 평가해야 하느냐?'라는 질문이었습니다.

💬 정 팀장: 그래서 어떻게 답변했나요?

💬 이 매니저: 크게 2가지 방법을 제안했습니다. 하나는 피평가자가 수행한 다양한 과업 중에서 성공한 프로젝트와 실패한 프로젝트를 구분해서 그 경중에 따른 평가 방법입니다. 또 하나는 여러 과업 중에서 핵심 업무를 중심으로 평가하는 방안을 제안드렸습니다.

💬 정 팀장: 추가로 평가의 각 항목별 평가기술문을 작성하는 난이 있으니, 그 난에 구체적 내용을 기록하면 평가점수를 매기는 데 용이합니다.

💬 이 매니저: 예, 추가 안내하겠습니다. 또 다른 문제는 다면평가가 아직도 인기 평가로 생각하는 일부 평가자가 있는 듯합니다. 나와 잘 아는 사람은 좋게 평가하고 평상시 소원했던 사람은 보통 이하로 평가하는 경향이 보입니다.

💬 정 팀장: 다면평가에서 가장 우려스러운 부분이죠. 다면평가의 본질과 평가자들의 객관적이고 공정한 평가의 중요성을 계속 강조해야 합니다. 그리고 성과보정위원회에서 협의할 수 있도록 평가 오류 사례를 정리해서 보고합시다.

성과평가 오류의 3가지 원인

성과평가가 공정하고 객관적이지 않으면 조직 구성원들은 성과관리제도에 대한 불만이 팽배해지고 평가자와 피평가자 간의 갈등을 낳게 된다. 이러한 성과평가의 문제는 때로 개인 간 갈등을 넘어 노사문제나 법적 분쟁으로 비화되기도 한다. 성과평가 오류란 평가자가 피평가자의 업적과 행동을 관찰하고, 성과를 평가할 때 발생하는 판단상의 오류를 말한다. 성과평가의 오류 원인으로 평가자와 시스템, 조직문화 3가지 측면으로 나눠볼 수 있다.

먼저 평가자의 평가역량 부족이나 편견이다. 다면평가의 진행으로 팀장이나 관리자뿐만 아니라 상사, 동료, 후배 사원 등 다양한 구성원이 평가에 참여한다.

다양한 조직 구성원들의 참여와 의견을 반영하는 평가방식은 좋으나, 평가 역량이나 공정성이 부족한 평가자는 평가의 객관성이나 공정성의 문제를 유발할 수 있다. 조직은 평가자 역량 강화를 위해 평가제도와 평가방법 교육, 모의 평가 테스트 등을 통해 다양한 평가 스킬들을 교육해야 한다.

평가 시스템에서 기인한 평가오류는 주로 평가 기준이나 제도, 프로세스에서 발생한다. 모호한 평가기준은 평가자들의 자의적이거나 주관적인 평가를 낳는다. 또한 시대 변화와 조직문화에 적합한 평가제도를 운영하지 못할 경우, 조직에 대한 신뢰와 업무에 대한 몰입을 떨어뜨릴 수 있다. 아울러 성과평가 전산 시스템이 구축되지 않았을 때에는 성과평가에 대한 실시간 정보를 얻기도 어렵고, 평가결과를 입력하는 데 번거로움과 시간 낭비가 발생할 수 있다.

끝으로 평가 프로세스도 구체화하여 사전에 평가자와 피평가자가 평가에 관한 자료를 수집하고 준비할 수 있는 시간을 주어야 한다. 개인이나 조직이 사업에 대한 평가 준비가 되지 않는 상황에서는 제대로 된 평가를 진행하기 어렵다. 또한 평가 양식이나 평가 문항들이 평가기준에 맞게 준비되어야 공정한 평가와 조직 성과 향상에 기여할 수 있다.

효과적인 성과평가제도 운영에 대한 만병통치약은 없다. 중요한 것은 자사에 필요한 성과평가제도의 목적과 현실에 부합하는 성과평가제도를 마련해서 운영한다. 먼저 명확한 평가기준을 마련하고 평가 양식과 평가 문항을 개발한다. 단순한 업적평가에서 그칠 것인지, 리더십과 역량, 조직가치의 기여도를 평가할 것인지, 또는 상사평가로 그칠지 아니면, 다면평가 방식으로 진행할지를 충분히 검토한다.

또한 평가자에 대한 사전 교육과 모의 평가실습 등 평가제도 이해와 평가 스킬을 습득한다. 특히 다면평가를 진행할 때는 평가자의 익명성을 보장하여 솔직하고 공정한 피드백을 받을 수 있도록 한다.

평가자 오류 유형별 원인과 극복 방안

평가자에 의해 발생하는 오류 중에서 가장 많이 발생하는 5가지 유형에 대해 발생원인과 대책에 대해 알아본다.

① 후광효과

먼저 후광효과(Halo Effect)는 직원의 긍정적 혹은 부정적 특성에 주목해 피평가자의 전체 평가에 영향을 끼치는 평가 오류다. 예를 들면 특정 학교나 지역 출신은 일을 잘할 거라는 편견을 가진다. 또는 평상시 늦게까지 근무하고 예의 바른 직원이 일도 잘할 거라는 생각을 갖는다. 이처럼 후광효과는 그 직원의 일부 특성이 평가 전반에 영향을 미치는 현상이다.

이러한 후광효과를 극복하기 위해서는 객관적이고 공정하게 평가하려는 마인드 형성이 중요하다. 평가자의 마음이 평가 외적인 요소에 끌린다면 평가의 객관성을 확보하기 어렵다. 또한 사람과 현상을 객관적이고 공정하게 바라보고 판단하는 습관을 들여야 한다. 피평가자에 대한 명확한 평가기준을 마련하여 이에 근거하여 평가를 실시한다.

② 중심화 경향

중심화 경향(Central Tendency)은 팀원들을 평가할 때 긍정적 혹은 부정적 판단을 유보하고 중간 정도의 점수에 쏠리는 평가 경향을 말한다. 평가자의 입장에서 조직 구성원 모두가 같이 한 업무인데 누구는 좋은 점수를 주고, 누구에게는 낮은 점수 주기를 어려워한다. 또는 좋은 평가를 받은 사람보다 낮은 평가를 받은 직원의 반발이나 업무 태만을 걱정한다. 중심화 경향은 상사가 팀원에 대한 정확한 관찰과 분석이 이뤄지지 않거나 평가에 대한 책임을 회피하려는 성향에서 비롯되기도 한다.

평가자의 중심화 경향을 극복하기 위해서는 피평가자에 대한 객관적인 평가 기준을 마련하고 업무 실적 데이터를 수집하여 평가근거를 마련한다. 또한 평가척도를 세분화하거나 평가구간별 인원을 의도적으로 제한하여 평가의 차별성을 도모한다. 중심화 경향을 극복하는 제도적 방법으로는 각 평가구간별 인원 비율을 책정하여 중간으로 쏠리는 경향을 방지한다.

③ 최신 오류

최신 오류(Recency Error)는 최근에 일어난 일에 더 많은 영향을 받아 전체를 평가하는 오류를 말한다. 연말 성과평가 시즌이 가까워지면 직원들은 분주해진다. 그동안 부진한 실적을 만회하기 위해 최선을 다한다. 출근 시간에 막바지에 오던 직원들도 이른 시간에 출근해서 업무를 본다. 평가자의 입장에서 1년 혹은 반년이나 분기 전체의 업무 활동을 세밀하게 기억하지 못한다. 특별한 기록으로 남겨두지 않았다면 평가에 임박한 기간 동안의 성과나 업무활동이 평가에 큰 영향을 미친다.

이러한 최신 오류를 극복하는 방안은 평소에 직원들의 업무수행 행동이나 성과를 관찰하고 별도의 기록을 남겨둔다. 이러한 객관적인 데이터를 활용해서 전체 성과를 종합적으로 평가하는 습관을 들인다. 최신 오류를 방지하기 위한 제도적 방안은 평가기간을 월이나 분기별 성과평가를 도입하여 운영한다. 평가대상 기간이 짧을수록 최신 오류도 줄어든다. 또는 성과목표의 과제나 프로젝트가 종료될 때마다 수시 성과평가를 진행한다.

④ 대비 오류

다음으로 대비 오류(Contrast Error)는 피평가자를 객관적인 기준이 아닌 평가자나 타인의 특성이나 행동에 비교하여 평가하는 오류를 말한다. 대비 오류는 직장에서 일을 잘하는 사람과 못하는 사람의 전형을 설정하고, 그 직원과 비교하여 평가하는 방식을 말한다. 이러한 대비 오류는 오래전부터 사용하던 평가 방식이다. 평가에 대한 객관적 기준이 없거나, 객관적 사고가 결여되었을 때 많이 나타난다. 또는 세대나 견해의 차이에서 자신이 선호하는 경향이나 견해에 맞춰 주관적으로 평가할 때 대비 오류가 발생할 수 있다.

대비 오류를 극복하기 위해서는 평가자가 자기중심적인 평가를 버리고 객관적이고 공정하게 평가하는 태도가 중요하다. 또한 자신이나 선호하는 대상과 비교하지 않고, 객관적인 기준에 의한 평가를 진행한다. 대비 오류를 제도적으로 방지하기 위해서는 핵심성과지표(KPI)나 목표 수준과 같은 평가기준에 의한 평가를 실시하고, 객관적인 평가근거를 명기한다. 또는 상호 간 비교에 의해 평가하는 서열식 평가 시스템의 사용을 억제하고, 가급적 목표에 의한 평가시스템 등을 활용한다.

⑤ 연공 오류

연공 오류(Seniority Error)는 직원들의 객관적인 업적이나 역량보다는 업무 경험이나 연령 등 근속을 우선하여 평가하는 오류를 말한다. 연공 오류는 근속이나 연공을 중시하는 전통적인 조직에서 많이 나타난다. 또한 연공급을 지급하는 조직이나 성과주의에 대한 인식이 낮은 조직에서 연공서열 중심의 평가를 한다. 일반적인 조직에서 연공 오류가 가장 많이 나타날 때가 승진이나 진급을 앞둔 직원에게 높은 점수를 몰아주는 현상이 나타난다. 이러한 경향은 아직도 많이 나타나지만, 수평적 조직문화가 중시되고 성과주의가 확산됨에 따라 점차 줄어들고 있다.

최근 MZ세대의 등장으로 성과평가에서 연공 오류는 조직에 대한 신뢰를 떨어뜨리며 세대 간 갈등을 낳는 중요한 단초가 된다. 이러한 연공 오류를 방지하는 방법은 조직문화 차원의 변화가 동반되어야 한다. 조직문화가 연공서열을 중시하는데 성과 중심의 평가는 쉽지 않다. 연공 오류에 대한 제도적 차원의 대안은 피평가자에 대한 객관적이고 명확한 평가기준을 마련하고 세부적인 평가 근거를 작성한다.

　이처럼 평가 오류는 평가자에 대한 불신뿐만 아니라 성과주의 조직문화와 성과관리 토대를 약화시킨다. 특히 다면평가 등 상사 이외의 동료나 직원들도 평가자로서 역할과 책임을 제대로 수행하지 못할 때 평가결과에 대한 반감과 오해를 증폭시킨다. 평가 오류를 방지하기 위해 기업은 자사의 성과평가제도에 이해를 높이고, 공정하며 객관적인 평가 역량을 향상시키기 위한 교육훈련과 관리자 코칭을 강화한다. 또한 투명하고 객관적인 평가를 진행하도록 제도와 시스템을 개선한다. 올바른 성과평가가 직원들의 사기를 증진시키고 업무 생산성을 높인다.

4. 평가 면담 제대로 하기

생산지원팀 조 팀장은 팀원들을 대상으로 성과평가 면담을 시작했다. 먼저 품질담당 최 매니저의 성과평가 결과를 토대로 평가 면담을 실시했다.

- 💬 조 팀장: 최 매니저 고생이 많습니다. 하반기 추진한 신제품 개발 TFT는 어떻게 되고 있나요?

- 💬 최 매니저: 휴대용 에어컨 개발과제는 초기 시장조사와 사용자 경험 분석 결과를 토대로 제품의 콘셉트를 결정했습니다. 콘셉트에 따라 디자인 시안 2개를 완료했습니다. 지금은 각 제품시안에 대한 제품설계를 진행하고 있습니다.

- 💬 조 팀장: 그동안 고생이 많았어요. 오늘 성과평가 면담은 먼저 최 매니저가 평가한 1차 성과평가 결과 중에서 잘 진행된 것과 미진한 것을 나눠서 살펴볼까요?

- 💬 최 매니저: 저의 올해 성과목표는 본연 목표 2개와 도전목표 1개, 협업목표 2개로 설정하였습니다. 그중에서 잘 되었다고 평가하는 항목은 '조직별 품질관리 컨설팅 월 1회 이상 실시하기'와 '팀별 품질담당자 월별 정기미팅 실시하기', '전사 공정별 품질관리 매뉴얼 11월까지 개정하기'입니다. 이 3개 목표는 타 팀과 협력해서 진행하는 과제들입니다. 팀별 품질담당자들과 정기미팅이 잘 이뤄지면서 품질관리 컨설팅과 공정별 품질관리 매뉴얼도 계획대로 잘 진행되었습니다.

- 💬 조 팀장: 이번 품질관리 매뉴얼 개정작업은 저도 잘 진행되었다고 봅니다. 아쉬운 점은 팀별 품질관리 컨설팅이 실제 효과가 있었는지 약간 의문이 드네요.

- 💬 최 매니저: 상반기 불량률에 비해 하반기 불량이 줄어드는 데 품질컨설팅이 주효했다고 생각됩니다.

- 💬 조 팀장: 하긴 상반기에 비해 하반기 품질수준을 많이 낮추었으니 효과가 있었다고 볼 수도 있겠네요. 다음 미진한 평가 항목은 무엇인가요?

- 💬 최 매니저: 미진한 평가 항목은 '올해 말까지 품질관리사 자격증 획득하기'와 '제품불량률 0.1% 수준으로 관리하기'입니다. 올해 시험이 지난달에 종료되었는데 공부가 부족해서 떨어졌습니다. 내년 2월에 시험이 있는데 그때는 꼭 따도록 하겠습니다. 그리고 제품불량률은 목표 0.1% 수준에는 미달했지만, 0.2% 수준으로 낮춘 것은 의미 있는 성과라고 봅니다.

○ 조 팀장: 맞아요. 이번에 품질불량률의 목표 수준이 높아서 그렇지 상반기 불량률 대비 하반기 불량률을 낮춘 것은 큰 공헌이라고 봅니다. A/S 비용 절감액에도 큰 기여를 했고요. 그리고 품질관리사 자격증을 땄으면 좋았을 텐데, 신제품 개발 TFT 참여 건으로 시간 내기가 어려웠다는 점은 이해가 됩니다. 목표를 달성하지 못한 항목이 2개가 있지만 전체적으로는 의미 있는 도전과 성과였다고 봅니다. 혹시 다른 요청 사항이나 하고 싶은 말 있나요?

○ 최 매니저: 저도 올해 성과목표를 세우면서 몇 가지 새로운 도전을 해보았는데 의미 있는 시간이었다고 생각됩니다. 비록 목표는 달성하지 못했지만 불량률 감소는 우리 회사가 가야 할 품질 방향이라고 봅니다. 나중에 품질제로에도 도전해 보겠습니다.

○ 조 팀장: 좋습니다. 우리 최 매니저는 매사에 긍정적이고 진취적인 자세가 좋아요. 그런 긍정적 마인드가 다른 사람에게도 긍정의 에너지를 확산시킨다고 봐요. 모든 일에 힘들더라도 긍정적인 자세 잊지 말고 열심히 해주길 바랍니다.

성과평가 면담을 해야 하는 이유

한 중견기업에서 성과관리 교육을 진행할 때다. 나는 고객사의 성과관리제도에 대한 설명을 듣고 있었다. 고객사는 성과평가 후에 성과 면담 없이 바로 최종 등급 심사로 넘어갔다. 당시 인사팀장에게 성과평가 후에 성과평가 면담이 없는지를 질문했다. 그때 인사팀장은 이렇게 말했다.

"성과평가 면담이 꼭 필요한가요? 많은 조직들이 평가 면담을 하라고 해도 제대로 하지 않아요. 부서장들도 평가 면담이 시간이 많이 걸린다고 싫어하고요. 팀원들도 면담 필요성을 못 느껴서 지난 성과관리제도를 개편하면서 평가 면담을 없애 버렸어요."

성과평가 면담을 제대로 하지 못하면 역효과가 날 때도 있다. 그러나 성과평가 결과에 대해 직원들과 대화 없이 곧바로 최종 평가등급 심사로 넘어가면, 성과평가 근거나 기준에 의문을 제기할 공식적 시간이 없다.

또 다른 기업은 직원들이 1차 성과평가를 하므로 그들의 의견이 반영된 것으로 보았다. 팀장이나 직속 상사가 평가와 전체 보정작업 후, 성과등급 결정을 하면 절차상 하자가 없다고 말했다. 팀원들이 1차 평가에서 자신의 업적이나 리더십, 역량 등 평가는 목표 대비 실적에 대한 자신들의 평가 의견이다. 이것은 팀장이나 직속 상사 평가에서 달라지는 경우가 많다. 직원들이 이러한 평가결과 차이에 의문을 제기하지 않는다고 상사의 평가결과에 동의한다고 볼 수 있을까?

성과평가 면담은 과업수행 동안 실적이나 행동에 대해 관리자와 직원 간 의견을 교환하는 공식적인 커뮤니케이션 과정이다. 대부분의 팀원은 자신의 성과를 팀장에게 내세우고 싶어 한다. 그렇다면 조직에서 성과평가 면담을 하지 않으면 어떤 문제가 있을까?

먼저 성과평가 면담을 하지 않는 것은 성과관리의 목적에 반하는 행위다. 성과관리의 목적은 평가보상에 있지 않고 성과 개선과 직원들의 성장에 있다. 자신의 평가등급이 우수한 등급이고 남들보다 높은 보상을 받았다고 평가 면담이 필요 없을까? 예를 들어 자신의 목표 설정서에 달성 가능한 목표를 기술하고, 상사가 성과평가에서 A등급을 주었다고 하자. 그 결과에 대해 평가등급심의회에서 그대로 인정해 주었다면, 그 직원의 다음 주기 성과목표 설정서에는 달성이 용이한 목표들로 가득 채워진다.

또한 성과평가 면담은 목표 달성 활동과 과정에 대한 인정과 조언의 자리이다. 평가 면담이 단지 개인의 평가등급을 통보하는 자리라면 굳이 면담을 하지 않아도 된다. 그러나 평가 면담은 성과달성을 칭찬하거나, 잘못된 부분을 보완하고 개선점을 찾는 자리다. 그 과정 속에서 개인의 성장과 성과 개선이 이뤄진다. 또한 직원은 성과평가 피드백을 통해 다음 주기 개선된 성과목표를 세우고 도전한다. 성과평가 면담이 없다면 직원의 자발적인 업무 개선과 도전 기회조차 사라진다.

MZ세대의 등장은 공정하고 객관적인 성과평가를 강력하게 원한다. 2021

년 SK하이닉스 사원이 사장과 전 직원에게 성과급 문제 메일을 보냈던 사건도, LG전자와 현대자동차의 경영진이 성과평가에 대해 사원들과 대화를 시도했던 이유도 동일하다. 평가 면담에 대해 미국의 물류회사 페덱스 인사담당 임원은 다음과 같이 말했다. "대화 없는 평가결과는 있을 수 없다." 성과평가 면담을 통해 개인과 조직의 성과개선과 성장을 가져온다면, 회사가 평가 면담을 거부할 이유가 없다.

효과적인 성과평가 면담 4단계

성과평가 면담에서 좋은 이야기가 나올 확률은 상대적으로 낮다. 피평가자의 상위 20~30%를 제외하고 대부분은 보통이나 보통 이하의 평가를 받는다. 평가점수 자체가 낮으니 면담에 임하는 관리자나 팀원의 마음은 무거울 수밖에 없다. 그렇다고 면담을 건너뛰면 성과평가 결과에 대한 팀원들의 궁금증과 불만은 증폭된다. 결국 관리자의 역할은 팀원들의 평가결과에 대한 불만이나 스트레스를 줄이도록 대화한다. 관리자와 팀원 모두에게 부담되는 성과평가 면담을 효과적으로 하는 방법은 무엇일까? 그동안의 성과관리 코칭 경험을 토대로 성과평가 면담 4단계를 제안한다.

먼저 평가 면담 도입 아이스 브레이킹(Ice-breaking)이다. 성과평가 면담이라는 어색함을 깨기 위해 평가 면담 자리에 앉은 팀원과 가벼운 인사말이나 최근 근황에 대해 이야기를 나눈다. 편안한 분위기를 형성하여 피평가자가 면담에 집중하도록 한다. 또한 관리자는 평가 면담의 목적과 진행 순서를 소개한다. 이단계에서 시간은 대략 5~10분 이내로 진행한다.

성과평가 면담의 2단계는 성과목표 대비 실적에 대해 간략하게 설명한다. 이때 팀원은 자신의 성과를 장황하게 설명하거나, 모든 일을 잘했다는 평가의견을 낼 수도 있다. 이러한 행동을 방지하기 위한 방법은 '잘한 일 3가지와 잘못한 일 3가지'를 중심으로 이야기하는 '3잘3못 대화'다. 3잘3못 대화는 스스로 업무성과를 평가하고 피드백 함으로써 목표 달성 결과를 돌아보는 시간을 갖도록 한다. 이때 상사는 팀원의 이야기에 귀 기울이며 필요한 사항은 메모한다. 팀원과 자신의 의견이 다른 부분을 눈여겨보며, 자신이 미처 파악하지 못한 부분도 파악한다. 이 과정의 시간은 10~15분 이내로 진행한다.

세 번째 단계는 팀장의 평가 피드백이다. 여기서 팀장은 팀원의 과업에 대해 목표와 실적에 따라 평가하며 그 근거를 설명한다. 평가점수가 확정되지 않았을 때는 평가결과가 '양호'인지 '미흡'인지를 판단해서 피드백 한다. 특히 팀원과 평가 의견이 다른 부분은 그렇게 생각하는 이유를 구체적으로 설명해 준다. 팀원의 이의제기나 설명을 요청할 때는 평가기준과 근거에 의거해서 설명한다. 이때 팀원이 관리자의 평가 결과를 받아들이느냐 그렇지 않는가에 너무 민감하게 반응하지 않는다. 대부분의 사람들은 자신과 다른 의견을 곧바로 수용하지 않는다. 팀장의 평가 피드백은 사안에 따라 달라질 수 있지만 10~15분 정도가 적합하다.

성과평가 면담의 마지막 단계는 성과개선과 역량 개발을 위한 향후 방향과 계획을 검토한다. 성과평가 면담은 평가점수를 공유하는 데서 끝나서는 안 된다. 평가결과가 좋으면 좋은 대로 안 좋으면 안 좋은 대로 이유가 있다. 특히 새로운 경쟁자나 환경변화에 대처하지 못할 때 다음에는 어떻게 극복할 것인지, 역량이 부족했다면 어떻게 보완할 것인지, 새로운 시스템이나 프로세스의 보완이 필요하면 어떻게 할 것인지를 간략히 이야기 나눈다. 중요한 사안은 차년도 성과목표나 과제로 제안한다. 이 단계도 10분 내외로 진행을 한다.

대체로 성과평가 면담은 1인당 30~50분 정도 소요된다. 너무 짧게 끝나거나 길게 끝나면 다른 팀원들이 의아하게 생각할 수 있다. 공식적인 성과평가 면담인 만큼 대화의 주제나 시간은 비슷하게 가져가는 게 좋다. 만약 성과평가 면담에 임하는 팀원이 이야기나 질문이 너무 없을 때는 상사가 적절하게 질문하면서 대화를 이끌어간다. 팀원이 이의제기가 없다고 너무 일찍 끝나도 성의 없는 면담으로 받아들여질 수 있다. 성과평가 면담에서 팀원과 관리자의 평가의견 차이를 줄이고 상호 신뢰까지 형성한다면 성공적인 면담이다.

성과평가 면담 이럴 땐 이렇게!

성과평가 면담을 할 때마다 관리자는 다양한 상황에 처한다. 평가 면담에서 발생하는 주요 이슈에 대한 효과적인 대화법을 알아본다. 아래 상황에 직면할 때, 먼저 직원의 의견을 경청하며 공감적 태도를 유지하면서 직원의 기대와 수행결과의 차이를 파악한 뒤 성과평가 면담에 임한다.

① 팀원이 평가결과를 납득하지 못할 때

팀원들이 기대만큼 평가결과가 나오지 못했거나, 외부 환경이나 경쟁사 등 성과를 내기 어려운 환경을 탓하는 경우가 있다. 이때 바람직한 대응법은 팀원이 이해하도록 명확한 평가 기준과 근거를 제시한다. 평가 근거로 구체적인 사례나 데이터를 제시한다. 상사의 설명에도 본인이 받아들일 수 없다면, 회사 인사팀에 이의신청을 제기하도록 안내한다. 평가결과에 동의하지 못하는 직원을 억지로 수용하게 할 수는 없다.

② 직원이 관리자의 평가 기준이나 평가 근거 자체에 의문을 제기하는 경우

초기 목표 설정 단계에서 성과지표(KPI)와 평가 기준을 정해 두었다면 문제가 될 소지는 없다. 만약 합의한 성과목표와 기준에 의해 성과평가를 했는데도 평가결과에 동의하지 않는다면 단호하게 이야기한다. 그런데 평가기준이 정성적이거나 평가 근거가 추상적일 때, 팀원이 평가 기준과 근거에 이의를 제기할 수 있다. 이때 바람직한 대응법은 평가 기준과 근거를 구체화하고 보완한 이유를 설명해 준다. 이러한 사태를 방지하기 위해 목표 설정 단계에서 객관적이면

서 구체적인 평가 기준을 정해야 한다.

③ 과제 자체가 성과를 내기 어려운 경우

대체로 이런 상황은 도전적인 과제를 수행하다가 목표를 달성하지 못할 때다. 이 상황에서 효과적인 대응법은 도전적인 목표나 과제를 수행할 때, 성과관리 규정에서 별도의 평가기준을 마련한다. 예를 들면 도전적인 목표를 달성하지 못했더라도 최소한 보통(B) 등급을 준다. 관리자는 이러한 평가기준에 의거 높은 목표를 수행하다 실패한 결과를 감안하여 평가한다. 만약 이러한 사전 평가기준을 마련하지 못했다면, 현 성과기준에서 관리자의 평가 재량권 내에서 평가한다. 이때 관리자는 어려운 과제를 수행한 도전정신과 용기를 인정하고, 실패원인 극복 방안에 대해서도 이야기한다. 평가 면담의 끝은 긍정적으로 마무리한다.

④ 업무 특성상 평가가 어렵거나 애매한 경우

예를 들면 1년 내에 수행하기 어려운 과제나 장기 프로젝트의 경우 단기적인 실적을 내기 어렵다. 이러한 경우에도 목표 설정단계에서 기간별로 핵심 결과를 구분해 두면 성과평가가 용이하다. 그런데 초기에 두리뭉실하게 목표를 설정해 두면 성과평가를 하기 어렵다. 그럼에도 팀원의 과업수행이 의미 있고 타당한 결과를 만들었다면 성과평가에 반영한다. 또는 정성적인 결과라도 있었다면 그것을 정량화하여 평가에 반영할 수 있다. 이처럼 장기 프로젝트인 경우 중간 단계의 핵심 결과를 구체화하여 중간마다 평가할 수 있도록 목표 설정 시 평가기준을 마련해 둔다.

⑤ 초기 성과목표 설정서에 없는 과업 수행으로 평가에 반영되지 못하는 경우

연초에 목표를 설정할 때 실행과제에서 누락되거나, 중간에 성과목표에 없

었던 과제를 실행할 수도 있다. 이때 중간 단계에서 성과목표에 반영하거나 다른 성과목표의 실행과제로 등록해야 불이익을 줄일 수 있다. 또는 중간에 새로운 과제를 수행할 때는 중간 성과관리 미팅을 통해 성과목표 설정서에 반영하거나, 성과목표 중간 점검기간에 수정한다. 혹은 성과목표 설정과 성과 수행 및 평가 단계의 기간을 분기나 반기 단위로 운영하여 목표 설정과 평가의 간격을 줄인다.

5. 성과평가로 동기부여 하기

개발팀 박 팀장은 S/W 파트의 홍 매니저와 성과평가 면담을 진행했다. 홍 매니저는 3년 차 S/W개발 엔지니어인데 주어진 목표와 과제 수행에서 좋은 평가를 받지 못했다. 성과평가 면담 말미에 박 팀장은 홍 매니저의 역량개발에 관해 대화를 이어갔다.

☺ 박 팀장: 홍 매니저의 올해 목표 대비 실적을 종합해 보면, 좋은 평가등급을 받기는 어려울 듯해요. 아쉽지만 연초 성과목표를 절반이나 달성하지 못했네요. 그리고 이제 3년 차 S/W개발 엔지니어인데 역량이 향상되지 않는다는 점입니다. 이 점에 대해 어떻게 생각하나요?

☺ 홍 매니저: 저도 답답합니다. 주말이나 시간이 날 때 외부 교육에도 참석하고 S/W 공부를 해도 실력이 잘 늘지 않습니다.

☺ 박 팀장: 개인적으로 공부도 하고 교육도 열심히 참여하는데 기술 습득이나 역량 향상이 되지 않는 이유가 뭐라고 생각하나요?

☺ 홍 매니저: 아무래도 S/W에 관한 기본 지식과 스킬이 부족하기 때문이라고 봅니다. 대학에서 문과생인데 부전공으로 S/W를 공부했어요. 아무래도 전공자들에 비해 응용 프로그램 개발과 엔지니어링에 기초가 부족한 듯합니다.

☺ 박 팀장: 제 생각에는 홍 매니저가 새로운 개발 프로젝트나 과제 수행을 망설이는 경향이 있다고 봐요. 이 점에 대해서는 어떻게 생각하나요?

☺ 홍 매니저: 예전부터 새로운 일에 도전하기보다는 안정적인 일을 선호했어요. 새로운 기술을 도입하기보다는 남들 하는 거 따라가는 데 급급했다고 생각합니다.

☺ 박 팀장: 그런 문제에 대해 S/W 파트 선임인 소 매니저와 이야기를 나눠봤나요?

☺ 홍 매니저: 아직 못 했습니다. 소 매니저님이 워낙 바쁘기도 하고, 퇴근하면 바로 집에 가기 바쁘기도 하고요.

☺ 박 팀장: 소 매니저도 학교에서 S/W를 전공하지는 않았어요. 어떻게 S/W 공부하고 일에 적용하는지를 배우면 많은 도움이 될 거예요.

☺ 홍 매니저: 알겠습니다. 다음 주에 소 매니저님과 대화를 나눠보도록 하겠습니다.

☺ 박 팀장: 그리고 혹시 다른 개발팀원들과 관계는 어떤가요? 같이 일하기 힘들거나 그런 사람이 있나요?

홍 매니저: 사실은 H/W 파트의 강 매니저님과는 대화하기 좀 어려워요. 지난번 휴대용 손 선풍기 개발을 할 때, 제품 안전을 위한 S/W 대응책을 이야기하다가 진도가 나가지 않자 화를 내신 경우가 있었어요. 물론 제때 프로그램 개발을 진행하지 못했지만, 제 마음에 상처를 주었어요.

박 팀장: 일을 하다 보면 감정을 배제하고 이성만으로 하기는 어려울 때가 있어요. 강 매니저가 좀 무뚝뚝한 면은 있어도 마음에 담아두는 체질은 아니에요. 일에서 문제와 감정을 분리할 때 대인관계 문제를 해결할 수 있어요.

홍 매니저: 알겠습니다. '일을 할 때 감정과 문제를 분리하라'는 말씀 고맙습니다. 내년에는 저도 4년 차 개발 엔지니어인데 적극적으로 새로운 일에 도전하고, 더 많이 배우겠습니다.

박 팀장: 좋습니다. 올해보다 내년에는 더 좋은 성과를 기대해 봅니다. 혹시 제가 지원해 줘야 할 일이 있으면 언제든지 이야기해 줘요. 저도 적극적으로 도울게요.

성과평가 면담에서 직원 동기부여 방법

성과평가 시즌이 돌아오면 현업 부서에서는 다양한 목소리가 들려온다.

"다들 열심히 일했는데 누구는 평가를 잘 주고, 누구는 못 줄 수 있나요?"

"연초에 세웠던 목표와 실제 하는 일이 많이 다른데 어떻게 평가받아요?"

"연간 매출을 마감하는 바쁜 시기에 꼭 평가 면담을 해야 하나요?"

"별로 할 말도 없는데, 팀원 면담을 꼭 해야 하나요?"

우리나라 직장인들이 성과평가에 불만이 높은 이유도 제대로 된 성과평가 면담 부재가 큰 비중을 차지한다. 성과평가를 통한 직원 동기부여 방법은 크게 2가지가 있다.

하나는 성과평가를 통한 보상이나 승진급을 통한 동기부여다. 대체로 높은 고과점수를 받으면 높은 보상과 연결된다. 프레더릭 허즈버그(Frederick Herzberg)의 위생(Hygiene)과 동기(Motivators) 요인에 따르면, 연봉 인상이나 성과급과 같은 물질적 동기부여는 위생 요인에 속한다. 위생 요인은 조직 구성원의 불만족을 해결할 수 있지만, 만족을 극대화할 수는 없다. 따라서 직무와 관련된 성취감, 인정과 칭찬, 책임 및 직업적 성장 기회와 같은 동기 요인을 제공해야 한다.

성과평가 과정에서 직원들에게 동기를 부여하는 또 다른 방법은 바로 성과평가 면담이다. 성과평가 면담은 직원에게 동기부여를 하는 효과적인 방법이지만 어려운 대화 과정이기도 하다. 평가 면담 자체가 팀원을 주눅이 들게 하고, 평가결과에 온 관심이 집중된다. 팀원의 성과가 좋으면 면담 분위기도 좋다. 그러나 낮은 성과자면 면담의 분위기도 무거워진다. 이처럼 어렵고 딱딱한 성과평가 면담을 어떻게 직원 동기부여의 장으로 만들 수 있을까? 직원 동기부여를 위한 분위기 전환용 질문은 다음과 같다.

- "지난 목표 달성 과정에서 가장 만족스러웠던 일은 무엇이었나요?"
- "내년에 새롭게 도전해 보고 싶은 새로운 역할이나 과제가 있다면 무엇인가요?"
- "앞으로 더 좋은 성과를 내기 위해 새롭게 배우고 싶은 것은 무엇인가요?"

성과평가 면담을 통해 직원의 동기부여를 위해 인정과 칭찬, 경력개발, 하고 싶은 업무와 같은 주제의 대화를 진행한다. 인정과 칭찬은 대표적인 긍정적 피드백 방식이다. 올해 수행했던 업무 중에서 성과가 좋았거나, 비록 성과는 못 냈지만 개인적으로 최선을 다해 노력했던 과업에 대해 인정하고 칭찬한다. 다음은 한 직원의 과업 수행 과정을 인정하는 피드백의 예시다.

"○○○님이 □□신제품 개발에 최선을 다했지만 아쉽게 좋은 성과를 내지 못했어요. 그렇지만 그 어려운 과정을 끝까지 완주하면서 도전정신과 끈기를 보여줬고, 각 분야의 전문가들과 네트워크를 형성했다고 봐요. 그러한 노력들이 다음 과제 수행할 때 큰 힘이 될 것입니다."

성과평가 면담에서 경력개발은 조직에서 그 사람의 성장경로를 설계해 주는 대화다. 이 분야에서 계속 성장해 갈지, 아니면 이 분야 이외에 새로운 분야에 도전하면서 경력을 개발할지에 대해 의견을 나눈다. 특히 조직 생활이 5년 이상 된 직원의 경우, 자신의 경력을 그려보면서 직장 생활에서 새로운 성장경로를 찾는다. 경력설계 대화에서 효과적인 질문은 다음과 같다.

- "앞으로 5년 혹은 10년 후에 어떤 모습이 되고 싶은가요?"
- "본인은 어떤 분야에 관심이나 강점이 있다고 생각하나요?"
- "그 일을 잘하기 위해 앞으로 어떤 역량을 키워야 할까요?"

성과평가 면담에서 하고 싶은 일에 관한 대화는 경력개발과도 관련되며, 단기간 내에 하고 싶은 일을 말한다. 평상시 일을 하면서 '이런 일은 꼭 하고 싶다'는 생각이 있을 때는 금방 대화가 진행될 수 있다. 그러나 특별한 생각을 가지고 있지 않을 때는 망설일 수 있다. 관리자는 이런 상황에서 팀원에게 시간을 주며 기다린다. 만약 성과평가 면담에서 직원이 질문을 하지 않으면, 관리자가 먼저 제안한다. 성과평가 면담에서 하고 싶은 일을 파악하는 질문은 다음과 같다.

- "앞으로 더 배우고 싶거나 경험해 보고 싶은 업무가 있다면 무엇인가요?"
- "내년도에 꼭 달성하고 싶은 목표나 과제는 무엇인가요?"
- "그런 목표나 과제를 달성하는 과정에서 애로 사항이 있다면 무엇일까요?"

성과평가를 통한 성과 개선 방법

우리나라 은행들이 홍콩H지수(항셍중국기업지수) 주가연계증권(ELS) 대규모 손실과 같은 사태의 재발을 방지하기 위해, 문제의 원인이었던 성과평가지표(KPI) 개선에 나섰다. 2024년 하나은행은 '판매채널별 특정 고위험상품 집중판매 위험관리'라는 KPI 항목을 신설했다. 특정 고위험 단일 상품 판매의 위험 상황을 수시로 모니터링하고 있다. 그 결과 고령자 고위험상품 보유비중이 23.8%가 감소했다고 한다. 이러한 KPI 개정은 홍콩H지수 ELS 판매가 많았던 KB국민은행과 신한은행 등으로 확산됐다. 홍콩H지수 ELS 사태에 대응한 새로운 KPI가 직원들의 업무활동에 상당한 영향을 미쳤음을 알 수 있다. 조직의 성과평가 기준 설정에 따라 조직 구성원들의 행동이 달라진다.

아직도 우리는 과거 잘못된 결과를 만들었던 성과평가(KPI)를 그대로 답습하지는 않는가? 경영환경 변화와 저성장이 장기화되는 현실에서 과거의 경영관행과 일하는 방식에 묶여 있지는 않은지 질문을 던질 때다. 성과관리에서 성과평가는 일정 기간 동안의 실적을 평가하고 보상하는 수단이다. 성과를 분석하여 보상에만 활용한다면 성과평가의 기능 중에서 반쪽만 활용하고 있다. 성과평가의 궁극적 목적은 조직과 구성원들의 과업 수행 결과를 분석하여 성과를 개선하는 데 있다.

조직의 성과개선에 성과평가를 활용하기 위해서는 위험과 기회 요인의 신호를 감지하는 열린 성과관리 시스템이 필요하다. 일반적으로 금년도 성과평가 결과를 차년도 목표 설정에 반영한다. 적자가 연속으로 발생했는데, 기존과 같은 경영 방식으로는 성과개선이 불가능하다. 이를 극복하기 위해서는 도전적인 목표를 설정해야 한다. 성과평가는 끝이 아니라 다시 성과목표로 선순환 되는 출발점이다.

성과평가를 통해 성과를 개선하는 또 다른 방법은 관리자들이 성과평가 결과를 토대로 명확한 비전과 구체적인 방향을 제시한다. 급변하는 세계정세에서 경영활동의 변화 속도는 점점 빨라지고 있다. 경기 침체와 위기 국면에서 미래 사업의 방향과 기존 기업 비전이 유효한지도 검증해야 한다. 또한 관리자는 조직 구성원들에게 달성해야 할 방향과 목표를 설명해야 한다. 그 과정에서 조직 구성원들과 목표에 대한 공감대를 형성하며 창의적 아이디어들도 제기된다. 조직변화 씨앗은 성과평가 결과를 통한 새로운 비전과 목표에서 나온다.

끝으로 성과평가를 통한 개인 차원의 성과개선을 위해 관리자는 구성원들에게 정기적이고 건설적인 피드백을 제공한다. 직원들에게 성과평가 결과를 피드백 함으로써 사업의 위기와 기회를 공유한다. 조직의 실적이 반영되는 성과평가에서 개인은 소속 조직의 성과가 좋지 않으면 좋은 평가를 받을 수 없다. 조직 구성원들은 성과관리 과정에서 개인의 성과평가뿐만 아니라, 조직의 성과평가도 민감하게 반응하게 된다. 정기적이고 건설적인 성과 피드백은 개인과 조직의 새로운 도약을 만드는 촉매제다.

GROWTH 성과관리가 개인과 조직을 살린다

지금 우리나라 기업들은 대전환의 국면에 들어섰다. 이 상태로 심각한 저성장의 골짜기로 떨어질 것인가, 아니면 새로운 도약의 발걸음을 내디딜 것인가의 기로에 섰다. 새로운 길은 보이지 않고, 늦었다는 자괴감이 도전의 발길을 가로막을지도 모른다. 그러나 어떤 일에도 너무 늦은 때는 없다. 한 걸음씩 새로운 도전을 할 때마다 암막은 조금씩 걷힌다. GROWTH 성과관리는 위기에 처한 기업 구성원들에게 생기를 불어넣으며, 목표설정-과업실행-성과평가의 프로세스에 의한 일상적인 성과혁신 시스템이다.

지금까지 GROWTH 성과관리의 핵심 원리, 성과관리 3단계 프로세스, 성과개선 방법 및 성과유형별 코칭 전략을 중심으로 살펴보았다. 끝으로 위기를 극복하고 지속 가능한 성장을 이끌기 위해, GROWTH 성과관리를 활용한 3가지 관리방법을 제안한다.

먼저 사업환경 관리는 외부 경영 환경인 시장과 고객, 경쟁사의 동향에 초점을 둔다. 시장은 끊임없이 변하고, 새로운 경쟁자(사)는 항상 나타난다. 시장이 주는 기회와 위협 요인을 매일 점검해야 한다. 성과관리는 분기나 반기마다 점검하는 한철 장사가 아니라, 주기적으로 점검하는 일상 관리다. 기회와 위협 분석은 앞서 살펴본 SWOT 분석기법을 활용하면 도움이 된다. 사업환경분석은 회사/사업부/팀 차원 등 모든 조직 단위에서 수행한다.

일 관리는 일의 계획-실행-평가의 주기적인 점검활동을 말한다. 성과관리 차원에서 일 관리는 성과계획-과업수행-성과평가 및 피드백 프로세스를 의미한다. 또한 효과적인 일 관리를 위해서는 업무배분과 권한위임이 중요하다. 업무배분은 과업의 성격과 직원의 역량에 따라 나눠진다. 그러나 항상 사람은 부족하고 일거리는 넘친다. 여기서 과업의 우선순위를 정하며 일의 성격과 직원의 역량에 따라 권한을 위임한다. 담당자에게 일을 믿고 맡겼으면 성과가 나도록 지원하고 기다려준다. 열매가 익기 전에 나무를 자르는 우를 범해서는 안 된다.

GROWTH 성과관리는 성공적인 사람 관리를 이끈다. GROWTH 성과관리에서 직원은 파트너다. 관리자와 직원이 직위나 경험 등에서 차이가 있지만, 일에서는 대등한 관계다. 해당 업무에서 직원은 각자 전문가들이다. 전문가인 직원들을 대등한 파트너로 대해 줘야 협력과 자율의 시너지가 발휘된다. 실패한 대부분의 기업들은 직원들을 파트너로 여기지 않았다. 관리자와 직원 간 서로를 존중하고 자율과 권한위임이 이뤄져야 수직적 조직문화에서 수평적 조직문화로 전환할 수 있다.

GROWTH 성과관리에서 직원의 역량개발과 동기부여가 중요하다. 고난도 과제를 수행하고 문제를 해결하기 위해서는 관련 분야의 역량을 지속적으로 개발해야 한다. 또한 직원들이 자유롭고 도전적인 과업을 수행하려는 의지가 충만해야 한다. 성공하는 성과관리는 직원들을 춤추게 한다. 직원들이 흥이 나야 일의 가치를 높이고 지속 가능한 성장이 이뤄진다.

오늘날 대한민국의 위기는 평가중심 성과관리의 한계를 여실히 보여주고 있다. 개인과 조직의 성장과 성과 개선을 위해 GROWTH 성과관리로 신속히 전환해야 한다. 그 속에 우리 기업들의 미래가 달렸다. 비즈니스 성공을 위해 헌신하는 이 땅의 관리자와 직장인들에게 이 책이 일조하길 기대한다.

GROWTH 성과관리

초판인쇄 2025년 3월 28일
초판발행 2025년 3월 28일

지은이 김성완
펴낸이 채종준
펴낸곳 한국학술정보(주)
주   소 경기도 파주시 회동길 230(문발동)
전   화 031-908-3181(대표)
팩   스 031-908-3189
투고문의 ksibook1@kstudy.com
등   록 제일산-115호(2000. 6. 19)

ISBN   979-11-7318-322-5 13320

이담북스는 한국학술정보(주)의 학술/학습도서 출판 브랜드입니다.
이 시대 꼭 필요한 것만 담아 독자와 함께 공유한다는 의미를 나타냈습니다.
다양한 분야 전문가의 지식과 경험을 고스란히 전해 배움의 즐거움을 선물하는 책을 만들고자 합니다.